命理學譚 卷 一
명리학 개론

김성태 저

『명리학 개론』은
원광대학교 동양학대학원 기공학과 석사논문인 「명리학의 희기신 연구」에
현대적 해석을 더하고 간명의 용이함을 더하여 단행본으로 발간한 것입니다

더큼

차 례

MyungLi-ology 8

국문요약

일러두기

제 1 부 五行

1 장 氣化 23
　하늘과 땅이 생겨남

2 장 生成 33
　만물이 생겨남

3 장 出産 51
　진화가 생겨남

4 장 用神 63
　임무가 생겨남

5 장 喜忌神 82
　삶의 방법이 생겨남

6 장 調候와 生化剋制 100
　변수가 생겨남

7 장 職業 117
　적성이 생겨남

제 2 부 六神

1 장 格局   148
    인격이 생겨남

2 장 六神   164
    사회적 관계가 생겨남

3 장 六神의 抑扶   175
    비교 경쟁이 생겨남

제 3 부 月令과 人間

1 장 氣候와 月令   189
    시간의 질서가 생겨남

2 장 月令   193
    만물의 쓰임이 생겨남

3 장 地支의 배합문제   220
    환경의 변화가 생겨남

총설   229
    더 나아감

참고문헌   235

부록   238
    창광생각 키 워드

표목차

    표 1) 기화생성도

    표 2) 四時의 만물생성

    표 3) 四時의 생성과 출산

    표 4) 24令

    표 5) 戊己土의 含과 吐

    표 6) 喜忌神

    표 7) 한난조습의 有用之神

    표 8) 相生과 相剋

    표 9) 적성 일람표

    표 10) 格局

    표 11) 取格

    표 12) 生化와 制化의 抑扶

    표 13) 12정령의 剛柔표

MyungLi-ology (命理學**)**

All existence is the manifestation of the realization (氣化生成) of Gi (氣 -Qi in Chinese). In other words, Gi is the principal (主體) followed by its realization and subsequent utilization (有用) in all existence. To man, the principal (主體) becomes the motivation for life, and utilization (有用) becomes the method needed for living. MyungLi-ology studies ways to utilize all existence and proposes ways of living by sorting all the uses of all existence into origin-used (喜神) and purpose-used (忌神).

In MyungLi-ology, the earth (地元-in terms of heaven, earth and man) is the environment in which all existence including man lives. In this environment, all existence goes by the order of time and the law of life and death. The obligation (司令用神) of man (人元-in terms of heaven, earth and man) underlies his mind, which carries out the obligation bestowed by the heaven and earth.

In fulfilling the obligation, man follows either one of the two methods for living, namely origin-used (喜神) and purpose-used (忌神). At times, however, one may be compelled to rectify what has been contorted due to climate change or excess and deficiency of the Five primary substance (or the Five elements-五行). This is referred to as transform-used (有用之神), which provides solutions to what has been wrong or contorted in one's living to fulfill his own obligation. Through such transformative struggle, one may make oneself meritorious.

In sum, the earth (地元) is the environment for living; the obligation (司令用神) is the given task at birth; the origin-used (喜神) and purpose-used (忌神) signify ways of living toward one's obligation; the transform-used (有用之神) refers to the solution for rectifying any contortion.

국문요약

주제어 ; 기화생성, 출산, 용신, 희기신, 유용지신, 조후, 생화극제

천지간의 만물은 氣가 氣化하여 生成되었다. 그러므로 氣는 만물생성 이전에는 主體가 되고, 생성 이후에는 有用이 된다. 사람에게 主體는 삶의 이유가 되고, 有用은 삶에 필요한 방법이 된다고 볼 수 있다. 이러한 만물을 有用하게 활용하는 방법을 연구하는 학문인 명리학은 만물의 쓰임을 喜忌神으로 구분하여 삶의 방법으로 제시하고 있다.

명리학에서 氣가 氣化하여 만물을 지어낸 자리인 地元은 사람이 살아갈 환경이 된다. 이러한 환경에서 만물은 시간의 질서에 맞춰 生滅하게 된다. 또한 人元의 用神은 천지가 부여한 임무로서 사람에게는 임무를 수행하는 정신이 된다하여 司令用神이라고 부른다. 司令用神이 임무를 수행함에 喜神과 忌神에 따른 삶의 방법이 있게 된다. 또한 임무를 수행하는 과정에서 氣候의 調候나 五行의 太過不及에 의하여 이지러진 것을 바로잡아 反生의 공을 세우는 有用之神이 있다.

결국 地元은 시간의 질서에 맞게 변화하는 환경이 되고, 司令用神은 우리들이 살아가면서 해내야 하는 임무다. 이러한 환경에 맞게 임무를 수행함에 喜忌神은 살아가는 방법을 제시하게 된다. 喜神은 자연 그대로의 방법을 선택하여 살아가며, 忌神은 자신의 기질을 발휘하여 개척하는 삶을 살아가게 된다. 이와 같은 삶의 선택을 통하여 살아가다가 기후의 변화와 태과불급이라는 치열한 경쟁에서 살아남기 위하여 有用之神의 필요성이 등장하게 된다. 有用之神은 어려움을 해결하는 방법을 제시하는 생활의 지혜가 된다. 이것은 잘못됨을 바로잡는 해결책이 되는 것이다.

이와 같은 연구를 위해서는 人元用事를 중심으로 만물의 쓰임을 看命하는 五行의 生剋制化가 있으며, 格局을 중심으로 인간관계를 看命하는 六神의 抑扶가 있다. 본 책은 人元用事를 중심으로 五行의 쓰임을 연구한 것이다. 格局을 중심으로 看命하는 六神의 喜忌神은 五行의 生剋관계를 통하여 삶에 필요한 능력을 겸비한 연후 인간관계를 통하여 활용하는 교류와 같은 것이다.

일러두기

用神과 喜忌神의 임무수행 방법

만물은 하늘의 기(氣)가 기화(氣化)하여 생성(生成)된 것이고 그 중 사람은 하늘의 뜻을 이어받았기 때문에 만물을 기르고 가꾸는 역할을 하는 것이다. 이러한 만물기화생성(萬物氣化生成)과 천인합일(天人合一)사상은 중국의 상고시대를 거쳐 춘추전국, 진한에 이르기까지 이어져 내려왔다. 특히 왕조국가 시절에는 통치의 수단으로 군주는 천명을 받았으니 그 령(令)에 의하여 백성을 다스린다는 사고로 확대 되었다. 특히 농업중심이었던 사회를 운영하기 위해서는 시간의 질서에 따라 자연의 변화가 만물에 미치는 영향은 반드시 연구되어야 하는 대단히 중요한 과제였을 것이다. 이러한 연후로 자연과의 소통을 필요로 하는 학문분야에서는 시간의 질서에 따라 만물이 생멸(生滅)하는 모습을 연구하기 위한 노력이 꾸준하게 이어져왔다. 수많은 연구들 중에서도 시간의 질서를 중심으로 만물의 쓰임을 연구하는 명리학(命理學)은 타고난 시점인 月令에 천지가 사람에게 부여한 임무가 있음을 증명하고자 연구해 왔다. 그리고 임무에 따라 삶의 방법을 선택하는 모습을 추명해 왔다. 이러한 만물을 취하는 행위를 명리학에서 꾸준히 연구되어온 喜忌神을 통하여 살아가는 방법으로 연구하고자 한다.

첫째, 용신(用神)은 천지가 부여한 임무다.
둘째, 희신(喜神)은 용신이 부여한 임무를 본연대로 선택하여 평범하게 살아가는 방법으로서 전문성보다는 주어진 삶에 만족하면서 행복을 추구하게 된다.
셋째, 기신(忌神)은 용신이 부여한 임무를 자신의 기질대로 선택하여 살아가는 방법으로서 타고난 삶보다는 더 나은 결과를 얻기 위하여 노력한다.

生成과 出産의 능력을 만들어가는 과정

또한 명리학은 만물을 유용으로 하여 그 쓰임을 논하고, 사람에게 때에 맞는 생활을 유도하는 실용학문으로 연구되어 왔다. 만물생성은 기를 주체로 하고, 생성된 만물은 생존에 필요한 유용으로 대두시킨 것이다. 즉, 만물은 기라는 체(體)가 생성하지만 만물을 취하여 쓰는 행위는 사람이 하는 것이라는 용(用)의 개념이 명리학이 주장하는 유용인 것이다. 한편으로는 지구라는 한정공간에 존재하는 만물을 기준으로 하고, 물질을 유용으로 하는 사고방식으로 인하여 형이하학적 학문이라는 비판을 받을 수 있다. 하지만 사람에게 주는 이로움을 생각한다면 그 공이 적지 않다고 생각한다. 이러한 생존에 필요한 만물을 취하여 활용하는 방법은 사람의 직업능력이 되었다. 이에 맞춰 본 책에서는 자신의 능력을 만들어가는 방법을 연구하고자 한다. 이러한 이론을 전개하기 위해서 기철학의 기화사상을 바탕으로 만물생성의 경로를 파악하고, 명리학의 음양오행론을 이용하여 우리에게 미치는 영향을 살펴보고자 한다.

첫째, 우주의 氣化에 의하여 지구에 한난(寒暖)이 생겨나 정신이 마련되고, 천지의 氣化에 의하여 조습(燥濕)이 생겨나 육체가 마련된다.

둘째, 지질(地質)의 중화(中和)에 의하여 사시(四時)가 순환되는 자연법칙에 따라 삶을 영위해 간다.

셋째, 삶을 영위해 나가면서 수원(水源)으로 능력을 만들고 인화(引火)를 통하여 자신의 능력을 발휘하는 출산(出産)과정을 통하여 업적을 남기게 된다.

넷째, 출산과정을 통하여 업적을 남기는 생활에서 단련(鍛鍊)으로 신분을 상승시키고 제련(製鍊)으로 상품성을 높여나가는 훈련(訓練)과정을 통하여 자신의 가치를 높여나간다.

다섯째, 훈련으로 가치를 상승시켜 나가는 과정에서 효율성을 높이기 위한 절지(折枝)와 실용성을 높이기 위한 벽갑(劈甲)의 상보(相補)과정을 통하여 문제점을 해결하는 전문성을 기른다.

格局과 六神의 삶에 대한 의지와 인간관계

명리학은 인간관계에서 기쁨과 슬픔을 느끼고 살아가는 생활모습을 담은 육신(六神)과 격국(格局)을 탄생시켜 인간의 삶을 조명하고 있음을 볼 수 있다. 단순히 생존만을 위하여 만물을 유용하게 쓰고자 나온 학문은 아닌 것이다. 그러므로 명리학은 사람을 위로하고 사람답게 사는 법을 가르치는 학문이라는 관점에서 살펴보고자 한다. 이러한 이론을 전개하기 위해서는 격국(격, 상신, 기신, 구신)의 역할을 조명하여 삶의 의미를 찾기 위한 가치관을 정립해 나가는 모습을 궁리한다. 또한 일간의 판단에 의한 행위가 되는 육신(편인, 정인, 비견, 겁재, 식신, 상관)의 역할에 대해서 파악한다. 그리고 재성(정재, 편재)의 소유와 관성(정관, 편관)의 사회적 의무에 관해서도 연구한다.

문제를 해결하기 위한 有用之神

명리학에서 매우 중요한 유용을 찾는 곳은 月令이다. 月令에는 시간의 변화에 따른 만물생성의 흔적이 담겨있기 때문이다. 즉 사람의 생존에 필요한 만물이 존재하는 환경이 된다. 자연에는 생존에 필요한 만물이 존재하고 사람은 필요에 따라 그 만물을 취하는 행위를 하지만 난기(亂氣)가 발생하면 힘겨움을 이겨내야 한다. 또한 인간관계에서도 경쟁과 화합을 통하여 자신의 삶을 개척해 나가는 과정에서 극복해야 할 문제가 발생하게 된다. 이에 따른 힘겨움과 문제를 해결하는 방법을 연구한다. 이에 음양오행에서의 기후의 조후(調候)와 태과불급(太過不及)의 문제 그리고 육신에서의 왕쇠강약(旺衰强弱)의 치우침을 해결하는 억부(抑扶) 등으로 삶을 개척해 나가는 방법을 유용지신(有用之神)을 통하여 제시한다.

상기 내용들 이외에도 명리학을 현대적 삶에 적용시키기 위한 재해석의 필요성이 요구되므로 체득된 경험을 수록하였다. 생성과 출산과정에서 나타난 능력을 적성으로 연결하였으며, 육신의 제화(制化)를 길신뿐만 아니라 흉신의 범위까지 확대하였다. 또한 오행의 喜忌神의 작용을 재해석 하였으며, 육신의 喜忌神

또한 경험을 곁들여 해석하였다. 기타 여러 곳에서 필자의 궁리와 경험이 담겨 있다. 이러한 필자의 행위가 선학과 후학에게 누가 되지 않을까 걱정이 앞선다. 전통은 머물지 않고 변화하는 것이라고 하였다. 명리학은 경(經)처럼 더하거나 빼지 않는 것이 아니다. 마땅히 시대의 흐름 속에서 더하고 빼야 한다고 생각한다. 부디 머물지 말고 변화하시길 바란다. 마지막으로 편집을 도와주신 조은희 원장님, 영감을 주신 김낙필 교수님, 길을 인도하신 류성태 교수님, 저의 생각을 귀담아 들어주신 더큼학당 회원님들 모두 고마우신 분들입니다.

猖狂 金聖泰 두 손 모음

제 1 부

五行

제 1부 五行

1장 氣化　　　　　　　　　　　　　　　　　　　　　23
하늘과 땅이 생겨남

  1. 道와 氣
    1) 道　2) 氣
  2. 氣化
  3. 三才

2장 生成　　　　　　　　　　　　　　　　　　　　　33
만물이 생겨남

  1. 萬物生成
    1) 陰陽의 氣化　2) 氣化生成
  2. 天干과 地支
    1) 天干의 解字
      ① 土　② 水火　③ 金木
    2) 地支의 解字
      ① 土　② 水火　③ 金木

3장 出産　　　　　　　　　　　　　　　　　　　　　51
진화가 생겨남

  1. 百物之産
    1) 生成과 出産　2) 24令
  2. 進化
    1) 水火의 配合　2) 土의 認識　3) 水源과 引火　4) 劈甲과 製鍊

4장 用神　　　　　　　　　　　　　　　　　　　　　　63
임무가 생겨남

1. 用神의 성립
   1) 三元과 司令　2) 用神의 配合
2. 用神의 順逆
   1) 春節 用神의 順逆
      ① 子月　② 丑月　③ 寅月　④ 卯月
   2) 夏節 用神의 順逆
      ① 卯月　② 辰月　③ 巳月　④ 午月
   3) 秋節 用神의 順逆
      ① 午月　② 未月　③ 申月　④ 酉月
   4) 冬節 用神의 順逆
      ① 酉月　② 戌月　③ 亥月　④ 子月

5장 喜忌神　　　　　　　　　　　　　　　　　　　　82
삶의 방법이 생겨남

1. 喜忌神의 성립
2. 四時의 喜神
   1) 冬至부터 立春　2) 立春부터 春分　3) 春分부터 立夏　4) 立夏부터 夏至
   5) 夏至부터 立秋　6) 立秋부터 秋分　7) 秋分부터 立冬　8) 立冬부터 冬至
3. 四時의 忌神
   1) 冬至부터 春分　2) 春分부터 夏至　3) 夏至부터 秋分　4) 秋分부터 冬至
4. 喜忌神의 선택의지
   1) 用神과 忌神의 선택의지　2) 喜神과 忌神의 선택의지

6장 調候와 生化剋制　　　　　　　　　　　　　　　100
변수가 생겨남

1. 氣候의 문제
2. 旺衰强弱의 문제
3. 有用之神의 활용
    1) 氣候의 調候에 대한 有用之神
        ① 寒氣와 冬節　② 暖氣와 夏節　③ 濕氣와 春節　④ 燥氣와 秋節
    2) 太過不及에 대한 有用之神
        ① 木의 生剋　② 火의 生剋　③ 土의 生剋　④ 金의 生剋　⑤ 水의 生剋

7장 職業　　　　　　　　　　　　　　　117
적성이 생겨남

1. 資質과 環境
    1) 月支의 職業특징
        ① 子丑月　② 寅卯月　③ 卯辰月　④ 巳午月
        ⑤ 午未月　⑥ 申酉月　⑦ 酉戌月　⑧ 亥子月
    2) 司令用神의 資質
    3) 地支의 環境특징
    4) 合沖의 環境변화
2. 認識과 行爲
    1) 水火의 配合　2) 土의 認識　3) 水源과 引火의 行爲
3. 訓鍊과 相補
    1) 鍛鍊과 製鍊의 訓鍊　2) 劈甲과 折枝의 相補

1장 氣化

하늘과 땅이 생겨남

명리학에서 이론의 주축을 이루는 것은 음양오행이다. 이러한 음양과 오행의 작용은 干支의 相生과 相剋으로 표현해내고 있다. 명리학은 우주의 기가 기화하여 만물을 생성한다는 기철학의 이론을 기반으로 하고 있다.[1] 그러므로 명리학의 干支에 담긴 기화내력을 연구하기 위해서는 만물이 생성되는 과정을 기철학과 유가철학에서는 어떻게 규정하였는지를 살펴보고 명리서에서는 어떻게 발전하여 설명하고 있는지를 보고자한다. 우선 문헌적 고찰을 통하여 만물의 생성을 道의 개념, 氣의 개념 그리고 삼재(三才)의 발생으로 나누어 설명하도록 하겠다. 그런 연후 기화생성에서 오행으로 나아가는 과정을 파악해보기로 하자.

---

1) 『子平眞詮』「論十干十二支」, "天地之間, 一氣而己. 惟有動靜, 遂分陰陽. 有老少, 遂分四象. 老者極動靜之時, 是爲太陽太陰, 少者初動初靜之際, 是爲少陰少陽. 有是四象, 而五行具於其中矣. 水者, 太陰也. 火者, 太陽也. 木者, 少陽也. 金者, 少陰也. 土者, 陰陽老少. 木火金水沖氣所結也......."

1. 道와 氣

1) 도

평범한 일상을 살아가는 일반인들에게 도(道)란 과연 어떤 의미를 지니고 있을까? 공자가 "아침에 도에 대해 들으면 저녁에 죽어도 좋다."[2] 라고 한 말은 일반적인 인간의 본능이거나 심오한 의미가 함축되었을 것이다. "배부르게 먹었으면 죽어도 여한이 없겠다."라는 말과 다르지 않다면 육체가 원하는 본능적 충족에 의거한 마음을 표한 것이 된다. "조국에 해방이 온다면 이 한 몸 불사르리다."라는 말과 다르지 않다면, 억압된 자유 내지 진실이 회복된다는 전제가 있으니 자기를 포함한 전체의 원상복귀 조건에 목숨을 걸고 있다. "남들은 '부자가 되면 뭐 하냐? 마음이 편해야지'라고 하지만 난 하루만이라도 부자로 살다 죽고 싶다."라는 말과 다르지 않다면 비교 우위적 삶을 한 번만이라도 살고 죽고자 하는 마음이 들어있다. 아마도 공자가 전하고자 하는 뜻은 삶에서의 도라는 것은 살아가는 방법을 안다면 얼마나 행복할까라는 내용일 것이다. 그것이 기술적이든 인간관계이든 자기자신을 다스리는 방법이든 말이다. 실천을 통한 도야말로 사는 길(道)을 알려주는 삶의 방법론일 것이다.

도에 관하여 노자는 "도라고 말하는 것은 도가 아니다. 이름이 지어진 것은 영원한 이름이 아니다." 라고 하였다.[3] 이름이 없음과 이름이 있음으로 만물의 시작(生)과 존재(成)를 분리해서 생각해야 한다는 뜻으로 해석된다. 천지가 생겨나기 이전은 이름이 없음이고, 천지가 생겨나니 이름이 있음이 된다. 이로 인하여 만물이 생겨나니 도는 만물의 어미가 되는 것이다. 그러므로 도는 비존재의 세계에서 존재의 세계로 출현하여 어미로서 만물을 생성시킨 것이 된다. 현상계에서 존재라고 불리는 것과 도와의 사이에는 무(無)가 있는데, 이러한 무는 인식이전과 인식이후의 관계성을 식별해야 한다는 뜻이 서려있다. 가장 큰 의미의 기준은 존재의 식별보다는 그 이전의 도에는 존재의 실체가 나오

---
[2] 『論語』「理仁篇」. "朝聞道, 夕思可矣."
[3] 『道德經』「1장」. "道可道, 非常道. 名可名, 非常名. 無名, 天地之始, 有名, 萬物之母."

기 이전에 존재의 원리가 있음이다. 장자의 도는 만물이 나오는 길(道路)과 같다는 의미로 다음과 같이 설명하고 있다.

"도는 행위를 하였기에 이뤄진 것이고, 만물은 그렇게 이름 지었기에 불린다."[4]

만물은 그 길을 통하여 나오고, 존재하여 쓰임으로서 이름이 지어지게 된다고 한다. 그러므로 도는 존재하는 이유로 설명하지 않고, 행동하여 만들어가는 이유로 설명하고 있다. 자신의 길, 역사의 길, 생각의 길에 의하여 존재의 실체가 주어진다는 의미로 확대 해석할 수 있는 여지를 남긴 매우 진보적인 의미다. 존재의 실체인 만물에서의 쓰임에 따른 방법을 찾아 그 길을 내어 행위 하는 것이 도다. 장자의 도는 실체와 쓰임 간에 길(道)이 있음이니 노자의 원인이 도라는 의미와는 다르다. 그러면 장자의 무는 존재의 실체를 쓰기 위하여 길을 찾는 것과 같고, 노자의 무는 비존재에서 존재의 단계로 넘어가기 위한 실을 찾는 것과 같다. 존재와 비존재 간의 소통방식이 근본적으로 다름이다.

2) 기

『說文解字』에 "气雲气也, 象形."[5] 라고 하였다. 갑골문에 '三'자 형태의 기(气) 자가 처음 등장한 것으로 보면, 층층이 쌓여있는 구름의 모양을 본뜬 문자라고 여겨진다. 또한 '三'자는 많음을 뜻하므로 구름이 서로 모인 큰 모양을 나타내기도 한다. '三'을 구부러지게 쓰고, 흘러내리게 쓴 모양으로 '气'자를 쓴 것을 보면 구름이 움직이는 모양을 표현한 것으로 생각할 수 있다. 『說文解字』에 또 "饎, 氣或從食"[6] 라고 하였다. 이러한 설명으로 볼 때, '氣'자의 본래 뜻은 '희(饎)'라고 볼 수 있다. 두 내용에서 '氣'는 구름의 모양인 '气'에서 유래되었고, '饎'자에서 본래의 뜻을 찾을 수 있을 것이다.

---

4) 『莊子』「齊物論」. "道行之而成, 物謂之而然."
5) "기는 구름의 모양을 본뜬 상형 문자다."
6) "희는 기인데, 간혹 식자를 앞에 붙이기도 한다."

기를 여러 가지로 확대 해석하면, 연기나 수증기와 대기(大氣)가 있고, 만물의 생명활동에 필요한 공기가 있고, 인간이 자신을 주재하는 정신을 갖추기 위한 지기(志氣) 등이 있을 것이다. 이와 같은 내용으로 볼 때, 기는 자연의 기상(氣象), 생명활동에 필요한 영양분, 인간의 정신을 기르는 호연지기(浩然之氣) 등으로 개념이 확대되어 쓰이게 된 것으로 보인다.

2. 氣化

노자는 "도는 하나를 낳고, 하나는 둘을 낳고, 둘은 셋을 낳으니 셋이 만물을 낳는다. 그러니 만물은 음을 업고, 양을 안았다. 이로 인하여 빈 것이 채워지는 조화를 이룬다."[7] 라고 하였다. 도라는 혼돈(混沌)이 기화하여 하나의 기를 내고, 하나의 기는 기화하여 두 개의 음양이 생겨났으며, 두 개의 음양이 기화하여 사시(四時)가 생겼다. 사시가 기화하여 만물이 생겨난 것이다. 그러므로 만물에는 음양이 기화하여 나타난 것이 포함되어 있다. 음양은 세상의 빈 것을 채우는 조화력이라는 해석을 할 수 있다. 즉, 세상의 만물은 음양의 충기(沖氣)가 기화하여 채운 것이라고 노자는 말했다고 볼 수 있다. 이에 반해 장자는 기에 관하여 "사람이 태어나는 것은 기가 모이기 때문이다."[8] 라고 하고 "음양은 기의 큰 것이다."[9] 라고도 하였다. 사람은 기가 모여 태어나고 기는 음양이라는 두 기운으로 나누어져 있는 것이라고 해석할 수 있다. 이것으로 미루어 볼 때 물체와 사람 안에는 음양의 기가 들어 있는 것이다.

기가 쌓여서 정(精)이 되는 것인데 정은 생명력을 갖춘 것이라는 뜻이다. 그러므로 정은 만물의 생명력과 인간의 정신이 되는 것이다. 이러한 정기(精氣)에 관해서 관자는 "정기의 변화에 관하여서는 하늘과 땅에 정기가 다섯이 있는데, 다섯의 변화는 가로막지 않아도 극에 달하면 다시 돌아온다. 다섯이 움직

---

7) 『道德經』「42장」. "道生一, 一生二, 二生三, 三生萬物. 萬物負陰而抱陽, 沖氣以爲和."
8) 『莊子』「知北遊」. "人之生, 氣之聚也."
9) 『莊子』「大宗師」. "陰陽者, 氣之大者也"

이고, 훼손되며, 나아가고, 물러나는 작용 때문에 법칙이 복잡하여 쉽게 알기가 어렵다."[10] 라고 하였다. 하늘과 땅에는 五行이라는 다섯 가지의 정기가 있다. 五行은 서로 相生과 相剋을 하면서 순환을 한다. 하지만 음양의 변화에 따라 五行의 변화가 섞여서 변화하니 예측하기가 어렵다는 뜻이다. 정기는 오행이라는 만물의 형상(形象)에 영향을 미쳤으며, 그 형상의 변화 묘리를 음양의 상도(常道)에 오행은 상도만 하지 않음을 관자는 설명한 것이다. 이와 같이 음양오행의 氣에는 정상적인 정기에서 벗어나 재앙을 만드는 난기(亂氣)가 있음을 암시하게 된다.

『淮南子』「天文訓」에서 "천지의 정기가 쌓여 나온 것이 음양이고, 음양의 정기에서 나온 것이 사계절이다. 이러한 사계절의 정기에서 나온 것이 만물이다."[11] 라고 하였다. 천지간의 하나의 기운에서 나온 것을 음양이라고 하며, 이러한 음양의 기운은 지구에 사시를 만들어 내었으며, 사계절은 오행이라는 만물을 낳게 한 것이라는 것이다. 그러므로 만물은 우리들이 되는 것이다. 즉 우리들은 사계절의 기운이 쌓여 나온 것이고, 그 기운 속에는 음양의 기운이 깃들어 있으며, 그 기운은 천지간의 기운에서 시작된 것이라는 뜻으로 볼 수 있다. 또한 "음양이 조화를 이루면 만물을 낳는다."[12] 하여 음양에는 조화가 있음을 말하였다. 여기서 말하는 조화라는 것은 음양운동에 의한 노소(老小)가 있음을 말하는 것으로 이는 계절의 변화로 나타남을 의미한다. 『淮南子』「原道訓」의 다음 구절을 참고할 만하다.

"몸이란 생명이 깃든 집이고, 기라는 것은 생명에 충실한 것이다. 신이라는 것은 생명을 조절하는 것이다. 한 번 위치를 잃어버리면 세 가지 법칙이 손상된다."[13]

---

10) 『管子』「心術下」, "天地精氣有五, 不必爲沮, 其亟而反, 其重, 階動毁之進退, 卽此數之雜得者也."
11) 『淮南子』「天文訓」, "天地之襲精爲陰陽, 陰陽之專精爲四時, 四時之散精爲萬物."
12) 『淮南子』「天文訓」, "陰陽和則, 萬物生矣."
13) 『淮南子』「原道訓」, "夫形者, 生之舍也, 氣者, 生之充也, 神者, 生之制也, 一失位, 則三者傷矣."

형(形)은 정신이 사는 집과 같으므로 성실히 제어하여 형신(形神)을 쌓으면 정기가 된다는 것이다. 『淮南子』는 천지의 기가 음양운동으로 조화를 이뤄 만물을 낳은 것처럼, 인간도 천지와 다르지 않으니 조화가 필요하다는 것이다. 인간의 세 가지 조화는 자연으로부터 부여받은 몸(形)과 마음(神), 그리고 몸과 마음을 쌓아가는 정기를 뜻하는 것이라 여겨진다. 성현영(成玄英)은 『云笈七簽』[14]에서 원기(元氣)를 설명함에 있어 다음과 같이 말한다.

"원기는 하나이지만, 변화하여 많은 만물을 낳는다. 만물은 하나의 원기를 얻음에 말미암아 태어날 수 있다. 만약 이를 못 얻으면 죽는다. 그러므로 이 하나를 잃어서는 안 된다. 이것을 태일이라고 한다. 원기는 이름이 없지만, 이름 있는 만물을 생성한다. 원기는 하나로 되어있고, 만물은 서로 다른 종류로 되어있다. 하나는 상이 없고, 그 하나의 기를 통칭 원(元)이라고 한다."[15]

원기는 이름과 형상이 없는 것을 말하고, 만물은 이름과 형상이 있음을 설명하는 것이다. 그 만물은 원기로부터 나온다는 것이다. 그러므로 원기는 하나지만 그 쓰임은 둘로 나오니 그것을 음양이라고 한다고 계속 설명하고 있다. 또 원기를 일성(一性), 음양은 이체(二體)라고 주장하였다. 또 성현영은 "원기는 다섯 가지의 기운이 포함되어 있다. 옅은 기는 水이고, 숫자로는 1이다. 따스한 기는 火이고, 숫자로는 2다. 부드러운 기는 木이고, 숫자로는 3이다. 강한 기는 金이고, 숫자로는 4다. 바람의 기는 土이고, 숫자로는 5다. 이러한 오기(五氣)가 형체로 나타나지 않고, 삼재(三才)가 나뉘지 않고, 음양이 서지 않은 상태를 혼돈(混沌)이라고 한다."[16] 라고 하여, 만물의 생성근거는 음양에서 찾을 것이며, 음양이 기화하여 나온 곳을 원기라 하고, 원기는 큰 도인 혼돈(混沌)에서 나온 것으로 설명하고 있다.

---
14) 중국 도교의 유서(類書)로서 약 170만 자에 이른다.〈운급칠첨〉은 도교경전만을 수록하고 도교에 속하지 않는 저작은 모두 삭제해 버렸다. 이 책을 도교경전의 원문을 절록(節錄)하거나 전록(全錄)하여 논설을 가하지 않은 채 분류·집록했다.
15) 『云笈七簽』, "元氣本一, 化生有萬. 萬須得一, 乃隊生成. 萬若失一, 立歸死地. 故一不可失也, 一謂太一. 元氣無號, 化生有名. 元氣同包, 化生異類. 同包無象, 乃一氣而稱元."
16) 『云笈七簽』, 夫一含五氣. 軟氣爲水, 水數一也. 溫氣爲火, 火數二也. 柔氣爲木, 木數三也. 剛氣爲金, 金數四也. 風氣爲土, 土數五也. 五氣未形, 三才未分, 二儀未立. 謂之混沌, 亦謂混元."

이를 다시 새기면, 혼돈(混沌)에서 기화하여 원기가 생겨나고, 태일(太一)인 원기가 기화하여 이체(二體)가 되는 음양이 생겨나 천지가 형성되고, 음양이 기화하여 사시가 생겨나고, 사시가 순환하니 천지간에 각기 이름을 달리하며 생겨난 것이 만물이라는 뜻으로 여겨진다.

왕통(王通)은 『文中子中設』「立命篇」에서 "기는 위에 있고 형은 아래에 있고, 식(識)은 그 중간에 있어 삼재가 갖춰진다. 기가 귀신이 되는 것을 하늘이라 부르는가? 식이 정신이 되는 것을 인간이라 부르는가? 이것에서 이치와 본성을 알았다."[17] 라고 하였다. 하늘에서는 기가 생겨나고, 땅에서는 만물이 생겨나며, 천지의 기운을 받아 그 가운데에서 사람이 생겨난 것이라는 뜻으로 볼 수 있다. 이러한 법칙을 천지인삼재라고 한다는 뜻이다. 자연의 법칙과 인간의 의식은 원기와 음양의 이치에 밀접한 연관성이 있음을 설명한다고 보여진다. 왕안석(王安石)은 『老子注』에서 원기에서 만물이 생성되는 과정을 다음과 같이 설명하였다.

"만물을 낳는 것은 기다. 도는 체가 있고, 용이 있다. 체는 원기로서 움직이지 않는다. 용은 충기로서 하늘과 땅 사이를 움직인다. 한번 음이 되고 한번 양이 되는 것을 도라고 하며, 음양이 운동하는 중에 충기가 있다. 이러한 충기는 도에서 생겨난다. 충화의 기운으로 천지에 요동을 시키면, 만물이 생겨난다."[18]

원기인 體는 고요하지만, 그 작용이 되는 음양을 부려 충기(沖氣)로서 천지에 用이 되는 만물이 생겨나니 이를 오행이라고 한다는 것이다. 즉 태일(太一)이 되는 원기는 음양을 부려 천지에 충기를 내는 것을 體라 하고, 땅에 충화(沖和)한 기운에 의하여 생겨난 만물의 기를 用이라고 한다. 用은 각자 쓰임이 있으니 이러한 쓰임에 따라 구분지어 부르기를 오행이라고 한다는 것으로 여겨진

---

17) 『文中子中設』「立命篇」, "氣爲上, 形爲下, 識都其中, 而三才備矣. 氣爲鬼, 其天乎. 識爲神, 其人乎. 吾得之理性焉."
18) 『老子注』, "生物者, 氣也." "道有體有用. 體者, 元氣之不動. 用者, 沖氣運行於天地之間. 一陰一陽爲之道, 而陰陽之中有沖氣, 沖氣生於道." "以沖和之氣鼓動於天地之間, 而生養萬物."

다. 이와 같은 體인 음은 추위를 낳고, 추위는 水라 하며, 양은 더위를 낳고, 더위를 火라 한다. 음양이 서로 의존하여 양이 움직여서 木을 낳고, 음이 움직여 金을 낳고, 水火가 서로 만나 조습(燥濕)이 생기니 이를 土라 한다는 뜻이다.

이와 같은 내용으로 볼 때, 만물의 생성순서는 먼저 혼돈에서 태일(太一)이 되는 원기가 나왔다. 원기에서 이체(二體)가 되는 음양이 나왔다. 음양이 충기하여 사시가 생겨났다. 사시가 충화(冲和)하여 用이 되는 만물이 생겨난 것으로 귀결시킬 수 있다. 비물질의 범주에 속하는 기가 기화하여 물질이 되는 만물을 탄생시켰다는 설명이다. 이러한 비물질이 되는 기를 體라 하고, 물질이 되는 만물을 用이라 말한다. 가늠하여 볼 때, 만물을 생성시킨 음양의 기는 일정한 틀(機)을 지니고 있으며, 규칙적으로 운동하고 있다고 설명하고 있다.

이러한 기라는 에너지를 우리는 과학적인 사실로 설명하려는 시도가 필요하다고 생각한다. 추상적이고 일반적인 범주에서 시작하여 객관성을 갖추고자 하는 것이다. 그러므로 기는 과학의 객관적 실체와 동일하다는 전제하에 선행연구가 되어야 한다고 생각한다.

3. 三才

『黃帝內徑』「素問 四氣調神大論」에 의하면 "사계절과 음양은 만물의 근본이다. 이로써 성인은 봄과 여름에는 양을 기르고, 가을과 겨울에는 음을 기름으로서 근본을 따른다."[19] 라고 하였다. 이는 사시에 존재하는 음양의 기운은 춘하(春夏)에는 양화(陽火)한 기운을 부리고, 추동(秋冬)에는 음수(陰水)한 기운을 부림에 만물은 음양의 변화이치에 따른다는 뜻으로 해석할 수 있다. 즉 인간도 자연이 낳은 만물 중의 하나이므로 역시 사계절의 법칙에 의거하여 살아가게 된다고 보는 것이다.

동중서(董仲舒)는 『春秋繁露』「五行相生」편에 "천지의 기운은 합하여 하나

---

19) 『黃帝內徑』「素問 四氣調神大論」, "夫四時陰陽者, 萬物之根本也. 所以聖人春夏養陽, 秋冬養陰, 以從其根,故與萬物沉浮於生長之門"

고, 나누어져 음양이 된다. 가름하니 사계절이 되고, 벌려놓으니 오행이 된다."[20] 고 하였다. 천지의 氣는 곧 음양의 기이고, 음양이 사시에 벌려놓은 만물을 오행이라고 설명하는 것이다. 「循天之道」편에서는 "봄의 기운은 낳는 것으로 만물을 땅에서 나오게 한다. 여름의 기운은 키우는 것으로 만물을 크게 자라게 한다. 가을의 기운은 죽이는 것이니 만물을 죽인다. 겨울의 기운은 거두는 것이니 만물은 땅으로 숨는다."[21] 라고 하였다. 이는 음양은 사시를 순환하면서 한난조습를 생겨나게 하여 생장수장(生長收藏)의 법칙을 땅에 부리니 만물은 봄에 생겨나고, 여름에 크고, 가을에 말라 떨어지고, 겨울에 거두어진다는 뜻으로 볼 수 있다. 결국 음양의 한난한 기운이 분화되어 사시가 생겨나니 조습이 마련되고, 사시는 음양의 조화력이 만든 한난조습과 강유(剛柔)한 기운으로 분화되어 8개의 마디가 되는 팔풍(八風)이 생겨났다. 팔풍에 관하여 『淮南子』「時則訓」의 다음 구절은 이를 명쾌하게 보여준다.

"무엇을 팔풍이라 하는가? 동지가 지나 45일이면, 입춘에 조풍이 분다. 조풍이 불기 시작하여 45일이면, 춘분에 명서풍이 분다. 명서풍이 불기 시작하여 45일이면, 입하에 청명풍이 분다. 청명풍이 불기 시작하여 45일이면, 하지에 경풍이 분다. 경풍이 불기 시작하여 45일이면, 입추에 양풍이 분다. 양풍이 불기 시작하여 45일이면, 추분에 창합풍이 분다. 창합풍이 불기 시작하여 45일이면, 입동에 불주풍이 분다. 불주풍이 불기 시작하여 45일이 되면, 동지에 광막풍이 불기 시작한다."[22]

팔풍은 하늘이 만들어낸 땅의 변화법칙으로 기후의 변화에 따른 8마디를 통한 만물의 변화를 말하는 것임을 알 수 있다. 『易緯乾鑿度』에서는 "천지에는 춘하추동의 마디가 있으므로 사계절이 생긴 것이다. 사계절은 각기 음양과 강유

---

20) 『春秋繁露』「五行相生」. "天地之氣, 合而爲一, 分爲陰陽, 判爲四時, 列爲五行."
21) 『春秋繁露』「循天之道」. "春氣生而百物皆出, 夏氣養而百物皆長, 秋氣殺而百物皆死, 冬氣收而百物皆藏."
22) 『淮南子』「時則訓」. "何謂八風. 距日冬至四十五日, 條風至. 條風至四十五日, 明庶風至. 明庶風至四十五日, 淸明風至. 淸明風至四十五日, 景風至. 景風至四十五日, 涼風至. 涼風至四十五日, 閶闔風至. 閶闔風至四十五日, 不周風至. 不周風至四十五日, 廣莫風至."

로 나뉘니 팔괘가 생겨난다."²³⁾ 라고 팔괘(八卦)를 설명하였다. 사시는 다시 팔괘로 나뉜다는 뜻이다. 팔괘로 나뉨은 음양인 水火의 나눔과 강유(剛柔)인 金木의 나눔을 말하는 것이다. 1년을 사시로 구분하고 다시 8마디로 구분하여 만물의 변화를 살피는 이러한 팔괘는 『淮南子』의 팔풍과 같은 맥락이라고 생각할 수 있는 부분이다.

이와 같은 내용들을 살펴볼 때, 우주의 기화에 의하여 천지가 생겨나고 천지간에 음양의 기화에 의하여 오행의 기가 생겨난다. 이러한 오행의 기운은 상호작용을 통하여 만물을 만들어 내니 천지인이 생겨나게 되는 것이다.

---

23) 『易緯乾鑿度』, "天地有春夏秋冬之節, 故生四時. 四時各有陰陽剛柔之分, 故生八卦."

2장 生成

만물이 생겨남

우주의 음양의 두 기운은 지구에서 한난(寒暖)한 두 기운으로 化하고 공전을 통하여 순환하면서 지질(地質)을 만나 한난조습(寒暖燥濕)의 네 기운을 만들어 내니 생장성멸(生長成滅)이라는 기질(氣質)을 이루어 순환하게 된다. 수많은 세월이 지나 지구는 온도와 습도를 보존하는 쾌거를 이루게 되고, 사시(四時)의 기질은 만물을 생성(生成)시키니 지구에 생명이 생겨나게 된다. 이러한 기질의 변화와 생명활동을 수많은 세월동안 응찰을 통하여 설명코자 하는 학문이 명리학이다.

기화생성은 만물을 氣가 氣化하여 생성하였다는 생성론을 말한다. 원기(元氣)에 음양의 두 기운이 있으며, 두 기운은 한난한 기운을 부려 공존과 대립으로 만물의 생멸(生滅)을 주관한다. 또한 두 기운은 땅(土質)을 만나 조습(燥濕)을 내니 한난조습이라는 기질을 이뤄 만물을 생성하는 기운을 마련한다. 사시는 한난조습이라는 기운으로 이뤄지고, 이러한 기운은 기질을 이뤄 만물을 생성하게 된다. 사시의 기운에 의하여 생성된 만물은 팔품(八稟)을 이뤄 생명의 영속성을 보이고 있다. 그러므로 팔품은 기화에 의해 생성된 만물이 된다.

1. 萬物生成

1) 음양의 기화

음양이 생겨나고 변화하는 것에 대해서는 『春秋繁露』「天辨在人」의 다음 글을 참고할 만하다.

"어떤 사람이 말하기를 음양은 일 년에 두 번 만난다. 남방에서 만나는 것은 여름을 이롭게 하기 위함이고, 북방에서 만나는 것은 겨울을 이롭게 하기 위함이다. 겨울은 만물의 기운이 죽는 것인데, 모이는 법칙은 무슨 이유인가. 金木水火는 각기 주관하는 것이 있으나 음양을 따라 힘을 하나로 합쳐 공을 세우는 것이지 음양은 아니다. 음양에서 기인하는 것에 자연스럽게 따라 주인을 돕는 것과 같다. 그러므로 소양(少陽)은 木이 일어나는 것으로 봄에 낳는다. 태양(太陽)은 火가 일어나는 것으로 여름에 기르는 것을 돕는다. 소음(少陰)은 金이 일어나는 것으로 가을에 이뤄진다. 태음(太陰)은 水가 일어나 겨울에 숨는 것을 돕는다." [24]

하늘에 하나의 틀(機)이 있고, 그 틀에서 기화되어 지구에 천지가 조판되었다. 천지간에는 음양의 두 기운이 있다. 이 두 기운은 동지와 하지로 나뉘어 서로 만나니 이를 한난이 나눠질 때라 한다. 난은 양화(陽火)한 기운으로 생화지기(生化之氣)를 지니고 있으니 만물을 낳고 기르는 역할을 하며, 한은 음수(陰水)한 기운으로 멸화지기(滅化之氣)를 지니고 있으니 거두고 응결시키는 역할을 한다.

이러한 천지간의 한난은 대립과 공존을 거치는 노소(老少)작용에 의하여 땅에 조습을 만들어 낸다. 조습은 춘분과 추분으로 나뉘어 만물의 생명작용을 돕는다. 이와 같이 천지간에는 하늘의 기운인 한난과 땅의 기운인 조습이 생겨나 사계절을 이룬다. 이러한 사시의 한난조습은 기화하여 만물을 낳게 된다.

---
24) 『春秋繁露』「天辨在人」, "難者曰, 陰陽之會, 一歲再遇. 遇於南方者以中夏, 遇於北方者以中冬. 冬喪物之氣也, 則其會於是何. 如金木水火, 各奉其所主以從陰陽, 相與一力而並功, 其實非獨陰陽也. 然而陰陽因之以起, 助其所主. 故少陽因木而起, 助春之生也. 太陽因火而起, 助夏之養也. 少陰因金而起, 助秋之成也. 太陰因水而起, 助冬之藏也."

한난조습은 사계절을 순환하면서 동지부터 하지까지의 생화지기는 동지부터 춘분까지에서 한습한 기운을 부려 만물을 낳게 하고, 춘분부터 하지까지는 난습한 기운을 부려 기르는 역할을 한다. 하지부터 동지까지의 멸화지기는 하지부터 추분까지에서 난조한 기운을 부려 완성하게 하고, 추분부터 동지까지는 한조한 기운을 부려 만물을 끌어안게 한다. 이렇듯이 천지간의 한난은 온도로서 생멸(生滅)을 주관하고, 조습은 습도로서 생성(生成)을 주관하게 되는 것이다.

『春秋繁露』「陰陽出入」을 살펴보면, 陽火한 기운은 동지(子中癸)에서 一陽이 생하고, 춘분(卯中乙)에서 四陽이 발생하고, 陰水한 기운은 하지(午中丁)에서 一陰七陽이 만나 결실이 되고, 추분(酉中辛)에서 四陰에 이루게 된다. 다시 전하여 동지(子中癸)에서 一陽七陰이 만나 어미가 자식을 낳듯이 만물이 만물을 낳게 되는 것이다.[25] 이와 같이 음양은 사시의 변화를 통해 동정을 달리하면서 두 번을 만나는데, 동지에는 지하에서 낳고, 하지에는 지상에서 낳는 것이다. 하지에는 내가 낳고, 동지에는 내가 낳은 것이 낳는 것이 된다. 결국 기화생성은 음양이 충기(沖氣)로서 사시를 낳고, 사시는 충화(沖和)하여 팔품에서 만물을 낳는 것이다.

2) 기화생성

음양의 두 기운은 천지에 사시를 통하여 한난조습을 만들어 내었다. 한난조습은 사시를 운행하면서 만물을 생성시킨다. 이와 같은 만물의 생성과정을 아래의 표를 통하여 알아보기로 하자.

---

25) 『春秋繁露』「陰陽出入」. "春出陽而入陰, 秋出陰而入陽, 夏右陽而左陰, 冬右陰而左陽. 陰出則陽入, 陽出則陰入. 陰右則陽左, 陰左則陽右. 是故春俱南, 秋俱北. 而不同道, 夏交於前, 冬交於後. 而不同理...."

표 1) 기화생성도

天氣				0 元氣(無)				
陰陽		0 陰(暗)					0 陽(明)	
地球				0 含(戊)				
寒暖		0 暖(丙)					0 寒(壬)	
地質				0 吐(己)				
燥濕		0 濕(癸)					0 燥(丁)	
四時	0 寒濕(甲)		0 暖濕(乙)		0 暖燥(庚)		0 寒燥(辛)	
生滅	生春		長夏		成秋		滅冬	
八稟	0 根	0 苗	0 枝	0 花	0 實	0 熟	0 成	0 種

표와 같이 천지간에 음양이 있고, 이러한 음양을 지구가 머금어 한난한 기운을 품게 된다. 한난한 기운은 땅의 중화(中和)작용에 의하여 조습을 내뱉게 된다. 지구에 형성된 한난조습의 기운은 사시를 순환하면서 봄에 생명을 낳는 생장기(甲, 生長氣), 여름에 기르고 가꾸는 장성기(乙, 長成氣), 가을에 단단하게 익히는 숙성기(庚, 熟成氣), 겨울에 숨기고 전하는 성멸기(辛, 成滅氣)의 기운을 발휘하여 만물의 생멸(生滅)에 관여하게 된다. 이러한 춘하추동의 생장성멸(生長成滅)의 기운은 여덟 마디를 통하여 만물을 생성시킨다. 이와 같이 사시의 기운이 기화하여 만물을 낳게 되는데, 이를 팔품(八稟, 根苗枝花實熟成種)이라고 한다. 팔품은 천지의 기운이 기화하여 낳은 만물이 되는 것이다.

표 2) 四時의 만물생성

四時	춘(동지-춘분)	하(춘분-하지)	추(하지-추분)	동(추분-동지)
溫濕	寒濕 (生氣)	暖濕 (長氣)	暖燥 (成氣)	寒燥 (滅氣)
氣化	水生木 (癸甲)	木生火 (乙丙)	火生土生金 (丁庚)	金生水 (辛壬)
生成	윤택(潤澤) 己癸 = 甲	동근(同根) 戊丙 = 乙	홍로(紅爐) 己丁 = 庚	합일(合一) 戊壬 = 辛
萬物	生 根 - 苗	長 枝 - 花	成 實 - 熟	滅 成 - 種

2. 天干과 地支

천지의 기운이 기화되어 나타난 天干의 기운은 地支의 시간의 질서 속에서 만물을 생성하게 한다. 이러한 天干의 기운은 생명의 기운으로서 만물에게는 쓰임으로 나타나며, 사람에게는 정신적 기운이 된다.

壬水는 한기(寒氣)로서 하지에 일어나 동지에 수그리면서 난기(暖氣)를 누르는 멸화(滅火) 작용을 부려 생명활동을 정지시켜 다음 생명을 탄생시키기 위한 전달작용을 한다. 壬水의 1이 되는 모성(母性)을 이어 癸水는 6이 되는 것으로 양기(陽氣)를 받아 습기(濕氣)를 발휘하여 동지부터 하지까지 생명을 탄생시키는 기운으로 작용한다. 이에 5가 되는 戊土는 壬水를 머금어(含) 母性을 지키고, 10이 되는 己土는 癸水를 내뱉어(吐) 母性을 발휘하게 되는 것이다.

丙火는 난기(暖氣)로서 동지에서 일어나 하지에 수그리면서 한기(寒氣)를 누르는 양화(陽火)작용을 부려 생명활동을 촉진시켜 번식을 유도하는 작용을 한다. 丙火의 7이 되는 부성(父性)을 이어 丁火는 2가 되는 것으로 음기(陰氣)를 받아 조기(燥氣)를 발휘하여 하지부터 동지까지 생명을 성숙시키는 기운으로 작용한다. 이에 5가 되는 戊土는 丙火를 머금어 父性을 지키고, 10이 되는 己土는 丁火를 내뱉어 父性을 발휘하게 되는 것이다.

甲木은 생기(生氣)로서 동지에서 춘분까지 癸水의 자양(滋養)작용을 받아 양생(養生)하고, 丙火의 난기(暖氣)로 곡직(曲直)된다. 甲木의 3이 되는 곡직(曲直)을 이어 乙木은 8이 되는 것으로 丙火의 暖氣를 받아 생장(生長)의 기운으로 춘분부터 하지까지 산포(散布)된다. 이에 5가 되는 戊土가 입춘에 癸水의 생기(生氣)를 머금어 甲木의 곡직(曲直)을 지키고, 춘분에 丙火의 長氣를 머금어 乙木의 산포(散布)를 돕는다.

庚金은 숙기(熟氣)로서 하지에서 추분까지 丁火의 염열(炎熱)한 기운을 받아 숙성(熟成)되고, 壬水의 한기(寒氣)로 견고(堅固)하여 진다. 庚金의 9가 되는 견고(堅固)를 이어 辛金은 4가 되는 것으로 壬水의 한기(寒氣)를 받아 성숙(成熟)한 기운으로 추분부터 동지까지 응결(凝結)된다. 이에 5가 되는 戊土가 입추에 丁火의 숙기(熟氣)를 머금어 庚金의 견고(堅固)함을 지키고, 추분에 壬水의 멸기(滅氣)를 머금어 辛金의 응결(凝結)을 돕는다.

1) 천간의 해자

天干에는 음양에서 기화된 한난한 丙火와 壬水가 있다. 또한 土의 중화작용에 의하여 발생된 조습한 癸水와 丁火가 있다. 이와 같은 4개의 天干은 기제(旣濟)를 이뤄 만물의 생멸(生滅)에 관여하는 에너지인 음양의 기운이다. 癸와 丙은 난습한 기운으로 만물의 생장을 주관하니 土의 중화작용을 거쳐 甲乙과 더불어 만물을 생장 시키는 기질(氣質)를 이루게 된다. 丁과 壬은 난조한 기운으로 성멸(成滅)을 주관하니 土의 중화작용을 거쳐 庚辛과 더불어 만물을 다스리는 기질을 이루게 된다. 이와 같이 水火는 천지의 기운이 되고, 金木은 만물의 형체를 이루는 기운을 지니고 있는 것이다. 土는 이러한 기운을 중화하여 만물을 생성하게 되는 것이다.

① 土
土를 『說文解字注 부수자 역해』[26] 에서는 다음과 같이 말하고 있다.

"토는 일(事)을 맡는다는 뜻이다. 숫자로서는 一에서 시작하여 十에서 끝난다. 一과 十으로 구성되어있다. 공자가 말하기를 열 가지를 다 모으면 하나가 되는 것이 土다."[27]

土에서 사(事)라고 하는 것은 임(任)과 같은 것으로 하늘이 내려준 임무를 맡는 자리가 땅이라는 뜻과 같다. 그러므로 하늘과 사람의 이치를 모두 아는 것은 土인 것이다. 이와 같이 土는 회의(會意)로서 모든 것이 모여 있는 의미를 지니고 있다.

戊를 정현(鄭玄)은 "戊는 茂라는 말이다. 만물이 모두 지엽으로 무성한 것이

---
26) 염정삼, 『說文解字注』, 서울대학교출판문화원, 2007.
27) 『說文解字注』, 「제13편 下」, "土事也. 數始於一, 終於十. 從一─十. 孔子曰, 推十合一爲土."

다."[28] 라고 하였다. 戊는 오행 중에 土를 의미하는 것으로 무성한 만물이 드러나 있는 땅을 표시한다. 丁을 이어 戊가 되었으니 무성한 만물은 丁이 된다. 그러므로 戊는 무성한 만물을 머금은 土가 되는 것이다.

己에 관하여서는 "戊己는 중궁이니 중앙의 土이고, 정해진 기일이 戊己다. 풀이하기를 己는 일어나는 것을 말한다."[29] 라고 하였다. 己는 무성한 만물을 끌어안은 戊의 다음으로 만물을 일으켜 세워서 움직이게 하는 것을 말한다. 그러므로 戊는 만물을 머금고, 己는 만물을 내뱉는 것과 같은 것이다. 戊가 구별없이 모두 받아들이는 반면, 己는 나와 남을 구별하는 이치가 포함되어 있다.

土는 하늘의 기운이 기화한 음양을 머금고 내뱉는 땅의 역할을 한다. 戊는 머금는 역할이고, 己는 내뱉는 역할인 것이다. 음양은 일 년에 두 번 만나는데, 그 기일이 동지와 하지다. 동지에 만나는 것은 亥子月에 六陰이 되는 壬水를 戊土가 머금고, 子丑月에 一陽이 되는 癸水를 己土가 뱉어 내어놓는 것이다. 이는 종자가 과수나무가 되는 이치와 다를 바가 없다. 하시에 만나는 것은 巳午月에 六陽이 되는 丙火를 머금고, 午未月에 一陰이 되는 丁火를 뱉어 내어놓는 것이다. 이는 과수나무에 열매가 맺는 이치와 같다. 한 번은 땅에서 낳고, 한 번은 땅 위에서 낳는 것이 된다. 이러한 土가 음양이 출입하는 역할을 담당하는 자리가 中央이라는 것이고, 음양을 합친다하여 중화라고 하는 것이다. 결국 土는 만물을 감추거나 드러나게 하는 중재자다. 戊土는 감추고, 己土는 드러나게 한다.

② 水火

역(易)에서 큰 화두인 水火는 양의(兩儀)하는 음양의 기운이다. 水火는 土의 중화작용을 통하여 金木이라는 형상을 띄우고 오르고 내린다. 상(象)으로는 고체에서 액체, 액체에서 기체, 기체에서 액체, 액체에서 고체로 변화되어 만물에 출입하면서 형상을 이룬다. 한난의 조화력으로 사계절을 출입하면서 조습을 내니 만물의 생멸에 관여하여 순환의 이치를 만들어낸다. 결국 水火는 우

---

28) 『說文解字注』 「제14편 下」, "鄭注月令曰, 戊之言茂也. 萬物皆枝葉茂盛."
29) 『說文解字注』 「제13편 下」, "戊己皆中宮, 故中央土. 其日戊己. 注曰, 己之言起也."

주의 틀에서 나온 것으로 지구에서는 하늘의 기운인 큰 體가 된다. 그리고 땅(土)에 조화를 부려 만물을 낳게 한다. 인간은 천인합일(天人合一)을 이뤄 천지가 만들어 놓은 만물을 기르고 가꾸는 역할을 한다. 그러므로 만물은 인간이 활용하는 큰 用이 되는 것이다. 인간에게 體는 지혜와 같으므로 정신이다. 用은 행동과 같으므로 몸이다. 그러므로 體는 생각을 쓰고, 用은 물건을 쓴다. 이후 이러한 體用은 오행을 연구하는 명리학에서 그 쓰임에 관한 비교논쟁이 벌어지게 된다.

丙의 의미는 "丙은 남방에 자리한다. 만물은 성체의 모습이 분명하고, 음기가 처음 일어나고, 양기는 점차 사라진다."[30] 고 하였다. 丙火는 만물을 무성하게 키우는 역할을 하는 양화(陽火)한 기운을 지녔으므로 그의 자리는 여름이다. 火의 절정인 태양이므로 一陰이 생겨나기 시작한다. 乙木의 다음 자리이므로 지엽(枝葉)을 곱게 펴서 개화(開花)를 시켜 만물을 성숙케 한다. 사람은 이 자리에서 자신의 능력을 최대한 발휘하게 된다.

丁의 의미는 "丁은 여름으로 만물이 모두 성하다는 뜻이다. 丁은 만물이 모두 성장한 모양을 본뜬 문자다. 丁은 丙을 잇는다. 상은 사람의 심장이다."[31] 라고 하였다. 丁火는 丙火의 다음이고 개화의 다음이니 一陰이 생겨나 열매를 맺는 역할을 한다. 아직은 녹과(綠果)로서 초보적 입장이지만, 과일이 익어가듯 인간도 제2의 자기성장을 위한 계발과정을 거치게 된다.

壬의 의미는 "壬은 북방이 자리다. 음이 극이면 양이 생긴다. 易에서 말하기를 용이 들판에서 싸운다고 하였다. 싸운다는 것은 만난다는 뜻이다. 상은 임신하여 배부른 모양이다. 亥에서 임신하여 子에서 태어나는 순서가 있다. 壬字는 巫字의 같은 의미다. 壬은 辛을 잇는다. 사람의 정강이를 상형하였다. 가지런한 정강이는 몸을 지탱해준다."[32] 라고 하였다. 壬水는 겨울이 자리고, 음이 극에 달해서 一陽이 생동하게 된다. 그러므로 음과 양이 만나는 자리다. 이와 같

---

30) 『說文解字注』「丙」. "位南方. 萬物成柄然. 陰气初起. 昜气將虧."
31) 『說文解字注』「丁」. "夏時萬物皆丁實. 象形. 丁承丙. 象人心."
32) 『說文解字注』「壬」. "位北方也. 陰極昜生. 古易曰. 龍戰于野. 戰者. 接也. 象人裹妊之形. 承亥壬0子生之敘也. 壬與巫同意. 壬承辛. 象人脛. 脛任體也."

은 것은 남녀가 교접하여 임신한 모양이다. 입동에서 동지에 임신하고, 동지에서 입춘에 출산하게 된다. 壬水는 반듯하고 가지런한 다리처럼 모든 것을 지탱하는 하체의 힘을 상징한다. 그러므로 상이 다리다.

癸의 의미는 "癸의 때는 겨울이고, 땅과 평평하게 맞추는 기준이 된다. 물이 사방에서 땅 속으로 스며들어가는 모양을 상형하였다. 癸는 壬의 다음이다. 상은 사람의 발이다."[33) 라고 하였다. 癸水는 땅 속에 스며들어 만물을 키우는 영양이 된다. 또한 땅과 수평을 유지하고 있다. 그러므로 지혜로써 평형을 잡는 법도라 할 수 있다. 癸水는 여러 곳에서 흘러나와 땅 속과 나무뿌리로 유입되는 모양과 같은 것이니 대지와 초목의 영양분과 같은 지혜로움이 있다.

丙火의 자리는 여름이고, 月令은 巳午月인 입하부터 하지까지다. 丙火의 다음 자리는 一陰은 壬水고, 化는 丁火다. 이러한 변화의 중재역할로 戊土는 丙火를 머금고, 己土는 丁火를 뱉어 낸다. 火의 절정인 개화(開花)가 丙火의 상이다. 따쓰함과 밝음은 丙火의 기화작용이다.

丁火의 자리는 하지부터 입추까지인 午未月이다. 丁火는 동지의 一陽이 지하에서 종자의 싹을 배양하듯, 하지의 一陰은 지상에서 열매를 맺게 한다. 그러므로 丁火는 2세 번식의 시작이며 자기가치 성장의 변화기인 것이다. 丁火의 기화작용은 뜨거움과 지하의 용암이고 밤 껍질 속의 밤알과 같다. 즉, 乙木의 열매이며 化는 庚金이다.

壬水의 자리는 겨울이고, 月令은 亥子月인 입동부터 동지까지다. 壬水의 다음 자리는 一陽은 丙火고, 化는 癸水다. 이러한 변화의 중재역할로 戊土는 壬水를 머금고, 己土는 癸水를 뱉어낸다. 水의 절정인 壬水의 상은 만물을 전부 모집하여 가지런히 정열한 모양이다. 추위와 어둠이 壬水의 기화작용이다.

癸水의 자리는 동지부터 立春까지인 子丑月이다. 癸水는 一陽이 배태(胚胎)를 이끌듯이 씨앗을 배양시킨다. 이러한 현상은 만물의 시작과 같다. 결국 五行으로는 辛金이 종자이며 化는 甲木이다.

---

33) 『說文解字注』「癸」, "冬是水土平. 可揆度也. 象水從四方流入地中之形. 癸承壬. 象人足."

③ 金木

세상의 모든 만물은 하늘의 기운인 水火가 기화되고, 땅의 기운인 土가 중화하여 나타나게 된다. 기후의 변화에 따라 형체가 다르게 나타나는 것은 천지가 지어낸 것이다. 사람이 자신을 하늘과 같다고 하면서 군자라 칭하고 높이는 것은 수양(修養)과 연양(煉養)을 말하는 것이다. 이는 본연에 따르는 모습이다. 하지만 각자의 기질에 따라 다르게 사는 모습도 인간이 아니라 할 수 없다. 木은 인간에게 의식주를 만드는 법을 가르치고, 金은 생활의 편리를 위한 도구를 만드는 법을 가르쳐 준다. 水火가 문화가 되었다면, 金木은 문명의 근원이 되어준 것과 같다. 어찌 소홀할 수 있겠는가. 또한 土는 시간의 질서에 따라 환경의 변화된 모습을 보여주니 문화와 문명은 지속적으로 환경에 적응하면서 발전하게 되는 것이다. 발전은 복잡한 세상을 만든다고 하여 이도(異道)만을 내세우지 말고, 인정함으로 세상은 운영되어야 할 것이다.

金에 대해서 알아보면, "金은 다섯 가지 색의 쇠를 말한다. 金 중에서도 황금이 최고다. 金은 오래되어도 변하지 않고 여러 번 제련(製鍊)해도 가벼워지지 않으며 불거나 줄지 않으니 변함이 없다. 金은 서방에서 움직인다. 金은 土에서 생겨났으니 土로 구성되어있다. 金字의 좌우획은 土 속에 있는 것을 상형한 것이다."[34] 라고 하였다. 金은 土에서 나온 것으로 여러 방면으로 나눠서 쓸 수 있다. 제아무리 달리 쓴다 하여도 질량이나 부피, 무게가 달라지지 않는다는 것이다. 즉, 사람의 뜻에 따라 쓰임을 정하여도 도구로서 모양이 달라질 뿐 언제나 그 성질을 유지한다는 것이다. 그 쓰임이 다섯 가지일 뿐이다. 본연의 모습은 가을에 있다.

木에 관해서 알아보면, "木은 나온다는 뜻이다. 땅에서 머리로 밀며 나온다. 木은 동방에서 움직이기 시작한다. 위에는 초목으로 구성되어 있으며 아래는 뿌리로 되어있다."[35] 라고 하였다. 木은 봄에 움직이며 땅에서 생겨난다. 金이

---

34) 『說文解字注』「金」, "五色金也. 黃爲之長. 久薶不生衣, 百鍊不輕, 從革不韋. 西方之行. 生於土. 从土. ○又注. 象金在土中形."
35) 『說文解字注』「木」, "冒也. 冒地而生. 東方之行. 从屮. 下象其根."

사람의 사용에 따라 모양이 달라진다면, 木은 자연이 모양을 달라지게 한다. 기후의 변화에 따라 모양과 부피와 질량이 각기 다르게 나타남도 金과는 대조적이다. 木은 림(林)이 되고 재(才)가 되는 이치이니, 초목을 사용하여 인간의 의식주 생활에 유용하게 쓰는 물질과 인간의 유용한 재주를 의미한다. 하지만 억지로 사용하지 못하고, 자연이 木의 모양과 쓰임을 가능하게 해줘야 활용할 수 있는 것이다. 그러므로 木은 기후에 기탁(寄託)되어 있으므로 순응함이 있어야 한다. 이와 같은 내용으로 볼 때, 인간이 金을 사용하는 방법과 木을 사용하는 방법은 각기 다름을 알 수 있다.

甲의 의미는 "甲은 동방에서 처음 시작한다. 양기에 의해 처음 싹이 돋는 것이다. 나무가 껍질을 머리에 이고 있는 모양을 상형하였다. 태일경에서는 사람의 머리에서 빈 곳이 甲이라고 하였다. 현재 쓰는 甲이 포함된 글자는 甲의 의미를 따른다. 甲은 처음 시작해서 일 년 만에 자라나 완성체기 된다."[36] 라고 하였다. 甲은 三陽이 되는 寅月에 땅을 뚫고 싹이 되어 나타난다. 癸水의 응축(凝縮)하는 기운과 丙火의 산포(散布)하는 기운을 만나 태어난다. 甲은 동지로부터 껍질 속에 감춰져있는 핵(核)을 감싸고 하지까지 乙을 통하여 자신의 모습을 전부 드러낸다. 그리고 하지부터 다시 껍질 속에 핵을 감추고 여러 개의 열매의 모양으로 동지까지 존재한다. 그 모양이 나타남이 寅月이다. 그러므로 속에 핵을 감춘 겉의 모양이 甲이다. 핵은 乙을 통하여 나타났다가 하지가 되면서 甲속으로 돌아가는 것이다. 결국 甲을 인간이 활용함에 춘하에는 나무로 쓰고, 추동에는 열매로 쓰는 것과 같다.

甲을 이어받은 乙은 구불구불한 모양의 나뭇가지와 같다. 乙의 자리는 춘분부터 입하다. 아직은 음기가 남아있으므로 곧게 펴지 못하고 구부러져있는 상태다. 이를 인간의 삶에 연결하면 경쟁에 필요한 준비를 하는 중이다. 곧게 펴지는 巳月이 오면 적극적인 모습으로 나타나게 된다. 乙의 구부러진 모습은 癸水를 받아들여 지혜를 응축시키는 모양이고, 곧게 펴지는 것은 丙火를 받아들

---

[36] 『說文解字注』「甲」. "東方之孟. 陽气萌動. 从木戴孚甲之象. 大一經曰. 人頭空爲甲. 凡甲之屬皆从甲. ○古文甲. 始於一, 見於十. 歲成於木之象."

여 자신의 능력을 적극적으로 표현하는 행위다. 그러므로 乙은 癸水로 세상을 인식하고, 丙火로 외면을 만든다. 또한 甲에 의탁되었으니 乙의 만물로서의 출신성분은 甲에 있다.

庚의 의미는 "庚의 위치는 서방이다. 가을에 만물이 결실을 맺은 모양을 본떴다. 글자모양은 사람의 배꼽을 상형하였다. 庚부에 속하는 글자는 모두 庚을 따른다."[37] 라고 하였다. 庚은 가을의 열매와 같은 것으로 성숙되기 이전의 익어가는 모양을 말한다. 庚은 옆으로 가로질러 나온 모양과 열매가 영글어가는 시기를 표현한 것이다. 종자는 자신을 낳기 위하여 甲을 내어놓고, 甲은 열매를 생산하기 위하여 乙을 내고, 乙은 그 은혜를 잊지 않고 열매를 맺으니 그것이 庚이다. 열매는 익어 다시 종자가 되는 그것은 辛이 된다. 이렇게 만물은 水火의 덕을 입어 순환하고, 土의 자혜로움을 얻어 성체를 이룬다.

辛의 의미는 "辛은 가을에 만물이 이뤄진다는 뜻이다. 金은 단단하고 매운 맛이다. 金은 고통이고 눈물이 난다. 辛은 허물이 있다는 뜻이다. 辛은 庚을 잇는다. 사람의 넓적다리를 상징하였다. 모든 辛부는 辛을 따른다."[38] 라고 하였다. 辛은 새롭게 태어났다는 뜻이고, 새롭게 변한 것은 전과 다른 모양으로 나타난 것을 말하니 열매가 성숙된 것을 말하는 것으로 여긴다. 이미 이뤄져서 단단하며 맛이 들은 것이니 거둬들여야 한다는 의미다.

甲木의 자리는 봄이고, 月슈은 입춘부터 춘분까지인 寅卯月이다. 丙火의 三陽에 의한 陽火한 기운과 癸水의 음습한 자양분과 土의 중화작용을 얻어 소토(疏土)되어 오르는 木을 의미한다. 甲木은 子丑月의 발아(發芽)과정을 거쳐 만물로서 처음 태어나는 것과 같다. 이러한 生化의 작용을 돕는 것이 '丙癸戊=甲'이 된다. 木은 스스로의 기운으로 생사를 정하지 못한다. 이는 만물은 쓰임이 있을 뿐, 스스로의 기운은 지니지 않았기 때문이다. 하지만 水火의 음양의 기운과 土의 중화에 의하여 탄생하면 木도 오행의 기운을 갖추게 된다. 만약 '丙癸戊=甲'의 기운을 얻지 못한 甲木은 살아남지 못하고, 인간이 도구로 사용

---

37) 『說文解字注』「庚」. "位西方. 象秋時萬物庚庚有實也. 庚承己. 象人0. 凡庚之屬皆从庚."
38) 『說文解字注』「辛」. "秋時萬物成而0. 金剛味辛. 辛痛即泣出. 从一辛. 辛, 罪也. 辛承庚. 象人股. 凡辛之屬皆从辛."

하거나 다른 생명의 영양분이 되거나 밑거름이 된다.

乙木은 春分부터 立夏까지인 卯辰月이 그의 자리다. 점점 丙火의 陽火한 기운이 높아져가고 癸水의 陰水한 기운에서 나오는 습도도 상승하는 시기의 기운을 지니고 있다. 굽은 가지가 곧게 펴지는 시기이니 왕성한 기운을 외부로 분출하는 형상을 지니고 있다. 이 乙木에서 훗날 열매가 맺으니 강유(剛柔)를 겸하게 된다. 그러므로 온도에 의하여 마르거나 습도에 의하여 무르는 것을 조절하기 위해서 戊土가 중화작용을 한다.

庚金의 자리는 가을이고, 月令은 申酉月인 입추부터 추분까지다. 丙火와 癸水가 甲木을 낳고 乙木을 기른다면, 丁火와 壬水는 庚金을 익어가게 하고 辛金을 완성시키게 된다. 그러므로 庚金은 미(未)고 辛金은 미(味)와 같은 것이다. 丁火의 익어가게 하는 작용을 제련(製鍊)이라 하고, 壬水가 완성되게 하는 작용을 도세(淘洗)라고 한다. 이러한 丁火와 壬水의 제련과 도세작용은 대개의 산업적 가치기준으로 성과를 논하는데, 丁火는 품질의 우수성, 壬水는 활용의 우수성으로 평가한다. 만약 추동절에 丙火와 癸水로 庚辛金을 다스리는 것은 쇠를 달구어 산업도구를 만드는 작업이 아니라 서리와 얼음을 녹여 생명을 보호하는 것과 같은 역할을 한다.

辛金의 月令은 酉戌月이고, 절기는 추분부터 입동까지. 陽火한 기운은 점점 약해지고 북서풍이 불어오는 점점 추워지는 기운에서 살아가는 辛金은 초목으로는 완성된 종자와 같고, 물건으로는 완성된 상품과 같다. 상품의 품질이 우수하려면 丁火의 뜨거운 열에 제련되어야 한다. 또한 상품이 소비자에게 인기를 끌려면 壬水가 있어야 하며, 시대적 변화에 맞는 발전된 모습으로 탈바꿈하려면 戊土가 있어야 한다.

2) 지지의 해자

① 土

丑을 설명하면, "丑은 이어 묶는다는 뜻이다. 12월이면 만물이 제 임무를 맡아 움직인다. 丑의 모양은 손의 형상과 같다. 태양이 丑시에 오면, 때에 맞춰 손을 움직이기 시작한다."[39] 라고 하였다. 丑月은 한(寒)을 의미하고, 未月은 서(暑)를 의미한다. 丑을 사람으로 비유하면 손과 같은 것이다. 나무로 비유하면 손처럼 생긴 뿌리와 같은 것이다. 그러므로 丑月에 만물이 움직인다는 것은 근본이 움직이는 것과 같다.

未를 설명하면, "未는 맛이 든다는 뜻이다. 6월이면 맛이 들기 시작한다. 오행으로서의 木은 未月에는 늙어 쇠하게 된다. 상으로는 가지와 잎이 무성한 모양이다."[40] 라고 하였다. 未月은 더위가 기승을 부리니 과일이 익어가면서 맛이 들기 시작하는 시절과 같다. 하지만 무성한 지엽은 시들어가니 마치 세대가 교체되는 것과 같다. 未를 사람에 비유하면, 왕성한 활동은 자제하고 방만함에서 벗어난 실용적이고 자신의 가치에 맞는 핵심적 행동을 해야 한다는 의미다.

辰을 설명하면, "辰은 우레와 같다. 3월은 양기가 동하고 우레와 번개가 치고 사람들은 농사를 지을 시기고, 만물이 자란다."[41] 라고 하였다. 辰月은 우(雨)를 의미하고, 戌月은 상(霜)을 의미한다. 봄비가 내리고, 땅은 따스한 기운이 점차 늘어나 만물이 살기에 가장 쾌적한 환경이 된다. 그러므로 자신의 힘을 과시하고자 뻗어나가기 시작한다. 사람으로 비유하면 왕성한 활동을 하는 시기를 말한다. 저마다 힘을 자랑하며 자라나니 만물끼리의 경쟁이 활발하듯이 사람들도 경쟁이 많은 시기다.

戌을 설명하면, "戌은 소멸한다는 뜻이다. 9월은 양기가 작아지니 만물이 다 자라서 양기가 땅으로 내려간다. 오행에서 土는 戊에서 나고 戌에서 성숙해진다."[42] 라고 하였다. 戌月은 서리가 내리고 만물이 고개를 숙이니 모든 일을 마

---

39) 『說文解字注』「丑」, "丑紐也. 十二月萬物動用事. 象手之形. 日加丑. 亦舉手時也."
40) 『說文解字注』「未」, "未味也. 六月滋味也. 五行木老於未. 象木重枝葉也."
41) 『說文解字注』「辰」, "辰震也. 三月陽气動. 雷電振. 民農時也. 物皆生."
42) 『說文解字注』「戌」, "戌滅也. 九月陽气微. 萬物畢成. 易下入地也. 五行土生於戊. 盛於戌."

치고 땅으로 돌아가는 시기다. 辰月에 뻗쳐 나온 기운은 사라지고 陽氣를 접어서 다시 돌아가는 시기다. 사람에 비유하면 풍부한 활동과 성사됨을 경험하고 은퇴하는 모습과 같다. 많은 것을 거두고 담으니 과거가 빛남이다.
辰戌丑未는 한서우상(寒暑雨霜)의 절기로 한난이 조습으로 기화되어 기질을 이루는 중화의 시기다. 그러므로 이 시기를 지나면 만물은 전과 다른 형상이 된다. 丑月은 종자의 핵이 발아하고, 辰月은 지엽이 생겨나고, 未月은 열매의 핵이 생겨나고, 戌月은 성체가 된다. 이와 같이 地支의 土는 만물의 형상을 제때에 맞게 변화시켜주는 역할을 하기 위하여 한난의 기운을 중화시켜 조습의 기운을 만들어내는 땅의 시간의 질서다. 丑月은 한을 습으로, 未月은 난을 조로 化하는 역할을 한다. 辰月은 한난을 습으로, 戌月은 한난을 조로 변화시킨다.
丑月은 한습한 土로서 차가운 癸水를 머금어 보온하니 木의 뿌리를 뻗게 하는 양생지토(養生之土)다. 子月의 一陽이 化하여 지하에서 습기가 발생한다. 이러한 습기는 땅의 기운(地氣)과 합하여 종자의 핵을 발아시키는 역할을 한다. 기질이 만나는 시기로 그 상이 甲木의 근(根)으로 辛이다. 辰月은 난습한 土로서 丙火의 양기를 받아 木을 곧게 기르는 발생지토(發生之土)다. 陽火가 化하여 地氣를 온습하게 한다. 이러한 기운은 지상으로 습기를 발생시켜 天氣와 合하여 乙木에 지엽과 개화를 이끄는 시기다. 상은 乙木에 개화이니 庚이다. 未月은 난조한 土로서 뜨거운 丁火를 머금은 온양(溫養)한 기운을 지녔다. 午月의 一陰이 化하여 지상에 퍼진 습기를 거둬들이는 수렴지토(收斂之土)다. 지상의 습기와 땅의 양기가 合하여 녹과(綠果)의 핵을 만들기 위한 시기다. 상은 庚金을 감싸니 乙이다. 戌月은 한조한 土로서 壬水의 陰氣를 받아 陽氣를 누르는 결화지토(結化之土)다. 陰水가 化하여 地氣를 건조하게 한다. 이러한 기운은 지하로 습기를 모아 응결시키기 위한 시기로 象을 거두고 氣로 돌아감이다. 상은 辛金이 化하니 종자인 甲이다.

② 水火

地支中 巳午月과 亥子月은 六陽과 六陰의 자리로 양과 음이 극에 달하는 절기다. 하지와 동지가 되면 土가 중화하여 각각 一陰과 一陽이 생겨난다. 이는 한난의 변화와 같으니 만물의 세대교체에 관여한다. 동지에는 음에서 양이 생겨나니 처음 만나는 것과 같다. 남녀가 만나 잉태하듯 사물들도 시작이 있을 것이다. 이러한 시작은 왕성한 활동의 끝에서 다시 시작함으로 변화하는 것이다. 이것은 진정한 끝이 아닌 순환이다. 어미와 자식처럼 끝없는 순환인 것이다. 하지에는 양에서 음이 생겨나니 자기자신의 변화를 말한다. 나무에서 열매가 열리듯 같은 몸에서 변화되는 현상과 같다. 이러한 변화는 가치상승의 의미를 지니고 있다. 낳고 자람이 하지까지라면, 하지 이후는 지난 시절의 경험을 바탕으로 다시 성장하니 성체로서 자신을 뽐내는 것과 같은 것이다. 이와 같은 계절의 역할로 인하여 동지에서는 만물이 땅 속에서 낳는 지혜로움이 있고, 하지에는 지상에서 낳으니 강한 외면의 힘을 뽐내게 되는 것이다.

巳의 의미는 "巳는 다 자랐다는 뜻이다. 4월은 양기가 크고, 음기가 작으니 만물이 나타나고 색상을 띠게 된다. 巳字는 뱀을 상형한 것이다."[43] 라고 하였다. 巳는 음기가 사라지고 양기가 몹시 강한 것을 말한다. 구부러지게 하는 음기가 사라지고 만물이 모두 곧게 펴진 모양으로 형형색색의 꽃을 피우고 있는 형상이다. 巳는 순양(純陽)으로 섞임과 거슬림이 없는 자연 그대로를 따르는 모습이다.

午의 의미는 "午는 거슬린다는 뜻이다. 5월은 땅에서 음기가 생겨나 양기를 거스르기 시작한다. 땅을 뚫고 나오는 모양을 상형하였다. 矢字와 같은 뜻이다."[44] 라고 하였다. 午는 순양(純陽)하지 않고 양기가 극에 달해서 음기가 생겨나기 시작하는 것이다. 즉 음양이 교차하는 것과 같다. 그러므로 음기가 땅으로부터 생겨나니 만물이 오그라들기 시작하고, 양기는 열매를 배양시키게 된다.

亥는 "뿌리라는 뜻이다. 10월에 미세한 양기가 일어나 강성한 음기와 만난다.

---

43) 『說文解字注』「巳」. "巳也. 四月陽气巳出. 陰气巳藏. 萬物見. 成彣彰. 古巳爲它象形."
44) 『說文解字注』「午」. "啎也. 五月陰氣啎逆陽. 冒地而出也. 象形. 此與矢同意."

두 개의 상으로 구성되었다. 二는 上字의 고문이다. 한 사람은 남자고, 한 사람은 여자다. 아이를 임신한 모양을 상형하였다. 춘추전에 위의 두 획은 머리모양이고 아래 여섯 획은 몸의 모양이라고 하였다. 고문에서의 亥는 豕와 같다. 亥가 자식을 낳으니 다시 一이 된다."⁴⁵⁾ 라고 하였다. 亥는 음양이 종시(終始)하는 곳이니 만물로는 종자를 낳은 것과 같다. 그 종자는 다시 子에서 배양되어 生을 시작한다. 그러므로 다음 生을 시작하기 위하여 지난 시절이 낳은 만물을 수확하여 핵을 가려서 종자로 쓰고, 나머지는 따로 쓰는 것과 같다.

子는 "11월에 一陽의 기운이 생긴다. 만물이 자라기 시작한다. 子는 사람을 칭하고, 그 형상을 상형하였다."⁴⁶⁾ 라고 하였다. 子는 一陽의 기운으로 만물에게는 자양분과 같은 것이다. 그러므로 만물을 움직이는 근원적 원인이 된다. 子는 사람을 뜻하는 것으로 인간의 지혜를 상징한다. 亥가 몸을 상징한다면, 子는 정신을 상징하는 것으로 대조를 이룬다. 그러므로 子는 수(首)와 동의하는 것이다.

③ 金木

寅의 의미를 설명하면, "寅은 꿈틀댄다는 뜻이다. 정월에는 양기가 움직여 땅 속의 샘이 위로 오르지만, 음기가 아직은 강하다. 寅은 위에서 눌러 꿈틀거리기 힘든 모양을 상형하였다."⁴⁷⁾ 라고 하였다. 寅月은 三陽이 지하에서 오르고, 음기는 강하게 지상에 존재하는 시절이다. 만물의 동작이 이때부터 시작이 된다. 甲木은 오르는 힘과 누르는 힘에 의해 더욱 강하게 착근하여 동량으로 자라난다.

卯의 의미는 "卯는 뒤집어쓴다는 뜻이다. 2월에는 만물이 땅을 뚫고 나온다. 卯字는 문을 여는 모양을 상형하였다. 2월은 천문이다."⁴⁸⁾ 라고 하였다. 卯月은 땅을 뚫고 초목이 대지 위로 오른다. 머지않아 춘분이 오면 양기가 점차 올라 무성한 지엽을 이루게 될 것이다. 그러므로 卯月은 대지에서 초목이 눈을

---

45) 『說文解字注』「亥」, "荄也. 十月微陽起接盛陰. 从二. 二古文上字也. 一人男, 一人女也. 从乙, 象裏子咳咳之形也. 春秋傳曰, 亥有二首六身. 凡亥之屬皆从亥. 古文亥. 亥爲豕. 與豕同. 亥而生子. 復從一起."
46) 『說文解字注』「子」, "十日月陽气動. 萬物滋. 人0爲稱. 象形."
47) 『說文解字注』「寅」, "髕(螾)也. 正月陽气動, 去黃泉欲上出, 陰尚强也. 象宀不達髕寅於下也."
48) 『說文解字注』「卯」, "冒也. 二月萬物冒地而出. 象開門之形. 故二月爲天門."

뜨고 하늘에서는 양기가 눈을 뜨는 시절이다. 춘분이 되면 乙木은 음기와 양기가 고르므로 낮에는 펴고 밤에는 구부리며 조심스럽게 세상을 관찰한다.

申을 설명하면, "申은 편다는 뜻이다. 7월은 성체에 음기가 생겼으므로 스스로 단속한다. 臼字로 구성된 것은 자기 스스로 자신을 관리한다는 뜻이다. 관리들이 申時에 밥을 먹고 일을 한 것은 정치다."⁴⁹⁾ 라고 하였다. 申月은 성체가 된 만물에 음기가 이르게 된다. 寅月에 음기에 양기가 이르더니 申月에는 반대가 되는 것으로 마치 아침에 시작해서 저녁에 마치는 것과 같다. 움직임 즉 업무의 시작과 끝을 말하는 것이다. 이는 경험의 풍부함과 만물의 풍족함을 뜻하기도 한다.

酉를 설명하면, "酉는 이룬다는 뜻이다. 8월에 곡식이 익으면 술을 담글 수 있다. 酉字는 卯字를 상형하였다."⁵⁰⁾ 라고 하였다. 酉月은 만물이 익어가니 거둘 때가 된 것이다. 卯月에 춘문(春門)이 열려 만물이 나오고, 酉月에 추문(秋門)이 열려 만물이 들어간다. 卯는 열고, 酉는 닫는다는 뜻이다. 하루를 예로 들면, 일출과 일몰을 의미한다고 볼 수 있다.

---

49) 『說文解字注』「申」, "神也. 七月陰气成體自申束. 从臼自持也. 史0餔時聽事, 申旦定也."
50) 『說文解字注』「酉」, "就也. 八月黍成, 可爲酎酒. 象古文酉之形也."

3 장 出産

진화가 생겨남

1. 百物之産

1) 생성과 출산

기화에 의하여 생성된 만물은 천지의 기운을 얻어 같은 류(類)의 만물을 출산(出産)하게 된다. 이러한 진화(進化)는 오랜 세월을 두고 진행되어 문화와 문명의 발전을 거듭하게 된다. 五行마다에는 생성내력과 출산내력이 담겨있다. 또한 거듭되는 시간의 경과 속에서 진화되어 내려오는 발전의 역사가 담겨있다. 명리학에서 시간의 질서는 地支에 있으며, 만물의 출산을 통한 진화도 시간의 질서 속에서 이뤄진다. 그러므로 반드시 시간의 질서를 숙지하여야 출산과 진화의 내력을 파악할 수 있다.

사시의 기운이 기화하여 팔품(45일씩 나눈 8마디)을 통하여 만물을 생성하는 것을 기화생성이라고 한다. 이것은 하늘과 땅의 기운이 만물을 생성한 것이다. 생성된 만물이 천지의 기운을 받아 자식을 생산하고 또 생산을 거듭하는 것을 출산(出産)[51]이라고 한다. 출산은 거듭되는 낳는 작용에 의하여 진화를 이루는 것이다. 이러한 유전에 의한 진화작용은 金의 수원(水源)과 木의 인화(引火)에 의하여 이뤄진다.

수원은 낳고 낳는 작용에 의하여 윤택(潤澤)의 근본을 이뤄 전대로부터 쌓인 정신을 자신이 이어받는 것을 말한다. 인화는 자신이 살아생전에 천지의 기운을 받아 홍로(紅爐)를 이뤄 정기(精氣)를 쌓는 것을 말한다. 이러한 정신기(精神氣)는 후대로 이어져 문화와 문명의 발전을 이루게 된다. 이렇게 쌓는 사람의 행위를 공부(功夫)라고 한다.

공부는 배우고 익힘으로 쌓이는 것이고, 수양(修養)을 통하여 성취하게 된다. 공부가 중인귀생(重人貴生)을 바탕으로 한다면, 수양은 대인춘풍(待人春風)을 이루기 위함이다. 공부가 자신을 위함이라고 한다면, 수양은 만인을 위하기 위함이다. 이 모두를 이룸이 곧 정신기인 것이다.

표 3) 四時의 생성과 출산

四時	癸甲		乙丙		丁庚		辛壬	
生成	己+癸=甲	戊+癸=甲	戊+丙=乙	己+丙=乙	己+丁=庚	戊+丁=庚	戊+壬=辛	己+壬=辛
出産	辛+癸己=甲	辛癸+戊=甲	庚癸+戊丙=乙	庚癸+己丙=乙化庚	乙+己丁=庚	乙+戊丁=庚	甲丁+戊壬=辛	甲丁+己壬=辛化甲

2) 24령

천지의 기운인 天干은 시간의 질서 속에서 만물을 탄생시키고 기르고 가꿔서 이루게 한다. 그러므로 시간의 질서 속에서 살아가는 만물에게는 天干의 령(令)이 깃들어져 있는 것이다. 천지의 당당한 기운인 天干의 당령(當令)은 지장간(地藏干)의 만물에게 사령(司令)을 내리는 것과 같다. 이러한 이론은 천인합일(天人合一)사상에서 비롯된 것으로 사람이 하늘을 이었다는 것이다. 그러

---

51) 『周禮 春官 大宗伯』 "必禮樂合天地之化百物之産"

므로 天干은 지장간에 명령을 내리고, 지장간은 天干의 명령을 따른다하여 司令이라고 한다. 이러한 天干의 명령에 따라 지장간의 만물과 사람은 제 할 일을 하게 되는 것이다. 司令은 月令이라는 시간의 질서 속에서 존재하는 것이다. 그러므로 月令은 시간의 경과를 말하고, 만물과 사람이 존재하는 환경이 된다.

결국 天干은 천지의 명령으로 사람에게는 정신적 기운이 된다. 지장간은 명령에 따라 움직여서 제 할 일을 충실히 해내는 것과 같으니 만물의 생멸과 사람의 행위가 된다. 月令은 시간의 질서를 말하고, 만물과 사람이 활동하는 무대가 되는 것이다. 즉 月令 속에는 시간과 공간의 의미가 내포되어 있다.

지장간의 戊己土는 시간의 경과에 따라 때에 맞게 생성과 유전, 형체와 형질변화를 조율하는 시간적 기운이다. 사람에게는 변화하는 환경을 알아차려 신속하게 대처해나가는 인식능력이 되어준다. 시간의 경과에 따른 환경의 변화를 알아차리는 만물의 인식수단으로서 존재하는 것이지 만물은 아니다.

지장간의 壬癸水는 고체와 액체와 기체로 존재하며, 만물에게는 영양이 되어주어 생명유지의 수단으로 쓰인다. 사람에게는 지식인 말과 글, 지혜인 창의와 정신적 기운이 된다. 삶에 필요한 지식과 지혜와 계획과 전략 등이 壬癸가 벌려놓은 인간의 두뇌구조가 된다. 흔히 머리 쓰는 사람이라고 한다.

지장간의 丙丁火는 빛과 온난과 열로 존재하며, 만물에게는 형체를 기르고 단단하게 해주는 수단으로 쓰인다. 만물은 丙丁火를 만남으로 기인하여 형체를 달리하고 번식을 하게 되는 것이다. 사람에게는 壬癸水의 계획에 따른 행위를 말한다. 행위에는 목표와 목적이 동반되고, 이에 사람은 목표와 목적에 따라 변화되는 삶을 살게 된다. 흔히 육체의 움직임을 말한다.

지장간의 甲乙木은 水火의 기에 의한 질로서 존재하니 木에 水火가 담겨 甲乙이라는 형체(形體)로 나타난다. 만물에게는 줄기와 가지, 다리와 날개와 같다. 사람의 甲木에는 癸水가 담겼으니 선천적 자기개발을 하는 능력이 되고, 乙木에는 丙火가 담겼으니 후천적 능력을 발휘하는 실력이 된다. 이와 같이 절대적 능력과 상대적 실력으로 구분하게 된다. 흔히 말하는 정상적인 과정을 거친 능력과 실력이다.

지장간의 庚辛金은 水火의 기에 의한 질로서 존재하니 金에 水火가 담겨 庚辛이라는 형질로 나타난다. 만물에게는 부리와 발톱, 가죽과 껍질 등의 견고한 모습을 만들어 오래도록 존재감을 갖추게 한다. 사람에게는 외유내강(外柔內剛)의 가치를 만들어가는 모습을 말한다. 후천적 성숙을 통하여 이루고 그 성숙됨을 후대에 전하는 역할을 한다. 흔히 가치 있는 상품이 되어 그 가치를 유포시킨다고 한다.

표 4) 24令

當令	月令	司令
癸水	子月	癸水는 父性을 이어 母性으로부터 人性을 涵養함과 같다.
	丑月	癸水는 학교와 현장에서 甲木을 통하여 지식을 습득하는 것을 말한다.
	辰月	癸水는 습득한 지식을 乙木을 통하여 검증받는 것을 말한다.
甲木	亥月	甲木은 成熟과정을 거친 種子로서 후세에 전할 根本이 된다.
	寅月	甲木은 학교와 현장에서 자기계발을 하는 과정이다.
	卯月	甲木은 경쟁에 필요한 능력을 기르는 과정이다.
乙木	卯月	乙木은 학교와 현장에서 능력을 발휘하는 실력행사 과정이다.
	辰月	乙木은 직업활동을 통하여 실력을 펼치는 과정이다.
	未月	乙木은 학습과 학력과 경험을 통하여 검증받은 자신의 실력이다.
丙火	寅月	丙火는 甲木에게 목적을 주어 학력을 만들어가는 인도를 한다.
	巳月	丙火는 乙木에게 외부환경을 만들어줘 경쟁력을 키우는 인도를 한다.
	午月	丙火는 甲乙木의 성장배경을 통하여 더 나은 결실을 만들게 유도한다.
丁火	午月	丁火는 母性을 이어 父性이 갖춰야 할 강한 정신을 만드는 기운이다.
	未月	丁火는 가정과 현장에서 庚金을 통하여 기술력을 펼치는 것과 같다.
	戌月	丁火는 습득한 기술력을 辛金의 상품가치를 통해 검증받는다.
庚金	巳月	庚金은 학습과 검증을 거친 木의 열매로서 장래가치를 키우는 준비다.
	申月	庚金은 가정과 현장에서 대항력을 키워나가는 과정이다.
	酉月	庚金은 경쟁과 검증에 필요한 능력을 개발하는 과정이다.
辛金	酉月	辛金은 대외적 검증을 통하여 실력을 발휘하는 과정이다.
	戌月	辛金은 자신의 상품가치를 검증받는 과정이다.
	丑月	辛金은 전대의 가치로서 甲木은 癸水를 통하여 전수받는다.
壬水	申月	壬水는 庚金에게 가치를 창출하는 목적을 주어 자신을 개발하게 한다.
	亥月	壬水는 辛金에게 외부환경을 제공하여 상품 경쟁력을 키워준다.
	子月	壬水는 庚辛金의 성장된 가치를 후세에 전달한다.

표 5) 戊己土의 슴과 吐

當令	月令	司令
戊土	寅月	戊土는 三陽을 머금어 甲木을 直하게 하니 신분상승에 필요한 능력을 쌓아야 함을 인식하게 한다.
	辰月	戊土는 배우고 익힌 능력을 대외적으로 활용해야 하는 필요성을 인식하게 한다.
	巳月	戊土는 六陽을 머금어 乙木을 散布시키니 신분상승에 따른 지도력이 필요함을 인식하게 한다.
	申月	戊土는 三陰을 머금어 庚金을 堅하게 하니 실용적 가치에 필요한 능력을 쌓아야 함을 인식하게 한다.
	戌月	戊土는 상승한 가치를 대외적으로 배포하여 검증을 거쳐야 함을 인식하게 한다.
	亥月	戊土는 六陰을 머금어 辛金을 流通시키니 실용적 가치에 따른 경영능력이 필요함을 인식하게 한다.
己土	丑月	己土는 父性의 剛함을 母性의 柔함으로 중재하여 人性의 중요성을 인식하게 한다.
	午月	己土는 火土同根을 이뤄 번식의 중요성을 인식하게 한다.
	未月	己土는 母性의 柔함을 父性의 剛함으로 중재하여 煉養의 중요성을 인식하게 한다.

2. 進化

천지가 낳은 만물은 또다시 오행의 기와 배합을 이뤄 같은 류(類)을 생겨나게 하여야 순환하여 이어지고 이어지게 된다. 그러므로 명리학에서 天干의 오행은 천지가 생성한 오행의 기로서 배합을 이뤄야 때에 맞게 자기 역할을 다하게 된다. 이러한 오행의 역할은 천지의 기운을 이은 것으로 하늘을 닮은 사람에게 지혜가 된다. 사람의 지혜에는 정신과 물질을 인식하는 내력이 잠재되어 있는 것이다. 결국 명리학에서 天干의 오행에는 사람의 지혜로움이 내력으로 잠재되어 있고, 잠재된 내력이 나타나서 살아생전에 업적을 만들기 위해서는 타 五行과의 배합이 이뤄져야 한다.

1) 水火의 배합

한난의 배합(配合)인 壬丙은 하늘이 지어낸 것으로 만물의 생멸(生滅)을 주관하는 기운이다. 그 인물됨이 만물의 중앙에 자리하게 된다. 丙火의 온난한 기운은 생명의 생장을 주관하여 만물을 탄생시키고 기르는 역할을 한다. 壬水의 차가운 기운은 성체의 성멸(成滅)을 주관하여 만물을 성숙시키고 물러나게 하여 다음 생명으로 이어지게 하는 역할을 한다.

이러한 水火의 역할이 제때에 맞게 이뤄지려면 土의 배합이 매우 중요하다. 차가운 기운이 되는 壬水를 戊土가 머금어 己土를 통하여 습한 기운이 되는 癸水를 내뱉는다. 癸水의 습한 기운은 생명을 탄생(甲木)시키는 작용을 한다. 또한 丙火의 온난한 기운을 戊土가 머금고 己土를 통하여 조한 기운이 되는 丁火를 내뱉는다. 丁火의 조한 기운은 만물을 성숙(庚金)시키는 역할을 한다. 이와 같이 한난조습의 기운은 土의 머금고 내뱉는 작용에 의하여 사시를 순환하면서 제 때에 맞게 만물을 바르게 기르고 가꾸게 한다. 사람도 이를 인식하여 제 때에 맞는 역할을 하게 되는 것이다. 하지만 배합을 얻지 못하게 되면 제대로 이루어진 쓰임이 없게 된다.

2) 土의 인식

土는 丙火의 온난한 기운을 머금어 만물을 기르고(乙木) 가꿔서 번식에 이르게 하는 작용을 한다. 또한 차가운 壬水의 기운을 머금어 만물을 거두고(辛金) 전하는 작용을 한다. 이러한 土의 작용은 천지의 기운을 머금어 만물을 생장성멸(生長成滅)의 모습으로 나타나게 하는 중화의 역할을 한다.[52] 사람이 현명함에서 비롯된 판단력으로 때에 따라 변화하는 만물의 쓰임을 알아차리게 하는 것이 중화다. 즉 자연의 엄숙한 변화와 사람의 귀한 행복을 알아차리지 못한다면 어찌 때를 아는 사람이라고 할 수 있겠는가.

이러한 알아차림을 장자가 말하기를 "마음을 하나로 모아 본심을 세워서 귀로

---
52) 『白虎通』「五行」. "中央者土. 土主吐含萬物. 土之爲言吐也."

듣지 말고 마음으로 들어야 한다. 마음으로 듣지 말고 그 기운으로 들으시게."[53]라고 하였다. 귀는 소리를 듣는 것이고 마음은 내 마음으로 듣는 것이고 기로 듣는다는 것은 자연의 기운과 사람의 뜻이 나에게 이르러 이미 알아차린 것을 말한다. 못쓰는 물건이 어디 있겠는가, 그대가 못쓰는 것이지. 못쓰는 사람이 어디 있겠는가, 그대가 못쓰는 것이지. 모두의 귀함을 알아차려 크게 쓸 줄 아는 사람이 되어야 한다. 土의 알아차리는 작용을 간략하게 설명하면 다음과 같다.

癸水의 습한 기운을 머금은 己土는 생명을 배양하는 기운이 되어 甲木을 낳는 임무를 알아차려 수행할 것이고, 丙火의 온난한 기운을 머금은 戊土는 생명을 生長시키는 기운이 되어 乙木을 기르는 임무를 알아차려 수행하게 된다. 또한 丁火의 건조한 기운을 머금은 己土는 형체를 제련시키는 기운이 되어 庚金을 숙성시키는 임무를 알아차려 수행할 것이고, 壬水의 차가운 기운을 머금은 戊土는 형체를 완성시키는 기운이 되어 辛金을 이루게 하는 임무를 알아차려 수행할 것이다. 이와 같이 土는 사시를 출입하면서 만물탄생의 바탕이 되고, 사람에게는 자신에게 필요한 능력을 계발하기 위해 시공간(視空間)을 감지하는 인식체계가 되어 준다.

이러한 土의 중화작용 중에서 中작용(戊土)인 알아차림이 끝나면 和작용(己土)인 임무를 수행하게 된다. 中은 인식이라는 알아차림과 같고, 和는 알아차린 내용을 수행하는 행위와 같다. 인식은 음양이 출입하는 亥子丑月에 水를 머금고, 巳午未月에 火를 머금어 알아차리며, 행위는 만물이 출입하는 寅卯辰月에 木을 생성시키며, 申酉戌月에 金을 성숙시킴으로 수행한다. 이와 같은 인식과 행위를 8마디로 나눠서 궁리하여 보기로 하자.

己癸는 생명을 배양시키는 중화작용으로 辛金을 배양하여 甲木의 근(根)을 탄생시킨다. 마치 사람의 뇌가 생겨나는 것과 같고, 자아가 생겨남과 같다.
戊癸는 생명을 탄생시키는 중화작용으로 甲木이 생장을 이룬다. 마치 사람의

---

53) 『莊子』「人間世」. "仲尼曰. 若一志, 无聽之以耳而聽之以心, 无聽之以心而聽之以氣. 耳止於聽, 心止於符. 氣也者, 虛而待物者也. 唯道集虛. 虛者, 心齋也."

뇌가 자라는 것과 같고, 인식이 성장하는 것과 같다.

戊丙은 형체를 발육시키는 중화작용으로 甲木을 이어서 乙木을 생장시킨다. 마치 사람의 육체가 자라나는 것과 같고, 중추신경의 지시에 따르는 자발적 행위와 같다.

己丙은 형체를 번식시키는 중화작용으로 乙木이 장생(長生)되어 화(花)를 탄생시킨다. 마치 사람의 육체적 행위가 외부에 영향을 미치는 것과 같고, 외부의 영향에 반응하는 행위와 같다.

己丁은 형체를 제련시키는 중화작용으로 乙木을 이어서 庚金의 실(實)을 탄생시킨다. 마치 사람이 경쟁력을 함양하여 미래의 영향에 대비하는 것과 같다.

戊丁은 형체를 성숙(成熟)시키는 중화작용으로 庚金의 실(實)을 성(成)되게 하기 위하여 익히는 작용을 한다. 마치 사람의 형체가 위풍당당하고 지도력을 갖춘 모범된 인물과 같다.

戊壬은 형체를 멸(滅)하고 결실을 탄생시키는 중화삭용으로 庚金에 이어서 辛金이 탄생한다. 마치 사람이 육체의 탈을 벗고 이룸을 소중히 하여 미래에 남길 것을 대비하는 것과 같다.

己壬은 중화작용으로 辛金이 응결하여 종자를 이룬다. 마치 사람이 자신을 희생하여 남을 이롭게 하는 정신을 이룬 것과 같다.

3) 수원과 인화

사시의 기운이 기화하여 팔품을 통하여 만물을 생성하는 것을 기화생성이라고 한다. 이것은 하늘과 땅의 기운이 만물을 생산한 것이다. 다음으로 이러한 만물이 자신과 같은 류(類)의 만물을 낳는 것을 출산[54]이라고 한다. 출산은 金의 수원[55]과 木의 인화에 의하여 이뤄진다. 수원은 전대의 업적을 이어서 계승 발

---

54) 『說文解字注』「八篇 上 化部」. "必禮樂合天地之化百物之産"
55) 『窮通寶鑑』「論水」. "水不絕源 仗金生而流遠 水流泛濫 賴土剋以堤防 水火均 則合既濟之美. 水土混 則有濁源之凶 四時皆忌火多 則水受渴 忌見土重 則水不流 忌見金死. 金死則水困 忌見木旺 木旺則水死. 沈芝云 水命動搖 多主濁濫 女人尤忌之. 口訣云 陽水身弱 窮 陰水身弱 主貴."

전시키는 특징이 있으며, 인화는 자신이 습득한 것을 발전시켜 후대에 전(傳)하는 특징이 있다.

수원과 인화는 土의 중화작용으로 생산된 만물인 金과 木을 돕는 출산을 위한 보좌작용을 한다. 변화하는 환경에 적응력을 높여 더욱 가치 있는 인물로 거듭나기 위해서는 보좌작용이 반드시 필요하게 된다. 辛金의 수원은 癸水를 보좌하여 甲木의 자질을 높이는데 힘쓰고, 庚金의 수원은 癸水를 보좌하여 乙木의 외부경쟁력을 키우는데 힘쓴다. 또한 乙木의 인화는 丁火를 보좌하여 지난 경험을 살려 庚金의 숙달된 전문성을 높이는데 힘쓰고, 甲木의 인화는 丁火를 보좌하여 辛金의 최고가치를 높이는데 힘쓴다. 이와 같이 乙과 辛은 자질을 계발하는 것과 같고, 庚과 甲은 외부환경에 적응력을 높이는 것과 같다.

이러한 수원과 인화는 자연이 지어낸 작용이라기보다는 사람이 스스로 힘쓰는 것이지만 土의 중화작용에 의한 인식이 없으면 자신의 능력을 보강할 때를 놓치게 된다. 또한 庚金의 수원과 甲木의 인화는 후천적인 경쟁력을 기르는 것이 되고, 辛金의 수원과 乙木의 인화는 선천적 자질을 기르는 것이 된다. 사람의 정신과 육체에 비유하면 辛은 자신의 정신을 수양(修養)함과 같고, 乙은 육체를 연양(煉養)함과 같다. 또한 庚은 타인의 정신을 함양시키는 것과 같고, 甲은 육체를 단련시키는 것과 같다. 그러면 土의 중화작용에 따른 수원과 인화의 역할을 간략하게 알아보기로 하자.

己癸는 甲木의 근(根)을 배양하니 辛金이 수원을 해주면 훌륭한 유전인자가 되어 자질을 높인다.

戊癸는 甲木을 낳으니 辛金이 수원을 해주면 자질을 계발하여 동량을 이루고, 庚金이 수원하면 자질을 계발하기보다는 일찍부터 환경적응력을 높여나간다.

戊丙은 乙木을 생장시켜주니 庚金이 수원을 해주면 계발된 지식을 활용하여 한층 높은 경쟁력을 갖추게 되고, 辛金이 수원해주면 경쟁력보다는 자신이 선호하는 자질을 높이는데 주력한다.

己丙은 乙木의 화(花)를 생성시켜주니 庚金으로 수원하면 성체가 되어 지도력을 높여나간다.

己丁은 庚金의 실(實)을 맺어주니 乙木이 인화를 해주면 지난 시절의 경험을 살려 더욱 높은 가치를 만들어 간다.

戊丁은 庚金을 익어가게 하니 乙木이 인화해주면 숙달된 전문성을 높여 나가고, 甲木이 인화하면 자신의 능력을 높이기보다는 환경에 적응력을 발휘하여 시장성을 높여 나간다.

戊壬은 辛金을 성숙시켜주니 甲木으로 인화해주면 높은 환경적응력을 보여 브랜드가치를 만들고, 乙木이 인화하면 시장성을 높이기보다는 자신이 선호하는 가치를 추구하게 된다.

己壬은 辛金의 種을 응결시켜주니 甲木으로 인화하면 성숙된 가치를 인정받아 외부로 전(傳)하게 된다.

4) 벽갑과 제련

벽갑(劈甲)[56]과 제련(製鍊)은 사람의 정신과 육체적 행위가 잘못됨을 바로잡는 작용과 동식물을 취하여 유용하게 쓰고자 할 때에 행위 하는 것이다. 庚金의 벽갑은 상보(相補)와 같은 것으로 사람의 정체성을 바로잡는데 쓰이고, 辛金의 절지(折枝)는 동식물을 취하여 의식주생활에 유용하게 쓰인다. 丙火의 단련(鍛鍊)은 사람의 육체를 바로잡는데 쓰이고, 丁火의 제련은 도구를 바로잡는데 쓰인다.

이러한 벽갑과 제련은 사람이 자연을 닮은 행위를 하는 것이다. 마치 金의 벽갑은 초목에게 작용하는 숙살(肅殺)의 기운인 서리(霜)와 같다. 숙살의 기운은 木을 더욱 단단하게 키우는 작용을 한다. 또한 火의 제련은 金에게 금소(金銷)의 기운인 치열(熱)과 같다. 이러한 금소(金銷)의 기운은 金을 부드럽게 하여 도구를 쓰임새 있게 한다. 이와 같은 火와 金의 작용을 간략하게 알아보기로 하자.

丙火와 庚金의 단련은 체력과 지구력을 향상시키고 도구를 다루는 능력을 주

---

56) 『窮通寶鑑』「三夏丁火」. "四月丁火乘旺 雖取甲引丁 必用庚劈甲 伐甲 方云木火通明 甲多 又取庚爲先. 但四柱忌見癸水 癸水一見 洩庚 濕甲 傷丁 故以癸爲病. 或癸水藏支 壬水出干 制丙 不奪丁光 自是雁塔題名 玉堂淸貴."

어 왕성한 활동을 돕는다.

丁火와 庚金의 제련은 도구를 개발하고 제작하는 생산력을 향상시키고 창의력을 돕는 역할로 전문성을 높여준다.

丁火와 辛金의 제련은 수리(修理)와 같은 것으로 재생산과 재개발을 통하여 효율성을 향상시키고 시장성을 높이는 판단력을 준다.

丙火와 辛金의 단련은 교류와 같은 것으로 필요함을 서로 교환하고 중재하는 모사(謀士)를 향상시켜준다.

庚金과 甲木의 벽갑은 간벌(間伐)이나 이식(移植)과 같은 것으로 마땅함에 대한 부당함과 중요성에 대한 부적당함을 판단하여 명분이 뚜렷한 정당성을 구하는 것과 같다.

辛金과 乙木의 벽갑은 절지와 절화(折花)같은 것으로 효율성과 비효율성을 판단하여 적합하지 못한 것을 제거하는 구조조정과 같다.

辛金과 甲木의 벽갑은 벽조(劈彫)와 같은 것으로 불필요한 정신과 행위를 단속하여 올곧게 조각하는 것과 같다.

庚金과 乙木의 벽갑은 정상적이지 못하고 부실한 정신과 육체를 바르게 세워주는 것과 같다.

4 장 用神

임무가 생겨남

하늘의 기틀(機)[57]이 기화하여 음양이 생겨나고, 음양은 한난의 모습으로 땅(地球)을 매개로 하여 조습을 나게 하고, 한난조습은 사시가 되어 순환하면서 8가지의 품(稟)[58]을 내어 만물을 생산하게 된다. 이러한 팔품에 속해있는 만물은 천지간에 존재하며 기질을 이루고 형상으로 나타나 있다. 이것을 우리는 자연현상이라고 한다.

이러한 자연현상을 인격화시킨 명리학은 시간의 질서 속에서 천지가 생성한 만물을 기르고 가꿔서 사람이 유리하게 쓰는 방법을 연구하게 된다. 만약에 인간이 쓰지 않으면, 자연이 낳고 자연이 거두는 자연스러움이 있을 것이다. 하지만 명리학은 자연스러움 속에서 인위적으로 만물을 취하려는 노력이 배어있다. 사람들의 인위적 행위는 생존능력의 발전을 이어오게 하고 개인의 직업능력이 되었다. 결국 명리학은 거듭되는 연구에 의하여 자연의 변화와 개인의 직업능력을 파악하는 학문으로 변화되어 가고 있다. 자연의 변화를 파악하기

---

57) 『黃帝陰符經』「上」. "廣成子曰. 此陰符二字. 上可通天. 下可察地. 中可化生萬物. 爲人最尊. 陰者. 暗也. 符者. 合也. 古之聖人. 內動之機. 可以明天地造化之根. 至道推移之源. 性命之本. 生死之機. 知者可究合天地之機. 操運長生之體. 故曰陰符也."

58) 『白虎通』「性情」. "性情者. 何謂也. 性者. 陽之施. 情者. 陰之化也. 人稟陰陽氣而生. 故內懷五性六情. 情者. 靜也. 性者. 生也. 此人所稟六氣以生者也."

위해서는 관찰시점의 시간과 시각을 기준하게 되고, 개인의 직업능력을 파악하기 위해서는 출생시점의 시간과 시각을 필요로 하게 된다.

명리학에서 人命을 간명(看命)하기 위해서는 출생시점과 관찰시점의 두 측면 중에서 관찰자 시점의 자연변화 시간을 운(運)이라고 하고 사람의 생존시간을 명(命)이라고 한다. 이와 같이 인명을 운명(運命)이라 이름하고 서로 연관성을 지어보려는 노력을 하게 된다. 즉, 운은 자연스럽게 흘러가는 시간으로 어제와 오늘과 내일을 의미한다. 命은 각 개인이 타고나서 살아가는 생로병사의 과정을 의미한다. 결국 運과 命을 통해서 자연과 사람의 관계를 설명하고자 만들어진 학문이 명리학이다.

命은 개인이 타고난 임무가 무엇인지를 파악하는 방법을 제시한 것으로 개인의 출생을 기준한 연월일시를 干支로 표기한다. 조상으로부터 물려받은 유전(遺傳)과 사람의 본성(本性)과 자연기(自然氣)가 합성된 정신기(精神氣)의 본체와 같다.

運은 유구히 흘러가는 자연의 시간을 표기한 태세(太歲)와 개인의 삶의 기간을 표기한 대운(大運)으로 구분되어 있다. 태세는 60진법에 의하여 하늘의 변화를 十干, 땅의 변화는 十二支로 天地의 변화를 표기하였다. 시각(時刻)을 읽는 능력인 시각(視覺)이 필요할 것이다. 대운은 개인별로 자신의 나이에 따라 능력의 변화를 표기한 것으로 天干으로 정신을 삼고 地支로 행위를 파악한다. 호모 루덴스(遊氣, Homo Ludens)[59]와 같다.

1. 用神의 성립

1) 삼원과 사령

삼재(三才)가 삼원(三元)이 되는 이치를 명리서 『淵海子平』에 의하면, "예를 들어 간지가 甲子라고 한다면, 甲은 천원이고, 子는 지원이고, 子중의 癸는 인

---

[59] J. 하위징아, 『호모 루덴스 놀이와 문화에 관한 연구』, 김윤수 역, 까치, 1981, 7쪽.

원이다."⁶⁰⁾ 라고 하였다. 干支의 天干은 하늘의 기운이 氣化된 곳이니 천원(天元)이라 하고, 地支는 땅의 기운이 기화된 곳이니 지원(地元)이라 하고, 地支의 天干은 천지의 기운이 기화하여 인간이 생겨난 곳이니 인원(人元)이라는 뜻이다. 삼재의 기운이 干支에 서려있음을 알리는 것이다. 이러한 삼재의 이치를 명리학에서는 삼원이라 칭하며, 그 근본을 干支를 통하여 찾는다.

명리서의 보서 중 하나로 일컫는 『適天髓』에서는 "월령은 하늘에서 이어진 제강이 있는 곳으로 마치 집과 같다. 인원이 용사하는 것이 용신이다. 집과 나아가는 방향이 있으니 인원을 정하지 않으면 안된다."⁶¹⁾ 라고 하였다. 月令은 천지인 삼원이 깃든 집과 같은 곳으로 설명하였다. 특히 地支 속의 天干을 인간의 정신으로 삼으니 타고난 임무와 같은 것이고, 인원에서 用神을 정한다는 뜻이다. 또한 인원이 天干으로 드러나면 천지의 기운을 이어받은 사람으로서 하늘의 뜻을 받들어 임무를 수행한다는 뜻이다.

그러면 인원이 天干으로 드러난 것을 무엇이라 하는지는 명리서인 『三命通會』에서 찾아보기로 하자. "정관은 월령을 살피는 것이다. 이런 연후 나머지를 본다. 오행으로서의 기는 오직 월령당시가 가장 중요하다."⁶²⁾ 라고 하였다. 月은 천지의 기운이 氣化된 곳이니 인간이 하늘에게서 받은 임무의 자리다. 月令 중에서 음양의 기운으로부터 기화한 여덟 개의 오행이 머문 곳을 당령(當令)이라고 하는 것이다. 月令 중에서도 제일 중요한 당령에 대한 개념이 도입된 것은 이로부터라고 할 수 있다.

『三命通會』「論人元司事」는 用神에 대해 다음과 같이 설명한다.

"하나의 큰 기운은 혼륜에서 나온 것으로 아직 형체를 갖추지 않고 분리되지 않은 상태다. 무엇이 음양인가. 큰 기운이 기화하기 시작하여 하나는 셋이 되었다. 홀연한 기운에 의하여 분리되어 하늘이 얻은 것은 가볍고 맑은 양의 기운이고, 땅은 무겁고 탁한 음을 얻고, 인간은 하늘과 땅 사이에 서있다. 인간은 음양의 중화의 기운을 받은 품

---
60) 『淵海子平』「論三元」. "假令甲子. 以甲木爲天元. 子爲地元. 子中所藏癸水爲人元."
61) 『三命通會』「論人元司事」. "月令乃提綱之府. 譬之宅也. 人元爲用事之神. 宅之定向也. 不可以不卜."
62) 『三命通會』「論正官」. "正官先看月令 然後方看其餘 以五行之氣 惟月令當時爲最."

을 타고난 것이다. 그러므로 가볍고 맑은 것은 10간이 되어 복록의 주체인 천원이고, 무겁고 탁한 것은 12지가 되어 몸의 주체인 지원이고, 하늘과 땅의 바른 위치에서 그 사이에 이뤄진 것이 인간이다. 고로 12지에 감춰져 있는 것이 주체로 인원이라고 하며, 이르기를 임무를 맡은 정신이라 하고, 명리학에서는 월령용신이라고 한다."[63]

일 년을 여덟 마디로 나누어서 시간의 질서에 맞추어 오행을 배당하니 각기 삼재가 기화한 곳이고, 이는 기운이 응결된 당령과 같은 것이다. 이어 인간이 태어난 시기의 인원 중, 用神은 임무와 같은 것이다. 그러므로 자연환경 속에서 자신의 역할은 用神에 있다.

이와 같은 내용으로 볼 때, 당령은 12개의 月令 중에서 한난의 구분인 동지와 하지, 조습의 구분인 춘분과 추분, 만물형상의 구분인 四立(춘하추동)으로 나눈 팔품의 기운을 말한다. 명리학에서는 이러한 기운을 당령이라고 한다. 당령은 사시의 기가 기화하여 생성된 만물을 주관하는 기운을 말한다. 그러므로 당령에는 만물의 쓰임이 담겨있는 것이다. 또한 사람에게는 만물을 기르고 가꾸는 역할을 하는 통솔자의 위상이 담겨있다.

당령
동지-입춘:癸水　입춘-춘분:甲木　춘분-입하:乙木　입하-하지:丙火
하지-입추:丁火　입추-추분:庚金　추분-입동:辛金　입동-동지:壬水

月令에는 계절의 변화가 있고, 계절에는 기후의 변화가 담겨있다. 이러한 시간의 질서가 만들어낸 만물의 변화도 月令에 있다. 그러므로 명리학에서 만물의 쓰임을 연구하고자 하는 핵심이 月令에 있다. 결국 月令에는 시간의 변화, 기후의 변화, 만물의 성멸(成滅) 그리고 사람의 할 일 등 사람생활에 필요한 모든

---

63) 『三命通會』「論人元司事」, "夫一氣渾淪, 形質未離. 孰爲陰陽. 太始旣肇, 裂一爲三. 倏忽乃分, 天得之而輕淸爲陽, 地得之而重濁爲陰, ……. 主身, 謂之地元, 天地各正其位, 成才於兩間者, 乃所謂人也. 故支中所藏者主命, 謂之人元, 名爲司事之神. 以命術言之. 爲月令用神."

환경요소가 담겨있다고 볼 수 있다. 특히 이러한 시간의 변화 속에서 살아가는 사람의 운명도 月令에서 출발한다고 볼 수 있다. 그러므로 사람의 운명의 시발점을 찾는 자리가 月令이며, 月令의 인원에 用神이 있다. 用神에는 각 개인마다에게 하늘과 땅이 부여한 선천적 임무의 특징이 담겨있다. 사람에게는 적성의 명칭이기도 하다. 이러한 연후로 명리학에서는 천지가 임무를 부여했다고 하여 用神이라고 부르고, 사람이 마땅히 임무를 수행한다고 하여 사령용신(司令用神)이라고 부른다.

월령(사령)
子(壬癸)　丑(癸辛)　寅(丙甲)　卯(甲乙)　辰(乙癸)　巳(庚丙)
午(丙丁)　未(丁乙)　申(壬庚)　酉(庚辛)　戌(辛丁)　亥(甲壬)

2) 용신의 배합

用神이란 무엇인가에 대해서 『子平眞詮』「論用神」에서 "팔자에서 용신은 오로지 월령에서 구한다. 일간과 지지를 배합시키면, 상생과 상극이 각기 다르니 격국이 구분되는 곳이다. 재성, 정관, 인성, 식신은 용신이 선하니 순용하는 것이다. 편관, 상관, 겁인은 용신이 선하지 않으니 역용하는 것이다. 당연히 순을 만나면 순하고, 역을 만나면 역하는 것이니 마땅한 다른 육신의 배합을 얻어야 귀해진다."[64] 라고 하였다.

用神은 月令에 있음을 말하는 것이다. 그리고 用神에는 순역(順逆)이 있으니 다른 六神(五行)과의 배합을 얻어야 귀해진다고 설명하고 있다. 즉 순역이란 인간생활을 유리함과 불리함으로 나누는 절차에 해당한다고 볼 수 있다. 자연은 순역을 나누지 않고 月令에 임무를 부여하였지만 인간은 순과 역으로 나누

---

64) 『子平眞詮』「論用神」, "八字用神, 專求月令, 以日干配月令地支, 而生剋不同, 格局分焉. 財官印食, 此用神之善而順用之者也. 殺傷劫刃, 用神之不善而逆用之者也. 當順而順, 當逆而逆, 配合得宜, 皆爲貴格."

게 되는 것이다. 이는 五行이라는 만물을 인간이 취하여 사용함에 있어서 꺼리는 것과 꺼리지 않는 것을 구분지어 살기 때문이다. 그러므로 만물은 그대로 생겨나 사라지고 다시 생기고 사라짐을 반복하지만, 사회적 동물인 인간은 서로의 관계를 구성하여 살아가기 위해서 일정한 인간만의 법칙으로 자연을 보기 시작하게 된 것이다. 이러한 인간만의 법칙을 정하기 시작한 것이 六神이다.

또한 『子平眞詮』은 순용(順用)의 배합에 관하여 "用神이 선하여 순용하는 것이면, 財星은 食神으로 相生하고, 財生官하여 官이 財星을 보호하는 것을 좋아한다. 正官은 財星이 財生官하고, 印星으로 하여금 官을 보호하는 것을 좋아한다. 印星은 官殺로 相生하고, 비겁으로 하여금 財星을 제압하여 印星을 보호함을 좋아한다. 食神은 日干이 身旺으로서 相生하고, 財星을 相生하여 자신을 보호함을 좋아한다."[65] 라고 하였다.

이와 같은 내용으로 볼 때, 순용에 대한 희기(喜忌)를 설명하기를 선한 육신은 相生을 받음으로써 능력을 만들고 相生함으로써 자신을 보호한다고 말한다. 즉 순한 用神은 相生을 받음으로 제 할 일을 찾고 相生함으로 제 할 일을 행하는 것을 좋아하며, 이와 같이 행함으로써 보호받는 것이라는 설명이다. 결국 用神으로 자연에서 부여받은 임무가 무엇인지를 알고 相生받음으로 제 할 일을 배우고, 相生함으로 제 할 일을 하는 것이 삶의 바른 길이라는 것이다. 이어서 역용(逆用)의 배합을 이렇게 설명하고 있다.

"용신이 선하지 않아 역용하는 것이면, 편관은 식신으로 굴복시키는 것을 좋아하고, 재성으로 바탕을 삼고 인성을 도와야 한다. 상관은 인성의 어질음으로 굴복시키고, 재성으로 상관의 기운을 발휘하는 것을 좋아한다. 양인은 관살로 굴복시킴을 좋아하고, 관살이 없는 것은 꺼린다. 하지만 월겁은 정관이 굴복시킨 연후에 재리(財利)를 좋아하므로 식상으로 겁을 설화(洩化)하여 재성을 도우면 이롭다. 이러한 것이 순역을 판단하는 대략적인 내용이다."[66]

---

65) 『子平眞詮』「論用神」, "是以善而順用之, 則財喜食神以相生, 生官以護財, 官喜透財以相生, 生印以護官, 印喜官殺以相生, 劫才以護印, 食喜身旺以相生, 生財以護食."
66) 『子平眞詮』「論用神」, "不善而逆用之, 則七殺喜食神以制伏, 忌財印以資扶, 傷官喜佩印

선하지 않은 육신은 제화(制化)로서 자제를 시킴으로 선해진다. 그런 연후에 相生의 도리로 살아가는 것이라고 설명한다. 偏官은 가난과 재해로부터 생존에 위협을 받는 사람과 같으니 食神으로 은혜를 베풀어 도와야 마땅한가? 아니면 偏官은 살(殺)과 같은 것으로 인간의 삶을 위협하는 존재이니 물리쳐서 善을 보호해야 하는가? 라는 방식으로 역용을 설명하고 있는 것 같다. 자연에서 부여받은 본연의 품(稟)보다는 인간이 삶을 영위하면서 변질되어 나타난 기질을 어떻게 다스려야 하는가? 라는 문제를 제시하고 있다고 봐야 한다.

『子平眞詮』은 이러한 다스림에는 제(制)라는 규칙과 복(伏)이라는 처벌적 조항이 있음을 전하고 있다. 하지만, 현재적 개념에서는 역용에 대한 방법론을 달리 적용해야 하는 것이 마땅하리라 본다. 현재 시점에서 개개인의 삶이 중요하다고 생각한다면, 偏官은 食神이 삶의 방법을 가르치고 財星으로 생존권을 확보하게 한 연후 印星으로 세상에 기여하게 하는 것이다. 전체적 목적에 준한 삶도 물론 중요하지만, 偏官이 지닌 개인적 안정을 우선시하는 불안한 마음에도 헤아림이 있어야 한다.

또한 패인(佩印)은 傷官이 삶의 방법을 알지 못하고 육체의 힘만으로 살면서 온갖 고통을 받는 것에, 正印이 그 방법을 알려주는 교화(敎化)의 도리를 말하는 것이다. 이러함으로써 財星이라는 세상에 나아가 지혜로운 방법을 택하여 이익을 만들어가는 것이다. 하지만 이러한 방법론은 모두의 기대일 뿐 개개인의 喜忌에 따라 조화를 이루지 못하고 바라는 삶을 살지 못하는 경우가 허다하다.

喜忌에 관해서『子平眞詮』은 사람들이 하늘의 뜻이 月令에 모두 있음을 알지 못한다고 말한다. 月令을 먼저 살피고, 나머지 팔자를 月令에 배합시켜 喜忌를 살펴야 하는 것을 알지 못하는 것이라고 하였다.[67] 喜忌는 사령용신(司令用神)의 순용을 보좌하는 干支의 역할을 의미한다는 뜻이다. 이러한 역할을 배합이라고 하였으며, 배합은 喜忌를 논하는 기준이 되는 것이다. 그러면 바라는 배합은 喜고, 꺼리는 배합은 忌가 된다.『子平眞詮』이 用神의 순용에 따라 喜

以制伏. 生財以化傷. 陽刃喜官殺以制伏, 忌官殺之俱無. 月劫喜透官以制伏, 利用財而透食以化劫. 此順逆之大路也."

67)『子平眞詮』「論用神」, "今人不知專主提綱, 然後將四柱干支, 字字統歸月令, 以觀喜忌."

른를 어떻게 정하는지 알아보자.

"심각한 것은 정관용신이 정인으로 하여금 패인하여 정관과 정인이 모두 귀한 것과 인성용신을 정관으로 상생하여 官印相生을 이룬 것을 같은 이치로 취급하는 것이다."[68]

正官用神에게 喜가 되는 正印이 忌가 되는 傷官을 制化하는 패인(佩印)으로 正印이 유용하게 활용되어 正官用神을 구(救)하는 것은 쌍전(雙全)한 것이라는 뜻이다. 또한 正印用神은 正官을 喜로 쓸 뿐, 역을 다스려 순으로 化하는 有用으로 쓰이지 않은 것이므로 쌍전의 공과는 같지 않음을 말하는 것이다. 喜 중에서도 두 가지 용도로 쓰이는 공과 한 가지로 쓰이는 공이 다름을 말한다. 또한 "재성용신이 식신을 보는 것은 재성용신이 식신의 상생을 만난 것으로 판단하지 않고, 식신용신이 재성을 만나 식신용신이 재성을 생하는 것과 같이 여기더라."[69] 라고 하였다. 이러한 내용은 財星用神에 食神이 喜하는 것과 食神用神에 財星이 喜하는 것의 차이를 말하는 것이다. 財星用神은 食神으로 하여금 忌가 되는 비겁을 설화(洩化)하여 財星을 보호하는 역할을 하게 된다. 食神用神은 財星으로 하여금 日干의 능력을 발휘하게 하고, 忌가 되는 偏印으로부터 食神을 보호하는 것이다. 그러므로 그 공이 각기 다르다는 뜻이다.

"편인용신이 식신을 보면 식신이 용신의 기운을 빼앗는 것인데, 식신을 탈진시키는 것으로 생각하여 재성으로 용신을 제하려 하는 것은 식신용신이 忌가 되는 편인을 만난 것처럼 하더라."[70]

그리고 偏印用神은 相生을 받아서 喜를 삼아야 하므로 用神의 기운을 설기(洩氣)하는 食神을 구하려고 財星으로 用神을 제(制)하면 안 된다. 이와 같은 것은 마치 食神用神에 財星으로 忌가 되는 偏印을 제하는 것처럼 여기는 것이

---

68) 『子平眞詮』「論用神」, "甚至見正官佩印, 則以爲官印雙全, 與印綬用官者同論."
69) 『子平眞詮』「論用神」, "見財透食神, 不以爲財達食生, 而以爲食神生財, 與食神生財同論."
70) 『子平眞詮』「論用神」, "見偏印透食, 不以爲洩身之秀, 而以爲梟神奪食, 宜用財制, 與食神逢梟同論."

다. 효신(梟神)이라고 하는 것은 食神用神을 빈궁하게 하는 것이지 偏印用神을 효신처럼 취급하여서는 안 된다는 뜻이다.

偏官用神이 역용하는 食神을 만났으나 印星이 드러나 있으면, 喜가 되는 食神을 거(去)하여 七殺을 보호하는 것으로 여기지 않고, 七殺과 印星이 서로 相生하는 것으로 여기는 것은 印星用神이 喜가 되는 七殺을 만난 것처럼 논하고 있는 것이다.[71] 偏官用神은 食神이 역용으로 喜하는 것인데, 忌가 되는 印星이 食神을 制剋하면 선량하게 살아가지 못함을 말하는 것이다. 印星用神이 殺을 만난 것과는 다른 것이다. 또한 偏官格이 陽刃을 만난 경우에는 陽刃의 힘이 능히 제살(制殺)할 수 있다고 여기지 않고, 七殺이 陽刃을 제거한 것으로 여겨서 마치 陽刃格을 七殺이 제화(制化)한 것처럼 한다. 이러한 것들은 모두 월령을 망각함에서 유래한 것이다.[72] 七殺格에 食神이 드러나 있지 않다 하여도 日干이 地支에 근(根)을 얻어 왕(旺)하면, 능히 七殺을 制化하는 힘이 있음을 말하는 것이다. 이러한 이치는 위의 用神을 순역으로 나눠 五行이나 六神을 배합하여 喜忌를 논할 때, 일정한 법칙이외에 왕쇠강약(旺衰强弱)에 따라 다르게 나타나는 경우가 많음을 암시하고 있다. 왕쇠강약 이외에 또 다른 변수가 있는지 자평진전의 말을 계속 들어보자.

"그러나 용신이 월령에 없는 경우는 어떻게 판단하여야 하는가? 가령 寅卯월생이 일간이 같은 오행으로 되어있으면, 일간과 같은 오행은 용신이 될 수 없으니, 반드시 사주를 간명할 때, 재관살식등이 천간에 드러남과 지지가 회합됨을 보고 용신을 정한다. 그러나 종내는 월령을 주로 하고, 그런 연후 용신을 취한다. 건록과 월겁은 용신이 아닌 것이 용신이다."[73]

---

71) 『子平眞詮』「論用神」, "見殺逢食制而露印者, 不爲去食護殺, 而以爲殺印相生, 與印綬逢殺者同論."

72) 『子平眞詮』「論用神」, "更有殺格逢刃, 不以爲刃可幫身制殺, 而以爲七殺制刃, 與陽刃露殺者同論. 此皆由不知月令而妄論之故也."

73) 『子平眞詮』「論用神」, "然亦有月令無用神者, 將若之何? 如木生寅卯, 日與月同, 本身不可爲用, 必看四柱有無財官殺食透干會支, 另取用神. 然終以月令爲主, 然後尋用, 是建祿月劫之格, 非用而即用神也."

모든 用神은 月令에서 구하는 것인데, 月令에서 구하지 못하는 것은 日干과 月令이 같은 오행인 경우를 말한다. 결국 『子平眞詮』이 用神과 喜忌神의 문제를 제시하기를 첫째, 用神은 月令에서 구하는 것이다. 둘째, 用神에는 순역이 있으니 배합에 어울리는 喜忌神을 정하는 것이다. 셋째, 배합에 어울리는 喜忌神을 정함에서 일정한 법칙 외에도 왕쇠강약에 따른 변수가 있다. 넷째, 月令에서 用神을 구하지 못하는 陽刃과 建祿은 比劫의 투간(透干)과 합국(合局)의 배합을 살펴 따로 정한다고 하였다.

2. 用神의 順逆

月令에는 용사(用事)하는 자리가 있다. 천지의 기운이 부여한 임무라 하여 用神이라 하고, 사람이 만물을 취하고 가꾸는 임무가 있다 하여 司令用神이라고 한다. 그러므로 用神은 하늘이 부여한 임무고, 司令用神은 사람이 그 임무에 따른다는 의미가 된다. 用神에는 순역(順逆)이 있으니 사람이 임무를 수행함에도 순역이 있게 된다. 이는 순과 역을 같이 사용하여 임무를 수행하라는 뜻이지 순은 옳고 역은 그른 것이 결코 아니다. 순역이 서로 견제(牽制)함으로 인하여 임무수행의 다양성을 보이고 있다. 순의 참신성만 강조하여 역의 실용성을 배제한다면 임무수행의 유연성이 없게 된다. 또한 역의 실용성만 강조되고 순의 참신성이 배제된다면 임무수행에 필요한 명분이 사라지게 된다.

用神은 인원에서 구하는 것으로 자신이 타고난 日辰이 머문 자리가 된다. 삼원이 깃들어 소우주를 이루니 그것이 사람인 것이다. 그리고 일진(日辰)이 머문 月令에는 때에 맞게 만물이 생성하니 기르고 가꿔서 취하는 것이 천지를 대신한 사람의 임무가 된다. 司令에 관해서는 앞서 설명하였으므로 여기서는 用神과 순역에 대해서 연구하여 보기로 하자.

1) 춘절 용신의 순역

① 子月

子月의 癸水用神은 모성애와 같은 것으로 가정과 학교시기에 필요한 인성교육의 근본이다. 己土로 역용하여 품으면 윤택한 인품을 이루게 된다. 甲木으로 己土를 소토(疏土)하면 癸甲으로 순용을 이뤄 모성애를 배우고 익혀 인격을 갖추게 된다. 辛金으로 순용하면 가르침을 이어받아 인성을 앞세운 교육에 힘쓰는 인물이 된다.

② 丑月

丑月의 癸水用神은 삶에 필요한 지식을 학교교육이나 현장교육을 통하여 전달받는 것과 같다. 己土로 역용하여 품으면 배움의 환경이 마련되고, 甲木으로 순용하고 소도(疏土)하여 癸甲으로 用神을 이끌어내면 체계적인 교육을 통하여 자질을 계발한다. 이에 辛金이 순용으로 辛癸를 이루면 지식을 전달해주는 교육자가 된다.

辛金用神은 전 시대의 유물(遺物)과 父性으로부터의 유전과 같은 것으로 살아생전 큰 덕을 이뤄 후세에 전달하라는 임무와 같다. 癸水를 순용하면 계승자가 되고, 己土를 순용하면 덕을 이룰 환경이 마련되고, 甲木을 역용하면 배우고 익히는 과정이 된다.

己土用神은 인재를 양성하는 환경이 되어주니 인성(人性)과 지식을 쌓는 가정과 학교와 같은 역할을 한다. 癸水로 역용하면 마땅한 매뉴얼을 갖추게 되고, 甲木으로 역용하면 수학생(修學生)을 만난 듯하다. 辛金이 순용하면 소장(所長)이나 교장(校長)처럼 관리자가 된다.

③ 寅月

寅月의 戊土用神은 목적에 따라 학습을 진행하기 위하여 자신의 자질과 환경을 인식하는 것과 같다. 丙火로 순용하면 목적이 생겨나니 희망을 갖게 된다.

癸水로 역용하면 현실 환경에 맞는 학습을 진행한다. 甲木으로 역용하면 학력과 경력을 꾸준히 쌓아가는 과정을 겪는다. 辛金으로 순용하면 과거의 유산을 현실 환경에 폭넓게 적용하는 기특함으로 체제를 운영하는 특별한 사람이 된다.

丙火用神은 현실적 가능한 목적을 세우고 이를 바탕으로 자기계발을 시도하는 성장목적과 같다. 甲木으로 순용하면 목적에 맞게 학습과정을 이수하게 된다. 癸水로 역용하면 목적에 맞는 학습에 전념하여 실력을 키워 나간다. 辛金으로 역용하면 과거로부터 내려오는 고유한 전통학문과 접목하여 특별한 능력을 만들어 간다.

甲木用神은 학교와 현장에서 자질을 계발하는 과정과 같다. 丙火로 순용하면 성장목적을 정하여 긍정적 마인드로 생활한다. 癸水로 순용하면 丙火의 목적에 대한 동기부여로 인하여 능력을 목표에 맞게 쌓아간다. 戊土가 역용하면 환경에서 요구하는 필요충분조건을 인식하여 적합하게 굴려는 노력을 한다. 辛金이 역용하면 더 깊이 있는 학습을 택하여 장래 우월한 능력을 갖춘 인물로 거듭난다.

④ 卯月

卯月의 甲木用神은 절대적 자기능력을 만든 연후, 검증을 받기 위한 상대적 능력을 겸비하는 학습과정을 말한다. 丙火로 순용하면 경쟁을 고려한 목적을 정하여 단단한 준비를 한다. 癸水가 순용하면 목적에 맞는 능력을 쌓아가니 마치 시험준비와 같다. 戊土가 역용하면 적응력을 높이기 위하여 변화하는 환경을 인식한다. 辛金이 역용하면 경쟁이 치열한 사회보다는 배려와 존중이 있는 순수분야에 전념하게 된다. 庚金으로 역용하면 죄와 벌이 존재하고 옳고 그름이 존재하는 일반사회로 진출하게 된다.

2) 하절 용신의 순역

① 卯月

卯月 乙木用神은 검증과 경쟁에 필요한 준비과정을 말하니 마치 대회에 출전하기 위한 연습과정과 같다. 丙火가 순용하면 경쟁목표가 설정된 것과 같다. 癸水가 순용하면 경쟁을 위한 실력이 된다. 戊土가 역용하면 지피지기(知彼知己)를 이루게 된다. 庚金의 역용은 오래도록 자신의 존재를 유지하기 위해서 특별한 능력을 준비하는 것과 같다. 만약 辛金으로 역용하면 인간관계 속에서 경쟁하기보다는 순수학문이나 문화예술 방향으로 전향하여 자신의 절대적 능력에 도전한다.

② 辰月

辰月의 乙木用神은 사회진출에 필요한 준비과정과 같다. 丙火의 순용은 성장목표가 되어 의지를 심어준다. 癸水의 순용은 교육과정이나 근무과정에 맞는 실력이 된다. 戊土의 역용은 자신의 능력을 검증하는 환경이 된다. 庚金의 역용은 상대보다 우월한 능력을 갖춰 훗날 지도력으로 활용된다.

癸水用神은 경쟁에 필요한 지식체계를 갖춘 것을 말한다. 丙火의 역용은 성장모델이나 목표가 되니 강한 의지가 담겨있다. 乙木의 순용은 도전정신과 같은 것으로 험난한 과정을 겪는다. 戊土의 역용은 외부환경의 변화를 감지하여 적합한 행동을 취한다. 庚金의 순용은 최고가 되기 위한 실력을 쌓는 것을 말한다.

戊土用神은 피교육자와 피보호자의 입장을 벗어나 스스로를 책임져야 하는 시기가 다가오고 있음을 인식하는 것과 같다. 丙火로 순용하면 사회활동 목적과 범위를 정하는 것과 같다. 癸水로 역용하면 사회활동에 필요한 정신적 자신감과 현명한 마인드를 마련하게 된다. 乙木의 역용은 사회진출에 앞서서 일정한 과정을 통하여 쌓아온 경쟁력과 같다. 庚金의 순용은 오래도록 자신의 능력을 유지하기 위한 특기와 같다.

③ 巳月

巳月의 戊土用神은 사회생활에 필요한 환경이 되고 가정을 이루기 위한 환경이 된다. 丙火의 순용은 사회가 정한 규칙과 달성해야 할 목표가 된다. 癸水의 역용은 목표를 달성하기 위한 지혜와 실력이 되며, 乙木의 역용은 업무나 작업과정이 된다. 庚金의 순용은 장래 자신의 가치를 높이기 위한 전략과 같다.

庚金用神은 장래를 대비할 능력을 향상시키는 것과 같다. 丙火로 역용하면 현실을 바탕으로 하는 장래의 목적이 되고, 癸水의 순용은 현재의 상황에 맞는 실력을 발휘하는 것과 같다. 戊土의 순용은 현실보다 더 나은 미래를 준비하기 위하여 세상의 변화를 인식하는 것과 같다. 乙木으로 역용하면 근무나 작업과정을 겪어 장래에 필요한 경력을 만든다.

丙火用神은 자신이 속한 조직이나 사회가 정한 목표나 규칙이 된다. 己土로 순용하면 환경에서 요구하는 장단점을 인식하고 훗날에 필요한 능력을 만들어가기 위한 새로운 변화를 인식한다. 만약 戊土가 순용하면 자신의 능력을 현재 상황에 맞게 활용코자 하는 단순한 인식을 하게 된다. 癸水의 역용은 요구에 맞는 역할을 수행하는 지혜가 된다. 庚金이 역용하면 스스로 자신의 능력을 더욱 높이기 위한 특기를 계발하는 특징이 있다.

④ 午月

午月의 丙火用神은 다가올 미래에 치열한 경쟁을 예고하여 철저한 준비를 각인시키는 작용을 한다. 己土의 순용은 경쟁을 대비해야 낙오하지 않고 살아남는다는 것을 인식한다. 乙木의 순용은 지난 업무가 거의 마무리되고 다음 업무로의 전환을 위한 과정과 같다. 癸水의 역용은 번식을 위한 전략과 전술이 된다. 庚金의 역용은 가치창출을 대비한 준비된 능력과 같다.

3) 추절 용신의 순역

① 午月

午月의 己土用神은 지난 시절의 능력을 모아 번식을 통하여 자신의 가치를 높여야 하는 시기임을 인식하는 것과 같다. 乙木으로 역용하면 지난 시절에 습득한 능력과 경력을 갈무리하여 더 큰 가치를 만들어가는 것을 말한다. 丁火로 순용하면 문명을 주도하는 창의력과 같다. 庚金으로 순용하면 능력개발 과정을 거쳐 훗날 뛰어난 인재로 거듭나게 된다.

丁火用神은 父性으로 자식을 부양(扶養)하고, 자신의 능력을 한층 높여나가기 위한 의지력이다. 己土로 순용하면 자신의 능력을 알고 행동하는 현명함이 있다. 乙木으로 순용하면 지난 시절의 활동경력을 살려 가치를 상승시켜나간다. 庚金으로 역용하면 가치를 이루기 위한 능력을 개발해 나아가는 과정으로 책임과 의무를 다하는 성숙함으로 발전한다.

② 未月

未月의 丁火用神은 부모와 학부형, 사회적 책임자인 어른이 되기 위해 필요한 능력을 갖추기 위한 열정과 같다. 己土로 순용하면 책임성 있는 자신의 역할을 인식한다. 乙木으로 순용하면 지난 시절에 준비한 능력과 실력을 갈무리하여 더욱 높은 가치를 이룩하기 위한 노력을 기울인다. 庚金으로 역용하면 필요한 능력을 만들어 나가는 과정을 겪게 된다.

乙木用神은 가정과 학교에서 배운 능력을 더욱 보강하여 더 크게 사용하고자 하는 의지와 같다. 丁火를 순용하면 자신과 주변사람을 책임지기 위한 능력을 쌓아간다. 己土를 역용하면 차원 높은 교육과 연구현장이 형성된 환경을 만난다. 庚金으로 역용하면 학습과 연구를 통하여 능력을 향상시켜 나가는 과정을 겪는다.

己土用神은 인재를 양성하는 환경이 되어주니 기술전수소와 현장학습과 같은 역할을 한다. 丁火로 순용하면 특별한 매뉴얼을 갖춰서 전문가를 양성한다. 乙

木으로 역용하면 경험과 경력을 살려 더 큰 가치를 창출하고자 열심히 배우고 익힌다. 庚金으로 순용하면 현장실습을 통하여 능력을 키워나간다.

③ 申月
申月의 戊土用神은 그간에 향상시킨 능력을 배출하고자 미래 환경에서 필요함을 조사하는 것과 같다. 丁火로 순용하면 환경에 맞는 전문능력을 키워나가고 각종 산업개발에 참여한다. 壬水로 역용하면 목적을 확고히 정하여 도달하고자 꾸준한 노력을 이끌어간다. 乙木으로 역용하면 신분상승과 인간존중의 의미를 부여하여 자신의 기술을 발전시켜 나간다. 庚金으로 순용하면 개발과정을 통하여 자신의 능력을 만들어 간다.
壬水用神은 미래의 목적과 같은 것으로 도달한다는 부자마음이 되는 희망을 준다. 戊土로 역용하면 목적에 도달하기 위한 환경변화를 인식한다. 丁火로 역용하면 목적을 이루기 위한 능력을 개발해 나간다. 庚金으로 순용하면 착실하게 개발과정을 이수해 나간다. 乙木으로 순용하면 사람중심의 사고력을 바탕으로 자신의 가치를 더 크게 만들어 나간다.
庚金用神은 능력개발 과정과 같은 것으로 이론보다는 현장중심의 실용적인 능력을 만들어 가게 된다. 壬水로 순용하면 개발에 대한 효과를 고려하여 영업전략을 구상하는 것과 같다. 丁火로 역용하면 기술력을 바탕으로 현장의 전문가가 된다. 乙木으로 역용하면 자신의 능력이 특별하게 된다. 戊土로 순용하면 주어진 외부환경에 적절한 적응력을 발휘한다.

④ 酉月
酉月의 庚金用神은 절대적 자기능력을 상품화시켜 시장에 출품하기 위한 준비과정과 같다. 壬水로 순용하면 출품을 고려한 목적을 정하여 능력을 개발해 나아간다. 丁火로 역용하면 목적에 맞게 상품을 개발한다. 戊土가 순용하면 환경변화를 인식하여 유효적절한 대처를 하게 한다. 乙木으로 역용하면 지난 시절의 능력을 결집하여 자신을 최고로 상품화시킨다. 甲木으로 역용하면 과

거보다는 미래 환경에 적응하기 위하여 자신의 능력개발에 치중하지 않고 사회적응력을 높여 나간다.

4) 동절 용신의 순역

① 酉月
酉月의 辛金用神은 시장에 출품된 상품과 같다. 壬水로 출품된 상품이나 자신이 가치를 판단하는 시장과 같다. 丁火로 역용하면 자신이 이룬 가치가 된다. 甲木으로 역용하면 오래도록 자신의 능력을 유지하기 위하여 특기를 만든다. 만약 乙木으로 역용하면 경쟁환경에 적응하지 못하고 자신의 능력을 향상시키는 반면 적극 활용은 못하게 된다. 戊土로 순용하면 시장진입을 위하여 정확한 환경조사를 한다.

② 戌月
戌月의 辛金用神은 검증받고 있는 상품과 같은 것으로 이는 자신의 실력과 같다. 壬水의 순용은 상대가 나의 능력과 상품가치를 인정하는 분별과 같고 나의 영업전략과도 같다. 戊土의 순용은 실력과 상품가치를 검증받기 위한 행위로서 환경에서 원하는 것을 인식하기 위한 마케팅 전략과 같다. 丁火의 역용은 자신이 세상과 동화된 실력이 된다. 甲木의 역용은 환경에 적절하게 대응하는 높은 가치가 된다.

丁火用神은 오랜 세월 갈고 닦아온 실력이 된다. 壬水의 역용은 이루고자 하는 목표가 되고, 辛金의 역용은 작업과정이 된다. 戊土의 순용은 목표를 이루기 위해 주어진 환경조건이 된다. 甲木의 순용은 최고가 되기 위한 실력을 쌓는 것을 말한다.

戊土用神은 기술개발을 통하여 쌓은 능력을 선의의 경쟁을 통하여 보다 넓은 세상에 진출하기 위한 자세를 갖추는 시기임을 인식하는 것이다. 壬水로 역용하면 활동범위와 목표를 정하게 된다. 辛金을 순용하면 시장조사를 통한 활동

목표를 정한 연후 출품하는 상품이 된다. 丁火를 순용하면 시장의 영향력에 입각한 실력을 부린다. 甲木이 역용하면 특별한 재주를 만들어 후대까지 전하는 가치를 이룬다.

③ 亥月
亥月의 戊土用神은 지난 시절의 성숙한 자신의 실력을 현재 환경에 활용하거나 미래에 전하여 지표로 삼아야 됨을 인식하는 것이다. 壬水가 역용하면 자신의 능력을 전수할 대상이 정해진다. 辛金이 순용하면 실력을 만드는 과정을 겪는다. 丁火가 순용하면 발휘할 특기가 된다. 甲木이 역용하면 더욱 고강한 능력을 만들어 미래에 전하는 실력을 갖춘다.
甲木用神은 현재의 고강한 실력을 전수받아 장래에 능력을 향상시키는 부자지간과 같다. 己土로 역용하면 자신의 능력을 미래로 전할 환경이 조성되게 된다. 辛金으로 역용하면 전수에 필요한 능력향상의 과정을 겪는다. 丁火로 순용하면 현재 환경에 필요한 실력을 발휘한다. 壬水로 순용하면 능력을 응축시켜 인정을 받은 연후 미래에 전한다.
壬水用神은 넓은 혜안과 같은 것으로 외부와 미래로 가는 소통과 같다. 己土가 역용하면 미래 환경을 미리 만난 것과 같으니 母性이 생겨나 순한 삶을 추구한다. 만약 戊土가 역용하면 자신의 실력을 현재의 환경에 맞게 배출하려 하고 다음을 기약하지 않는다. 甲木이 순용하면 실력을 전수받을 후임이나 제자를 만난 것과 같다. 辛金이 순용하면 현재에 활용할 상품이 된다. 丁火를 역용하면 이전할 실력을 재정비하는 능력이다.

④ 子月
子月의 壬水用神은 다가올 미래에 대해 철저히 준비를 하는 역할을 한다. 己土가 역용하면 미래에 대비책을 인식하여 강성기질을 버리고 母性으로 전환하는 인자함을 보인다. 만약 戊土가 역용하면 그동안 쌓은 실력을 현재 상황에 부리고자 환경을 인식하게 된다. 甲木으로 순용하면 자신의 실력을 전하여 상

대의 능력을 향상시켜준다. 丁火가 역용하면 자신이 쌓은 특기인 기술력을 전수하는 능력과 같다. 辛金이 순용하면 유산이나 유전자 등의 전수할 핵심과 같다.

이와 같이 用神은 사람에게 순역으로 배합을 이뤄 제때에 맞게 제 할 일을 해 가면서 살아가도록 인도한다. 用神은 천지가 부여한 임무라고 하고, 배합은 用神의 뜻에 맞게 이뤄 사람이 임무를 수행하는 것이다. 이것은 천지와 사람이 각기 다른 임무를 수행하는 것이 아니라 같이 하는 것이다. 천지는 기화로서 만물을 생성하고, 사람은 만물을 사용하여 유용하게 쓰는 것이다. 그러므로 하늘이 내린 것을 用神이라 하고, 用神과 순역으로 배합을 이뤄 만물을 기르고 가꿔서 사용하는 것을 喜神이라고 한다. 喜神에는 천지의 임무에 맞도록 행위하는 사람의 삶이 들어있는 것이다.

5 장 喜忌神

삶의 방법이 생겨남

1. 喜忌神의 성립

4장의 用神의 성립과 5장의 喜忌神을 정하는 내용들에서 첫째, 用神은 月슈의 인원 중 司슈을 말한다. 둘째, 用神은 사람이 타고난 임무와 같다. 셋째, 用神은 보좌하는 배합에 따라 쓰임이 다르게 나타난다. 넷째, 用神의 배합 중, 선(善)한 것은 喜神, 불선(不善)한 것은 忌神이라고 하는 것에 대하여 알아보았다. 이러한 喜忌神을 논한 것은 六神을 위주로 파악한 것으로 五行을 기준으로 한 것은 아니다. 六神은 사람과 사람 간인 인간관계를 논한 것이다. 그러면 자연과 사람의 관계를 논하기 위해서는 五行을 위주로 用神과 喜忌神을 파악하여야 한다. 이와 같이 자연과 사람 간의 관계를 간명(看命)하는 방법은 五行을 위주로 파악하고, 사람과 사람 간의 인간관계를 간명하는 방법은 六神을 위주로 파악하는 것이다.

오행을 위주로 만물의 쓰임을 파악하기 위해서는 다음의 내용들을 살펴야 한다. 첫째, 月슈의 인원 중 司슈오행에 자신이 살아가야 할 임무가 있다. 둘째, 司슈오행을 자연 그대로 활용하는 오행을 喜神이라 하고 인위적으로 활용하는 오행은 忌神이라고 한다. 셋째, 用神이 喜神이나 忌神의 지나침에 의하여 이지러짐이 발생하였을 경우, 반생(反生)의 공(功)을 이루도록 조정하는 오행을 유용지신(有用之神)이라고 한다.

이와 같은 내용으로 볼 때, 月令의 司令用神은 만물을 활용하는 오행과 인간관계를 다루는 육신으로 구분하여 간명(看命)해야 한다. 오행으로의 간명은 만물을 활용하는 방법론을 제시하는 것이니 사람에게는 직업능력이 되는 적성과 같고, 六神으로 간명하는 것은 자신의 능력을 인간관계를 통해서 발휘하는 것이니 진로와 같다.

司令用神은 사람이 태어난 四柱(年月日時)에서 출생월을 月令이라 하며, 인원에서의 출생 時點(시점)을 말한다. 月令에서는 자연이 내어준 생장성멸(生長成滅)의 원칙에 의하여 만물이 생멸(生滅)하게 된다. 그러므로 자신이 사용하여야 할 만물이 月令에 존재하게 되며, 다음으로 司令用神에는 月令에서 만들어준 만물을 어떻게 사용해야 한다는 임무가 부여된다. 이러한 임무를 명리학에서 司令用神이라고 하며, 임무는 곧 만물을 사용하는 정신이 되는 것이다.

결국 月令에 천지가 지어낸 만물이 있으니 그것을 사용하는 사람의 임무는 司令用神에 있다는 뜻이다. 그러므로 司令用神(任務)에는 하늘의 천기와 땅의 지기와 부모의 정기(精氣)가 혼재되어있는 것과 같다. 또한 임무가 되는 司令用神에는 행위가 되는 喜忌神이 배합되어 있으며, 喜忌神의 잘못됨을 고쳐나가는 有用之神이 임무를 보좌한다.

司令用神이 타고난 임무가 된다면, 喜神은 司令用神에 배합되어 만물을 사용하는 행위가 되는 것이다. 喜神의 행위는 만물의 본연 그대로를 사용하는 방법을 택한다. 마치 심마니가 자연이 내어준 약초를 채취하듯 응용과 꾸밈을 사용하지 않는 방법으로 삶을 살아가는 모습과 같다. 이러한 喜神에는 사람이 의도한 인위적인 것이 없으므로 자연환경을 지배하는 기후와 지역의 특수성에 따라 삶의 모습이 다르게 나타날 뿐이다.

喜神이 司令用神에 배합되어 만물의 원 모습 그대로를 사용하는 것이라면, 忌

神은 司令用神에 배합되는 것을 자신의 필요한 용도에 맞게 만물을 개량하여 쓰는 것이다. 忌神의 행위는 자신의 사용목적에 따른 의도가 개입되어 있음을 말한다. 마치 심마니가 자연이 내어준 약초를 채취하기보다는 씨를 뿌려 인공적으로 삼을 길러 채취하려는 모습과 같다.

표 6) 喜忌神

時間	冬至	立春	春分	立夏	夏至	立秋	秋分	立冬
寒暖	丙戊				壬戊			
燥濕	癸己		丙戊		丁己		壬戊	
用神	癸辛	丙甲	乙癸	庚丙	丁乙	壬庚	辛丁	甲壬
喜神	己辛癸甲丙		戊庚癸乙丙		乙丁己庚壬		甲丁戊辛壬	
忌神	己辛<u>壬</u>甲丙 己辛癸甲<u>丁</u> <u>戊</u>辛癸甲丙 己<u>庚</u>癸甲丙		戊庚<u>壬</u>乙丙 戊庚癸乙<u>丁</u> <u>己</u>庚癸乙丙 戊<u>辛</u>癸乙丙		乙<u>丙</u>己庚壬 乙丁己庚<u>癸</u> 乙丁<u>戊</u>庚壬 <u>甲</u>丁己辛壬		甲丁戊辛<u>癸</u> 甲<u>丙</u>戊辛壬 甲丁<u>己</u>辛壬 <u>乙</u>丁戊辛壬	

2. 四時의 用神과 喜神

1) 동지부터 입춘

月令은 子丑이고, 기간은 45일이다. 司令用神은 癸와 辛이고, 己는 癸를 중화한다. 辛이라는 종자가 甲이라는 뿌리로 化하는 종묘장(種苗場)의 모습과 같다. 강유(剛柔)[74]로는 포태(胞胎)니 종자를 배양하는 기운이다. 온도는 한랭하여 一陽인 丙이 조후(調候)다. 습도는 己가 지하에서 습기를 머금고 있고, 지상은 건조하다. 相生은 金生水生木이고, 생명활동은 강과 하천에서부터 시작한다.

당령이 되는 癸는 정신적 기운이 되어 훗날 글과 말로서 지식을 이루는 재주로 化한다. 辛은 부모의 유전인자로 육체와 정신의 기운이 되어 癸를 보좌한다.

---
74) 『適天髓』「四柱總論」, "剛柔不一也 不可制者 引其性情而已矣"

己는 癸를 머금어 정신을 배양시켜 훗날 甲이 소토(疏土)하니 동량(棟樑)을 탄생시키는 중재역할을 한다. 丙은 甲을 도와 목적을 향한 성장을 돕는다.

2) 입춘부터 춘분

月令은 寅卯이고, 기간은 45일이다. 司令用神은 丙과 甲이다. 癸는 己가, 丙은 戊가 중화한다. 甲은 동량으로 생장을 시작하는 새순과 같다. 강유는 양생(養生)이니 탄생하여 기어오르는 기운이다. 온도는 아직 한기가 남아 있으니 三陽인 丙이 조후(調候)다. 습도는 戊가 丙을 머금어 양기가 생겨나니 지하의 己가 머금은 습기가 오르기 시작한다. 相生은 水生木生火고, 생명활동은 강과 하천 다음으로 전답에서 시작된다.

丙은 식물과 동물에서처럼 인간에게도 성장목표를 향한 활동성을 만들어 준다. 성장에 대한 최종 내지 중간 목표가 되어줌으로서 시간으로는 미래시점이 된다. 그러므로 목표를 세운 연후 시간의 변화에 따른 계획이라고도 할 수 있다. 當令이 되는 甲은 丙이 정한 목표를 향하는 학습과정이다. 이러한 과정은 드러난 사실이므로 자기 내지는 타인의 평가기준이 된다. 辛은 학습과 학력을 쌓는 과정에 도움을 주는 환경에서 접하는 선인들이라 할 수 있다. 癸는 자신의 능력이 되는 말재주와 글재주에 해당한다. 己는 癸水를 뱉어내어 자신의 자질계발을 돕는 자기환경이다. 戊는 丙을 머금어 현재시점에서 요구하는 내용을 숙지하여 적합한 인물이 되고자 노력하는 丙이 정한 목표의 주변 환경이다. 그러므로 戊는 환경의 요구를 수용하고, 己는 능력을 내어놓는다.

3) 춘분부터 입하

月令은 卯辰이고, 기간은 45일이다. 司令用神은 乙과 癸다. 戊가 丙의 양기를 중화한다. 甲인 줄기로부터 결실을 맺기 위하여 지엽인 乙이 나오는 시기다. 甲을 얻지 못한 乙은 소토(疏土)[75]되어 오르는 일년생 작물과 같다. 강유는

---

75) 『窮通寶鑑』「三春己土」. "三月己土 正栽培禾稼之時 先丙後癸 土暖而潤 隨用甲疏 三者俱

생욕(生浴)이니 만물이 태어나 우로(雨露)를 맞으며 성장하는 기운이다. 온도는 일조량이 점차 늘어나 만물의 생육을 도우며, 밤에는 아직 한기가 남아 만물에게 내실을 다지게 한다. 습도는 수증기에 의한 이슬과 동남풍에 의한 비가 내리니 땅은 옥토(沃土)가 되고, 공기는 적당한 습도를 유지하여 만물을 생육시킨다. 相生은 水生木生火고, 생명활동으로는 곤충은 물에서 나와 날개가 돋고, 작물은 싹을 펼치고, 나무는 꽃을 피우기 시작한다.

當令이 되는 乙은 경쟁행위고, 癸는 경쟁을 위한 학습상태다. 학생으로 말하면 시험준비와 시험보기에 해당한다. 丙은 달성해야 할 목표다. 戊는 목표에 대한 정보를 정확하게 숙지하는 정보수집과 같다. 庚은 癸를 보좌하니 학습능력을 더 깊게 갖추게 한다.

4) 입하부터 하지

月슈은 巳午이고, 기간은 45일이다. 司令用神은 庚과 丙이다. 戊가 丙의 염상(炎上)을 중화하고, 己가 번식(繁殖)을 유도한다. 乙인 가지로부터 나오는 개화의 시기다. 강유는 대건(帶建)이니 동물은 날개가 돋고, 부리와 이빨이 강해져가는 성체를 이루기 위한 기운이다. 온도는 태양이 대지를 달구는 시기로 조후(調候)[76]는 장맛비에 해당하는 癸다. 습도는 天地에 온도상승으로 수증기량이 증가하니 庚의 조후작용이 공기를 깨끗하게 한다. 相生은 木生火生土고, 생명활동으로는 강과 하천의 수생물(水生物)은 성체를 이루고, 육상생물은 성체에 이르는 마지막 과정에 있다.

庚은 乙인 가지에서 꽃이 피는 것을 돕는 작용이다. 훗날 결실을 얻기 위해서

透天干. 必官居黃閣 或三者透一 科甲定然 但要得地 却以庚金爲病. 或有丙甲無癸 亦可致富 但不貴顯 或有癸而無甲丙 亦有衣衿 或有丙癸無甲. 亦係才人 丙癸全無 流俗之輩. 或一片乙木 無金制伏 貧而且夭也 妻子全前."

76) 『子平眞詮』「論用神配氣候得失」, "論命惟以月令用神爲主, 然亦須配氣候而互參之. 譬如英雄豪傑, 生得其時, 自然事半功倍, 遭時不順, 雖有奇才, 成功不易. 是以印綬遇官, 此謂官印雙全, 無人不貴. 而冬木逢水, 雖透官星, 亦難必貴. 蓋金寒而水益凍, 凍水不能生木, 其理然也. 身印兩旺, 透食則貴, 凡印格皆然. 而用之冬木, 尤爲秀氣, 以冬木逢火, 不惟可以泄身, 而卽可以調候也."

남보다 더욱 가치가 나가는 능력을 쌓는 것을 말한다. 당령이 되는 丙은 성체를 이루는 것으로 최종목표에 도달하게 하는 것을 말한다. 그러므로 丙은 최종목적을 만들고, 庚은 목적에 다다르게 할 가치있는 준비물이다. 癸는 사회생활에 필요한 지혜다. 입하까지의 癸가 학습을 통한 지식이라면, 이후부터는 사회를 살아가는 지혜가 되는 것이다. 戊는 丙이 정한 최종목표가 실현 가능한가를 타진하고, 이에 맞게 자신의 행위를 해나가도록 세상을 바라볼 수 있는 시각과 같다. 乙은 세상 사람들이 보는 나의 모습이다. 이 모습은 庚이 있으면 깊이가 있는 인물이며, 癸가 있으면 지혜를 갖춘 현명한 인물이고, 戊가 있으면 현실적응력이 뛰어난 인물이고, 丙이 있으면 목표가 뚜렷한 인물이다.

5) 하지부터 입추

月令은 午木이고, 기간은 45일이다. 司令用神은 丁과 乙이다. 丁을 己가 중화한다. 乙인 가지에 열매인 庚이 맺어있는 모양이다. 강유는 건왕(建旺)으로 결실을 맺은 성체와 같으니 지도자의 기운이다. 온도는 지구복사열에 의하여 지열이 발생하는 대단히 더운 시기로 一陰인 壬이 조후다. 습도는 고온다습한 바람에 의하여 최고습도까지 오르므로 庚의 조후작용이 대기를 청(淸)하게 한다. 相生은 火生土生金이고, 생명활동은 초목이 성체가 되어 열매를 맺고, 그 열매가 익어가는 중에 있다. 즉 다음 생명을 탄생시켜가는 과정이다.

當令이 되는 丁은 곡식을 익게 하는 열과 같으니 자신의 가치를 높이기 위한 실력과 같은 것이 된다. 乙은 丁의 실력을 높여주는 지난 시절의 경력이 된다. 결국 乙은 경험을 통한 실력이 되고, 丁은 미래가치를 창출하는 실력이 된다. 己는 자신의 능력을 알아차린 연후에 환경에 적합하게 능력을 배출하는 중화(中和)를 한다.[77] 庚은 자신의 실력을 발휘하는 행위다. 壬은 자신에게는 목표가 되며, 목표는 검증을 거쳐야 하므로 외부의 검증 행위에도 해당한다.

---

77) 『白虎通』「五行」, "中央者土, 土主吐含萬物, 土之爲言吐也."

6) 입추부터 추분

月令은 申酉이고, 기간은 45일이다. 司令用神은 壬과 庚이다. 丁은 己가, 壬은 戊가 중화한다. 庚인 열매가 두꺼운 껍질 속에서 익어가는 모양이다. 강유는 쇠병(衰病)으로 점차 초목은 시들어가고 결실은 익어가니 왕성한 활동보다는 결과에 초점을 맞춘 것으로 양적인 활동보다는 질적으로 높은 가치를 내는 기운이다. 온도는 아직 열기가 남아 있으니 三陰인 壬으로 조후한다. 습도는 戊가 壬을 머금어 한기를 지니기 시작하고, 丁을 머금은 己가 건조한 기운을 부리니 조습의 교차시기가 시작되어 立秋가 되면, 습은 낮아지고 조는 높아진다. 相生은 土生金生水고, 생명활동은 겨울 저장용 작물을 경작하는 시기다. 壬은 결과에 도달하려는 목표다. 당령이 되는 庚은 가치를 만들어 가는 과정이다. 그러므로 壬은 미래고 庚은 현재가 된다. 乙은 지난 시절의 경험으로 쌓은 능력이 되며 丁은 현재 만들어가는 능력이 된다. 己는 丁을 머금어 자신의 현재능력을 현실에 맞는 실용적 가치로 전환하는 중화작용을 하며, 戊는 壬을 머금어 주변 환경에 필요한 능력을 발휘하도록 하는 정보수집과 같다.

7) 추분부터 입동

月令은 酉戌이고, 기간은 45일이다. 司令用神은 辛과 丁이다. 壬의 寒氣를 戊가 중화한다. 辛은 수확할 열매와 같다. 강유는 병사(病死)로 초목은 죽어 사라져가고 결실은 성체를 이루는 지엄(至嚴)한 세대교체의 기운이다. 온도는 서리가 내리는 시기니 한기가 점차 높아지므로 월동을 준비하는 시기다. 습도로는 북서풍이 불어오니 대지는 척박하여져 간다. 相生은 土生金生水고, 생명활동은 습기가 땅 속에 머무르므로 월동작물을 경작하는 시기다.
當令이 되는 辛은 오랜 세월 자신이 이뤄낸 결과다. 이러한 결과를 丁은 주변 환경에 어울리게 전달하려는 경쟁행위다. 甲은 자신의 가치를 환경에 내어놓을 때, 그 가치를 오래도록 유지시켜주는 부가가치가 된다. 戊는 자신의 가치를 점검받기 위한 정보수집 능력이 된다. 壬은 자신의 가치를 검증하는 환경이고 필요성에 의한 시장원리가 된다.

8) 입동부터 동지

月令은 亥子이고, 기간은 45일이다. 司令用神은 甲과 壬이다. 戊는 壬의 寒氣를 중화하고, 己는 전수(傳授)를 유도한다. 만물이 땅 속과 껍질 속에 잠들어 있는 모양이다. 강유는 묘절(墓絶)로 만물이 껍질 속에 잠들어 다음 세대의 탄생을 대기(待機)하는 기운과 같다. 온도는 한랭하니 戊로 조후한다. 습도는 한기를 머금어 땅 속에 저장하니 지상은 건조하다. 생명활동은 지하에서 왕성하고, 동물은 먹이활동을 하러 타향으로 떠나는 시기다.
甲은 미래에 탄생할 종자로서 지난 시절의 결과를 새로운 세대가 이어받는 것과 같다. 현재의 결과는 미래를 여는 시작인 것이다. 당령이 되는 壬은 수변에 투영된 자신의 모습이다. 丁은 미래를 준비하는 능력이 되며 辛은 성숙된 행위가 된다. 戊는 과거를 수습하여 미래로 가는 중화작용을 한다.

3. 四時의 忌神

1) 동지부터 춘분

癸는 한습한 기운으로 丙의 난기에 의하여 습도가 점차 상승하면서 만물을 배양하고 낳는 역할을 한다. 忌神이 되는 壬의 한기가 침입하게 되면, 난기를 누르고 癸의 습기를 얼어버리게 한다. 이러한 힘겨운 상황에서는 타고난 자질을 계발하여 생산활동에 참여하기는 어려울 것이다. 그러므로 어려운 기존 환경보다 뛰어난 외부의 문물을 받아들이는 방법을 택하게 된다. 특히 말과 글을 사용하는 지식적 삶을 추구하는 방향보다는 사회적 성장을 목적으로 하는 방향으로 전향하게 된다.

丙은 난습한 기운으로 癸의 습도를 상승시켜 윤택(潤澤)[78]한 땅에서 정상적인 학업을 하도록 돕는 역할을 한다. 忌神이 되는 丁이 침입하게 되면, 난조한 기운을 부려 甲木의 근(根)과 묘(苗)를 곡직(曲直)하지 못하게 하니 사리를 분별하지 못하게 된다. 그러므로 정상적인 과정을 통하여 성장하는 목표를 정하기보다는 감정을 승화시키는 예체능 계통의 특기를 연마하여 살아가게 된다.

己는 윤택한 땅과 같은 것으로 癸의 습기를 머금어 만물을 배양하는 근본이 되어주는 역할을 한다. 난습한 기운을 머금은 忌神이 되는 戊가 침입하면, 배양할 시기에 싹이 트는 것과 같으므로 부모로부터 인성(人性)을 배워 마음의 양식을 쌓기보다는 생존을 먼저 배우게 되는 현실에 놓이게 된다. 그러므로 이러한 배경에서는 지식적 삶보다는 현실 환경에서 쉽게 접할 수 있는 직종으로 직업을 먼저 선택하여 특기를 계발하는 방법을 모색하게 된다.

辛은 癸를 도와 자질계발에 필요한 유전에 의한 선천적 요소를 제공하여 더욱 나은 인물이 되도록 지원하는 역할을 한다. 노력에 의한 후천적 요소가 되는 忌神인 庚이 수원을 한다는 것은 미래의 목표를 일궈내기 위해 주어진 환경을 극복하기 위한 노력과 같다. 그러므로 내적 성장보다는 외적 모양을 갖추는 방법으로 삶을 개척한다.

2) 춘분부터 하지

丙은 乙을 기르고 가꿔서 경쟁력을 갖추도록 도와 번식케 하는 역할을 한다. 忌神이 되는 丁의 염열(炎熱)한 기운이 침입하여 乙을 마르게 하여 형체를 이지러지게 하면, 인간관계를 통한 사회적응에 지친 모습을 보이게 된다. 그러므로 자신의 가치를 사람을 다스리는 방향으로 하기보다는 사물을 상대로 하는 의식주 분야에 특기를 계발하게 된다. 특히 산업적 가치가 높은 영양과 의약, 종이와 의류, 미술과 공예 등에서 많이 나타난다.

---

78) 『窮通寶鑑』「三春己土」, "二月己土 陽氣漸升 雖禾稼未成 萬物出土 田園未展 先取甲木疏之 忌合. 次取癸水潤之 甲癸出干 定主科甲 加以一丙出透 勢壓百僚 一見壬水. 微末官職."

癸는 乙의 양분이 되어 경쟁에 필요한 지식과 사회생활에 필요한 지혜로움을 돕는 역할을 한다. 폭우와 같은 忌神이 되는 壬이 침입하면, 乙의 영양분을 빼내어 형체는 있으나 속이 마르는 것과 같아 지혜보다는 재주를 부리는 방법으로 사회진출을 하게 된다. 사람의 욕망은 신분의 상승과 재물의 많음에 있으니 발달된 꾀로 시장경제를 이용한 경영이나 경제, 금융 등의 각종 이권개입에 특기를 보이고 있다.

戊는 丙의 염상(炎上)한 기운으로부터 乙을 시들지 않게 보호하는 간새(間塞)[79] 작용의 역할로 외부의 영향을 숙지하도록 돕는다. 忌神이 되는 己가 성급하게 환경을 숙지하지 못하고 자신의 가치를 높이려 하면, 乙은 온전히 성장하지 못하고 이른 번식을 한 것과 같은 현상이 벌어진다. 그러므로 사회적 환경과 자신의 능력을 접목하지 못하고 성급하게 능력을 개진하여 실패를 보는 선락후고(先樂後苦)의 경우가 발생한다.

庚은 癸를 도와 후빈기 삶에 필요한 가치를 만들기 위하여 자신의 능력을 더욱 높여나가는 역할을 한다. 忌神이 되는 辛이 침입하여 현실의 어려움을 이겨내지 못하게 하면, 현재의 실용성에 적합한 분야로 삶의 방향을 전환하게 된다. 그러므로 잘 키워나가던 乙을 부실로 여겨 절지하듯이 직업을 전환하게 되는 이도(異道)현상이 벌어진다. 절지작용에 의한 특기를 살려내는 분야에는 부실을 정리하는 집달관, 머리카락을 채취하는 미용사, 원단을 자르는 재단사, 식재료를 자르는 요리사가 있다. 선악을 조정하는 판사 등도 이에 해당한다.

3) 하지부터 추분

丁은 초목을 마르게 하지만, 열매를 익어가게 하는 역할을 하여 번식을 이루는 난조한 기운이다. 忌神이 되는 丙이 여전히 힘을 과시하면, 번식을 하지 못하며 지난 시절의 과업을 성장시키지 못하고 그대로 수행하게 된다. 丙이 사회

---

79) 『窮通寶鑑』「論火」, "金得火和 而能鎔鑄 水得火和 則成旣濟 遇土不明 多主蹇塞 逢木旺處. 決定爲榮 木死火虛 難得永久 縱有功名 必不久長 春忌見木 惡其焚也. 夏忌見土 惡其暗也. 秋忌見金 金難剋制 冬忌見水 水旺則滅 故春火欲明 不欲炎 炎則不實 秋火欲藏 不欲明 明則太燥 冬火欲生 不欲殺 殺則歇滅."

체제 구축을 위한 문화의 꽃이라고 한다면, 丁은 이를 바탕으로 문명의 시초를 이루는 결실이 되는 것이다. 하지만 丙의 과시는 문화와 문명의 통섭(通攝)을 이루지 못하는 고지식한 선비와 같다. 즉, 부(富)를 목표로 하는 丁과 귀(貴)를 목표로 하는 丙으로 나뉘게 된다. 결국 기술적으로 능란한 실력을 지녔다 하여도 재물을 벌기보다는 연구원이나 교수 등으로 사회에 기여하겠다는 마음을 내는 것이 忌神인 丙의 작용이다.

壬은 미래의 문명적 가치를 높이기 위한 목표와 같은 것으로 丁의 燥한 기운을 상승시켜 후세에 전할 수 있는 유효적절한 능력을 쌓게 해주는 역할을 한다. 忌神이 되는 癸의 濕氣가 침입하면, 문명적 관점보다는 문화적인 면에 치중하니 기술력보다는 정신적 명분을 중요시 여기는 인물이 된다. 그러므로 상품을 위한 기술이 아닌 사람을 위한 기술, 흥행을 위한 작품이 아닌 예술적 가치를 위한 작품을 하는 순수산업에 종사하게 된다. 결국 산업사회에 종사하면서 기술력이 아닌 방법론을 연구하는 삶을 강구하게 된다.

己는 丁의 열기를 머금어 庚金을 제련(製鍊)[80]시키기 위한 홍로(紅爐)[81]와 같은 역할을 한다. 忌神이 되는 戊로 丁을 머금으면, 매광(埋光)과 같은 것으로 자신이 평생 쌓아온 능력을 발휘하지 못하는 현상이 발생한다. 그러므로 시대적 대화에 빠르게 전환하기 위한 제2의 직업을 구하는 분야에 종사하게 된다. 이러한 현상은 자신의 적성에 맞추는 것보다는 환경변화에 적응하는 것이 생존에 이롭다고 판단하기 때문이다.

乙은 지난 시절 자신이 계발한 능력과 같은 것으로 丁을 인정(引丁)[82]하여 기술력을 상승시키는 역할로 절대적 가치를 높인다. 忌神이 되는 甲이 대신하면 자신의 절대적 가치를 높이려는 의도보다는 현실에 적합한 경쟁력을 창출시

---

80) 『窮通寶鑑』「論金」, "秋月之金 當權得令 火來煅煉 遂成鐘鼎之材 土多培養 反惹頑濁之氣. 見水則精神越秀 逢木則琢削施威 金助愈剛 剛過則決 氣重愈旺 旺極則衰."

81) 『窮通寶鑑』「三秋甲木」, "七月甲木 丁火爲尊 庚金次之 庚金不可少 火隔水不能鎔金 故丁火鎔金 必賴甲. 木引助 方成洪爐 若有癸水阻隔 便滅丁火 壬水無礙 且能合丁 但須見戊土. 方可制水存火."

82) 『窮通寶鑑』「三冬丁火」, "三冬丁火微寒 崇用庚甲 甲乃庚之良友 凡用甲木 庚不可少 無庚無甲. 何能引丁 難云木火通明 冬丁有甲 不怕水多金多 可稱上格 甲庚兩透. 科甲分明 見己則否 己多合甲 則爲常人."

키려는 방법을 모색하게 된다. 그러므로 순서에 맞는 발전을 멀리하고, 결과에 치중하여 빠르게 속도를 내는 현상이 발생한다. 부실이 발생할 수 있고 시작과 끝이 다르게 나타날 수 있다.

4) 추분부터 동지

壬은 辛을 완성시켜 후세에 전하거나 당대에 활용하는 역할을 한다. 忌神이 되는 癸가 대신하면 완성을 이루지 못하고 전하는 것과 같으니 조작됨이 발생할 수 있다. 그러므로 제품의 완성도보다는 미혹(迷惑)하여 세상을 살아가려는 의도가 보인다. 이러한 현상을 전략과 전술이라 하여 유통질서나 통상관계, 외교전략 등에 적용하는 묘함이 있다.

丁은 辛을 제련하는 기술적 행위로서 완성도를 높이는 역할을 한다. 忌神이 되는 丙은 丁의 기술적 행위보다는 이론적 행위라고 할 수 있는 몸과 마음을 굳게 하는 단련과 같다. 즉 물건은 도구를 사용하여 제작하지만, 사람은 말과 글로 단련을 시키게 되는 것이다. 그러므로 丙으로 辛을 단련한다는 것은 교육적 측면이 내포되어 있다.

戊는 차가운 현실 상황을 머금어 공존에 필요한 타개책을 찾는 역할을 한다. 忌神이 되는 己는 주변 상황과는 무관하게 자신을 동정하여 환경의 어려움을 적극 이용하는 재주를 보인다. 그러므로 이권개입, 에이전시, 무역, 프랜차이즈사업 등으로 사람들이 현실을 벗어나기 위해서는 무엇이 필요한지를 감지하여 자신의 이권을 차지한다.

甲은 丁을 도와 후세에 전할 능력을 보강시켜주는 역할을 한다. 忌神이 되는 乙이 대신하면 현재의 어려움을 이겨내지 못하고 삶의 방향을 전환하게 된다. 그러므로 가정과 직업의 온전함이 현재와 다르게 나타난다.

4. 喜忌神의 선택의지

고대인들은 사람은 하늘을 닮아 태어났다는 생각에서 별을 신성하게 여겨 삶에 연결시켰다. 각각의 별을 하나의 인격으로 여긴 것이다. 그리고 그 별의 영향에 의하여 사람의 삶이 변화되어 살아간다고 생각한 것이다. 또한 천지의 氣가 氣化하여 정(精)과 신(神)을 낳아서 정신을 이룬 것이 사람이 된다고 하였다. 이와 같은 생각에서 오랜 세월 동안 하늘과 땅과 만물의 변화를 응찰하였다. 그리고 각 별마다는 형합(衡合)의 의(儀)가 있음을 알고, 지구 안의 시간의 변화 속에서 벌어지는 만물의 움직임을 地支에 연결하였다. 별자리의 변화, 시간의 변화, 만물의 변화, 사람의 삶의 변화를 하나로 연결하여 하늘의 뜻이 무엇인지를 地支를 통하여 생각토록 한 것이다. 이에 명리학은 사람의 사주에 하늘의 형합(衡合)의 의(儀)가 담겨있다고 생각하고, 그 뜻을 地支의 합충(合沖)에서 찾게 된다. 그러므로 합沖은 자연 속에서 취하는 사람의 행위가 담겨있는 것이다. 결국 地支는 시간의 변화와 만물의 동정과 하늘의 변화가 담겨있고, 地支의 합沖은 사람의 행위가 담겨있는 것이 된다.

또한 하늘과 땅의 기가 기화하여 사람의 정신을 낳았다. 그러므로 사람은 천지를 닮은 것이다. 천지가 만물을 기르고 가꾸듯이 사람도 만물을 다스리는 임무를 부여받은 것이다. 이것은 동식물이 갖추지 않은 인격이 된다. 이러한 인격을 명리학은 天干에 부여(附與)되었다고 생각하였다. 그러므로 天干에는 만물을 다스리는 천지의 氣와 사람의 精神이 있는 것이다. 이에 명리학에서는 天干을 하늘의 기로 여기고, 天干이 배합(配合)[83]된 喜忌를 사람의 의지적 행위로 여긴 것이다. 결국 天干의 喜忌는 하늘의 뜻을 이어받은 사람의 의지가 된다는 뜻이다.

그러면 우리는 干支를 연구함에 천지의 뜻은 무엇이고, 사람의 행위는 무엇인가를 파악함에 주력해야 한다. 천지의 뜻에 따라 地支에는 만물이 동정하고,

---

83) 『五行大義』п「起大衍論易動靜數」, "『傳』曰. 配以五成. 所以用五者, 天之中數也. 於是水得於五, 其數六, 用能潤下. 火得於五, 其數七, 用能炎上. 木得於五, 其數八, 用能曲直. 金得於五, 其數九, 用能從革. 土得於五, 其數十, 用能稼穡."

天干에는 만물을 관장하는 천지의 이치가 있다. 명리학에서 말하는 地支의 合沖은 만물을 취하는 사람의 행동적 행위가 있으며, 天干의 喜忌는 행동에 따르는 의지적 행위가 있는 것이다. 干支가 상통(相通)하면 지행(志行)이 일치하는 것이 되고, 불통(不通)하면 의지와 행동이 따로 노닐게 된다고 볼 수 있다. 결국 명리학의 큰 뜻은 자연 속에서의 사람의 행위다.

干支의 22字는 자연의 변화이고, 天干의 喜忌와 地支의 合沖은 사람의 행위다. 사람의 행위를 동식물의 행위와는 다르게 인격화시킨 것이다. 가령 水중 癸水를 자의(字意)로 보면 하늘이 만물의 생명을 낳는 기운을 부린 것이니 만물이 태어날 것이다. 喜神이면 사람이 하늘을 닮아 생명을 낳는 의지를 타고난 것이니 만물을 낳게 하는 행위를 할 것이다. 만약 忌神이면 취하려 하는 목적으로 생명을 낳는 행위를 할 것이다.

그러면 '喜와 忌는 무엇이 다른가?' 라는 의문이 들지 않을 수 없다. 그것은 '대상을 위해서'가 다르다. 喜는 만물을 위해서이고, 忌는 나를 위해서이다. 마치 어미가 자식을 낳을 때, 어미가 되는 심정과 자식이 생겼다가 다르듯이 누구나 하늘을 닮은 인자(仁慈)함은 아닐 것이다. 필자도 수많은 세월 동안 명리학을 가르쳐 왔지만 후학을 위해서 가르친 것인지, 돈을 벌기 위해서 가르친 것인지, 행위는 같으나 뜻이 다름이 喜와 忌를 구분하는 방법이 된다. 명리학의 喜忌에는 사람의 선택의지가 있다. 그러므로 喜忌神은 자신의 삶을 만들어 가는 방법을 선택하게 된다.

1) 용신과 기신의 선택의지

천지가 부여한 用神이 있고, 사람이 부여받은 임무를 수행하는 喜神이 있다. 이러한 用神과 喜神은 때에 맞는 행위로서 순리를 따르는 것이다. 忌神은 천지가 부여한 用神과 사람이 수행하는 喜神에 대한 꺼리는 행위를 하는 것을 말한다. 忌神은 순리를 거스르는 것으로 자연과 사람 간에 공생하기 보다는 발전만을 위한 개인적 행위다. 그러므로 忌神은 존대와 배려로서 뜻을 이루는 것이 아니라 경쟁과 쟁취로서 자신의 뜻을 성취하게 된다. 이와 같이 천지의 기와 喜神의 마음과 忌神의 마음이 같지만은 않은 것이다.

用神에 대한 忌神은 오행의 음양이 다른 것이 드러난 것을 말한다. 가령 寅月에 甲木이 用神일 때, 乙木이 드러난 것과 같다. 즉 음오행이 있을 시기에 양오행이 있거나, 양오행이 있을 시기에 음오행이 있는 경우를 말한다. 또한 喜神에 대한 忌神도 같은 경우를 말한다. 用神에 대한 忌神은 인식의 차이를 의미하고, 喜神에 대한 忌神은 행위의 차이를 말한다. 인식은 선택으로 이어지고, 행동은 결과로 이어지는 것이 인명(人命)이니 매우 중요한 선택과 결과를 초래한다고 할 수 있다. 먼저 用神에 대한 忌神의 판단은 어떻게 다른가에 대해서 대략적이나마 연구해 보기로 하자.

壬水用神에 癸水忌神은 환경에 적합하게 인식해야 하는 상황에서 자신에게는 기쁘지만 환경에는 거스르는 방법을 택한다. 반대로 癸水用神에 壬水忌神은 자신의 잠재력을 계발하여 능력을 만드는 방식을 선택하는 癸水用神에 비하여 상대에게 채택되어 개발되는 방식을 받아들이는 것이 다르다.
丙火用神에 丁火忌神은 사람이 존중받아야 하므로 최선을 다함에 삶의 가치가 있다는 인식에 비하여 후천적으로 닦은 능력과 펼치는 실력이 더욱 중요한 가치라고 인식하는 것이 다르다. 丁火用神에 丙火忌神은 신체조건과 작업의 능란함으로 가치를 기준 삼아야 하는 상황에서 성실과 근면함으로 사람의 가치를 기준으로 삼는 방법을 택하는 것을 말한다.
戊土用神에 己土忌神은 때와 사람들의 노력에 따라 변화무쌍한 환경을 인식하여 대처하려는 마음을 내는 반면에 자신의 처지와 능력만을 내세워 환경에 어울리지 않는 방법을 택한다. 己土用神에 戊土忌神은 자신의 잠재능력을 알아차려 고유한 능력을 만들려 하기보다는 환경만을 의식하여 맞춰나가려고 하는 방법을 택하는 경우를 말한다.
甲木用神에 乙木忌神은 절대적인 자기능력을 향상시켜 자기만의 고유한 색깔을 지녀야 함에도 불구하고 환경에서 현실과 미래에 남보다 우월하다고 평가하는 직종으로 택하여 자신의 개성은 묻어두게 된다. 乙木用神에 甲木忌神은 후천적으로 배우고 익혀서 뛰어난 재주를 발휘하여 가치를 이루려는 방법을 버리고, 선천적 조건에 맞추려는 고루한 생각을 버리지 않는 것을 말한다. 甲乙은 상승효과와 안정효과를 추구하는 방법이 다르다.

庚金用神에 辛金忌神은 뿌리 깊은 정신력을 기반으로 만족하는 방법을 택하여 현실사회의 경쟁에 냉철하게 대처해나가는 방법을 추구하지 않고 현실적 승부의식에 젖어 삶의 결과를 실적에 치중하는 방법을 택한다. 辛金用神에 庚金忌神은 실용적이고 결과에 민감한 상황에서도 자신의 가치를 중요시 여기는 명분을 앞세우는 방법을 택하여 삶을 이끌어나간다. 庚辛은 명분과 결과를 다르게 추구하는 방법이 행동으로 이어진다.

2) 희신과 기신의 선택의지

用神은 천지가 부여한 임무고, 喜神은 用神에 순역으로 배합을 맞춰 임무를 수행하는 행위다. 忌神은 用神의 임무에 자신만의 배합을 맞춰 독특한 기질로 삶을 개척해나가는 방법을 선택하는 행위다. 喜神에 대한 忌神은 때와 사회질서에 맞는 마땅한 행위를 하는 喜神에 비하여 忌神은 다소 환경이 정한 틀에는 어긋나지만 자신만의 기질을 앞세워 진보적인 행동으로 발전을 이룬다. 하지만 이러한 행동에 의하여 배척과 실패를 경험하기도 한다. 결국 喜神에 대한 忌神의 역할은 창의와 창조라고 할 수 있으나, 우려되는 것은 이러한 창의력이 시대에 맞지 않거나 가치를 창출하지 못하면 무모한 행동이 되어 실패를 부르게 된다. 이러한 실패는 차후에 연구될 기후의 조후와 왕쇠강약의 태과불급에서 확인할 수 있다.

壬水喜神에 대한 癸水忌神은 壬水의 상대를 설득하는 능력과 마케팅전략은 외부와의 소통을 만들어내는데, 이를 癸水가 대신하면 영업이나 현장에 진출하기보다는 간접행위라고 할 수 있는 현장에 진출할 인물을 길러 내거나 투자를 통한 이익을 얻으려는 행위를 한다. 癸水喜神에 대한 壬水忌神은 온화한 癸水는 사람을 위하고 배려하는 인성을 바탕으로 행위를 하게 되는데, 이를 壬水가 대신하면 사람의 본연의 가치보다는 실용적 쓰임을 가치로 판단하여 행위 하게 된다. 결국 癸水忌神은 자기주장에 치우치는 행동을 하고, 壬水忌神은 세상과 너무 쉽게 타협하는 행동을 한다.

丙火喜神에 대한 丁火忌神은 丙火가 사람을 기르고 다스리는 행위로서 지도력을 갖추게 하는 반면, 丁火가 대신하면 사람을 대하는 지도력을 갖추기 보다는 산업사회에 필요한 능력을 갖춰 명인이 되고자 행위 한다. 丁火喜神에 대한 丙火忌神은 丁火는 글과 말을 사용하여 지식을 쌓아가기 보다는 도구를 사용하여 예술성을 높이려는 행위를 하는데, 이를 丙火가 대신하면 기술적 능력보다는 지위를 높이려는 처세를 부리게 된다. 결국 丁火忌神은 예체능행위로서 능란한 재주를 부려 인기를 높여나가고, 丙火忌神은 대인관계를 통한 처세로 자신의 지도력을 높여나간다.

戊土喜神에 대한 己土忌神은 戊土는 현존 환경에서 벌어지는 사람과 물상의 변화를 알아차려서 개인적 삶과 사회적 이익에 부합하고자 노력을 하는데, 이를 己土가 대신하면 타고난 자질과 후천적으로 습득한 능력을 알아차려서 개인적 삶과 사회적 이익에 부합하는 행위를 한다. 己土喜神에 대한 戊土忌神은 己土가 개인적 능력만이 살길이라는 판단으로 자신을 계발하고자 총력을 다하는데, 이를 戊土가 대신하면 자신의 능력만으로는 살 수 없다는 판단으로 환경에 적응하고자 최선을 다한다. 결국 戊己는 세상을 보는 눈과 나를 보는 눈의 차이가 있다.

甲木喜神에 대한 乙木忌神은 甲木은 학습효과와 학력상승을 통한 자기능력을 향상시켜 신분을 상승하려는 노력에 최선을 다하는데, 이를 乙木이 대신하면 학습과 학력을 우선하여 신분을 만들기보다는 사회적으로 인정받는 특기를 계발하여 지배세력이 되고자 노력한다. 乙木喜神에 대한 甲木忌神은 乙木은 사회적 역량이 되는 방향으로 자신의 능력을 계발하여 지배세력을 구축하고자 노력하는데, 이를 甲木이 대신하면 사회적 수직관계에서 발생하는 갈등보다는 자신의 능력을 위주로 한 프리랜서를 지향한다. 결국 甲乙은 자신이 인정하느냐와 상대가 인정하느냐의 차이가 있다.

庚金喜神에 대한 辛金忌神은 庚金은 질서를 근본신념으로 사회정의를 실천하는 것과 같은데, 이를 辛金이 대신하면 이익을 근본방침으로 경영전략을 실천하는 것과 같다. 辛金喜神에 대한 庚金忌神은 辛金은 전통을 이어서 발전시켜 오래도록 유지하려는 노력을 보이는데, 이를 庚金이 대신하면 당대의 명성이나 현실적 적응력에 최선을 다하고자 노력한다. 결국 庚辛은 권세적인 것과 실용적인 면의 차이가 있다.

6 장 調候와 生化剋制

변수가 생겨남

用神과 喜神의 배합으로 천지의 임무를 부여받은 대로 수행하고, 用神과 忌神의 배합으로 살아가는 방식을 임의로 선택하고, 喜神과 忌神의 배합으로 상황에 대처하는 행위를 선택하게 된다. 이러한 세 가지 삶의 방식은 균형이 이지러지지 않고 정상적일 때에 가능한 상황들이다. 삶의 변수가 발생하는 것은 기후의 조후가 맞지 않을 때와 왕쇠강약이 불균형 되었을 경우다.

기후가 난기(亂氣)를 부려 상황을 어렵게 만들면 제아무리 뛰어난 재주가 있다 하여도 자연 앞에서는 갈 길을 잃게 된다. 이를 극복하기 위해서는 특별한 계기를 통해 특별한 능력이 만들어져야 한다. 또한 왕쇠강약이 편중(偏重)되어 태과불급(太過不及)이 범하는 실수에 의한 낭패와 강한 상대에 의한 패배를 경험한다면 더욱 견고한 자신을 만들어갈 수 있을 것이다. 이러한 두 가지의 문제는 극복의 문제이거나 실패의 문제로 부딪히게 된다.

1. 氣候의 문제

지구는 일정한 온도를 유지함으로써 생명이 생멸(生滅)하게 된다. 또한 온도에 따른 습도의 변화는 생명의 성장에 영향을 미쳐서 사람에게 풍요로운 삶을 만들어 준다. 그러므로 지구의 한난조습(寒暖燥濕)은 생명의 생장성멸(生長成滅)에 영향을 미쳐 때에 맞게 만물을 길러 화평해지는 것이다. 하지만 자연은 화평하게 제 할 일을 하지만 인명(人命)은 각기 다르니 자연 그대로를 따르지 못하고 역경을 견디어 살도록 태어나게 된다. 이러한 역경은 사람의 삶을 극복으로 이끌어 발전을 거듭하게 하거나 실패의 쓴맛을 보게 한다. 이러한 현상은 사람이 생존에 필요한 것만을 원하지 않고 더 많이 갖고 더 많이 높아지기를 원해서라고 해도 과언은 아닐 것이다. 자연을 보호하고 사람을 존중하며 천지가 지어준대로 삶을 영위한다면 자연처럼 화평해질 것이나 사람은 이와 같지 않다.

기후의 조후는 때에 맞게 행위 하는 삶을 살아가기 위해서 세상의 변화를 인식하여 적응력을 높여나가기 위함이다. 또한 자연의 고마움과 세상의 감사함을 알아 분수를 지켜나가는 인물이 되게 한다. 하지만 조후가 이뤄지지 않으면 자신의 처지를 불쌍히 여겨 고마움과 감사함은 사라지고 자연의 질서를 어기게 된다. 또한 때에 맞지 않는 행위를 함으로써 실수를 거듭하게 된다. 이러한 기후의 부조화를 극복하고 반생(反生)의 공을 이루기 위해서는 문제를 해결하려는 지혜로운 혜안을 지녀야 한다. 有用之神은 역경을 극복하는 지혜로운 판단력이 되어 새 삶을 열게 해준다. 명리학은 기후의 조후에 대한 유용지신을 조후용신(調候用神)이라는 이름하에 연구되어 왔다.

이러한 조후용신에는 천지의 기운이 담긴 天干의 조후용신과 시간의 기운이 담긴 地支의 조후용신으로 나뉜다. 天干을 고르게 하는 것은 정신적 기운을 평화롭게 하는 것이 되고, 地支를 고르게 하는 것은 실제 상황에 놓인 문제를 해결하려는 조율이 된다. 그러므로 天干을 조율하는 것은 긍정적인 마인드로 삶을 받아들이는 것이 되고, 地支를 조율하는 것은 일처리 방식의 전략과 같은 것이다.

2. 旺衰强弱의 문제

만물이 아무리 같은 류(類)라 하여도 크기와 질량과 쓰임이 다르듯이 사람도 신체조건과 타고난 실력과 활용방법이 다를 것이다. 이러한 차이는 타고남에도 있고, 환경적 여건에도 있고, 시간의 변화에서도 있을 것이다. 五行의 相生이 막힘이 없고 相剋이 견제(牽制)로서 이뤄지면 무사한 삶을 살아간다. 하지만 相生에 막힘이 있고, 相剋은 견제가 이뤄지지 않아 치우치면 평범하지 못한 삶을 살아간다. 수평저울의 가운데를 지키는 것처럼 五行의 기운이 골고루 분배되면 극히 평범한 삶을 살게 되고, 한쪽으로 치우치면 불균형된 삶을 살아가게 된다. 이러한 균형을 이룬 삶을 조화(調和)라고 한다. 조화는 자연환경과 사회적 환경뿐만 아니라 개인적으로 구성한 가정생활에도 적용되어야 한다. 이 모두를 조화롭게 살아가기란 매우 힘들고 역부족일 경우가 허다하다.

앞서 말한 명리학의 음양오행을 통한 喜忌神의 배합은 사람이 자연환경과 조화롭게 영위하는 방법을 간명(看命)하여 직업능력을 간파하기 위함이다. 동물에게 날렵한 몸과 날카로운 발톱이 달렸듯, 사람에겐 통찰력을 주관하는 지혜가 있다. 지혜는 동물의 발톱과 같은 것이다. 喜忌神의 배합에 이어서 치우침의 문제를 해결하는 방법을 명리학에서는 생화극제(生化剋制)라고 한다. 또한 해결하는 지혜로운 五行을 有用之神이라고 한다. 생화극제는 제화(制化), 상제(相制), 상화(相化), 합화(合和)의 네 가지로 다시 구분하여 해결방법을 제시하고 있다.

制化는 생화(生化)되어 이미 이룬 오행이 이룬 것을 보호하기 위하여 다른 오행을 제압하는 작용을 말한다. 즉 丙火가 甲木의 生化작용으로 이미 능력을 이뤘으니 庚金을 制化하여 공을 세우는 것을 말한다. 이는 꾸준히 자신의 능력을 준비하는 것에서 오는 것으로 특별히 잘하거나 모나지 않음이다. 그러므로 누구나 할 수 있는 평범함인 것이다. 하지만 이러한 평범함을 누구나 하지는 않는다. 때를 아는 자만이 가능할 것이다.

相制는 相剋으로 손상이 된 오행이 반생(反生)의 공을 이룬 것을 말한다. 즉 庚金에 의해 相剋당한 甲木이 실패를 교훈삼아 丁火를 생화하여 庚金을 제압하는 것을 말한다. 이러한 相制에는 이도공명(異道功名)이 있으니 삶을 영위하는 방법이 한 가지는 아닐 것이다. 하나의 능력이 부족하면 다른 방면의 능력이 있는 것과 같은 것이다. 눈이 멀면 귀가 밝은 것처럼 制化가 안되면 相制가 존재한다.

相化는 相剋의 힘의 균형이 상전(相戰)하여 서로 양보 없이 다툼이 발생할 때에 적용하는 방법이다. 즉 庚金과 甲木이 상전(相戰)할 때, 癸水가 통관(通關)으로 중재하는 것을 말한다. 이러한 방법은 서로의 힘겨루기에 의한 출혈을 막고 공생하는 방법이다.

合和는 相剋하는 관계에서 힘이 균형을 이루지 못하고 한 쪽이 우세할 때에 양보를 받는 방법이다. 즉 庚金이 왕강하고 甲木이 허약할 때에 乙木이 庚金을 合和하여 유정(有情)을 얻는 것을 말한다. 흔히 항복과 같다 하여 부끄럽게 생각하는 경우가 있으니 성립가능성이 다소 떨어진다. 하지만 승벽기질만 없다면 충분히 만인을 살리는 방법 중에 하나가 된다.

3. 有用之神의 활용

기후의 불균형과 왕쇠강약의 불균형을 바로잡는 역할로 有用之神을 활용하게 된다. 이러한 有用之神을 연구하기 위해서 고전에서는 무엇이라고 언급하였지 알아보기로 하자.

"사람은 천지의 기운을 품 받아 태어났고, 운명은 음양에 있다. 사람의 모든 생활은 이 음양에 의하는 오행의 이치 중에 있다. 먼저 부귀와 빈천을 알고자 한다면 월령에서 총괄하는 것을 알아야 한다. 다음으로 길흉을 판단하고자 하면 일간을 主用으로 삼고, 三元이 格局을 이뤄야 하고, 財官을 보아야 한다."[84]

---
84) 『淵海子平』「繼善篇」, "人稟天地, 命屬陰陽, 生居覆載之內, 盡在五行之中. 欲知貴賤, 先

사람은 천지의 기운을 받아 태어났으며 모든 생활은 陰陽의 조화력에 의한 오행의 이치에 맞게 활동한다. 사람의 귀천은 月令에 모두 갖춰져 있으니 三元의 이치를 살펴 간명하여야 한다. 하지만 그 주인은 日干에 있으니 상해가 없어야 한다. 또한 사람은 사회적 동물로서 살아가니 환경이 되는 財官을 중요시 여겨야 한다.

이와 같은 내용으로 볼 때, 사람은 月令의 司令用神에 의하여 선천적 능력을 품부 받아 태어나서 살아가게 된다. 이러한 司令用神을 인간관계를 중요시 여기는 육신에서는 格이라고 한다. 결국 사람이 자연 속에서 해야 할 일과 사람 속에서 해야 할 일을 구분지어 놓은 것이다. 자연 속에서 자신의 능력을 만들고 사람 속에서 능력을 펼치는 것이 우리들의 생활이라는 뜻과 같다. 또한 사람 간의 생활에는 인간관계가 있으니 자신을 먼저 중요시 여겨야 하므로 사주의 주인을 日干으로 하고, 관계를 구성하는 다른 사람을 財官으로 둔 것이다. 財는 자신이 소유한 개인적인 무대와 같고, 官은 공유하는 사회적 규칙과도 같다. 그러므로 財官은 하나처럼 움직여야 하고 日干은 이를 집행하는 주인이니 모두 취용(取用)으로 삼은 것이다.

"용신은 손상이 없어야 하고 주인은 건왕해야 마땅하다. 가령 司令用神이 관성이면 손상되면 안되고, 재성은 겁탈당하면 안되며, 일간을 돕는 인수가 파괴되어도 안 된다. 무릇 사주에 有用之神이 손해가 되어서는 안 된다. 일간이 강건하면 재관을 감당할 수 있다."[85]

이 부분에서 우리는 사람의 생활사를 엿볼 수 있다. 월령용사지신(月令用事之神)인 司令用神은 하늘에서 부여한 임무와 같다. 이에 따른 행위로는 배합에 맞는 행위인 喜神과 인위적 행위인 忌神이 있다. 이 세 가지가 이지러졌을 경우에 조화를 맞추는 것을 生剋制化라고 한다. 이러한 사람의 행위는 만물을 기르고 가꾸는 직업적 능력이 되어 빈부를 만든다. 또한 삶의 주인이 되는 日

觀月令提綱. 次斷吉凶. 專用日干爲主本. 三元要成格局, 四柱喜見財官."

85) 『淵海子平』「繼善篇」, "用神不可損傷, 日主最宜建旺. 如月令有官不可傷, 有財不可劫, 有印不可破. 凡柱中有用之神, 不可損害也. 仍要日干强健, 則能任其財官."

干도 主用이니 상(傷)하지 않고 旺하여야 자신의 삶을 이끄는 주재자가 되고, 財官은 삶에 필수 불가결한 사회적 관계인 병용(竝用)과 같으니 해(害)가 없어야 한다. 이와 같이 『淵海子平』은 사람의 운명을 간명(看命)하는 방법을 제시하고 있다.

위의 내용 중 '凡柱中有用之神, 不可損害也.'라고 하면서 '有用之神'을 언급하였다. 이는 '月令用事之神'과는 구별되는 用神으로 五行의 불균형을 바로잡아 문제를 해결하는 또 다른 五行이다. 이러한 有用之神은 현재 명리학계에서 일반적으로 사용하는 취용신(取用神)방법이라고 본다. 본 책에서 말하는 有用之神은 사람의 생활에 직접적으로 문제를 해결하는 방법을 제시한다. 그러므로 우리는 有用之神을 사람의 삶 속에서 찾아야 한다.

五行이라는 만물을 기르고 가꿔서 취하는 방법과 六神이라는 인간관계에서 자신의 자리를 만드는 방법이기 때문이다. 삶의 정당성과 명분보다는 사람의 삶을 윤택하게 해주는 실용적 방법을 택하는 것이라고 봐야 한다. 이러한 방법은 혁신(革新)이 되며, 신개념의 개발(開發)과 같은 발전을 이룬다. 어떤 면에서는 자연스러움에 파괴를 가져오지만, 인간생활에는 윤택을 가져온다고 주장할 수도 있다. 『淵海子平』은 사주에 有用之神이 있으니 손상되어서는 안 된다고 하였다. 만약 손상이 된다면 어려운 문제를 해결하지 못하게 될 것이다. 有用之神을 무슨 용도로 사용하는가는 우리들이 해야 할 학습과제일 것이다.

1) 기후의 조후에 대한 유용지신

사시에는 생명이 생멸한다. 모든 생명은 자신의 생명을 유지하기 위하여 다른 생명을 취하여 사용하게 된다. 이러한 먹이사슬관계에 사람도 예외가 될 수 없을 것이다. 이는 하늘과 땅이 지어낸 것이지 사람이 지어낸 것은 아니다. 만물 중 사람은 육체적으로는 약자이면서 정신적으로는 강자이지만 통증을 가장 많이 느끼는 부류에 속한다. 만물의 영장이라 스스로 자처하지만 약점을 극복하기 위하여 수많은 세월 동안 사람은 사람을 사용하여 왔고, 사람 이외의 만물을 사용하여왔다. 육체적 약점을 극복하기 위해서 재료를 사용한 문명을 발전시켜왔고, 정신적 약점을 극복하기 위해서는 문화를 구축하며 살아왔다.

위와 같은 사람의 생존과 생활에서 명리학이 논증하고자 하는 것 중, 五行은 만물을 사용하는 방법을 알고자 함이고, 육신은 사람을 사용하는 방법을 알고자 함이다. 아래의 내용은 기후에 맞는 만물의 생멸(生滅)을 알고 그것을 취하여 쓰고자 하는 내용을 담는다. 이것은 사람을 사용하는 방법이 아닌 사람 외의 만물에서 자신이 유용하게 써야 할 물건을 고르는 것과 같다. 어찌 하늘과 땅이 내었다 하여 모두 쓸 수 있겠는가? 각자 써야 할 것이 다를 것이다. 주어진 운명을 안다면, 주어진 것에 감사할 것이다. 모른다면 내 것이 아닌 것을 취하게 되는 것과 같을 것이다. 하지만 만물은 곧 나와 같은 것이니 만물의 모양이 나이고, 나의 모양이 만물이다. 그러면 만물의 생멸지상(生滅之象)을 인격화하여 궁리한다면 자신의 역할도 능히 간파하리라 본다. 그러면 사시의 순환 과정에서 만물의 동정과 사람의 역할을 연구해 보기로 하자. 먼저 아래의 표를 통하여 기후의 조후에 대한 有用之神을 알아보기로 하자.

표 7) 한난조습의 有用之神

氣運	五行	四時	有用之神
寒氣	壬		戊의 防風
		亥子丑	丙의 溫暖
暖氣	丙		戊의 間塞
		巳午未	癸의 雨露
濕氣	癸		己의 潤澤
		寅卯辰	丙의 朝陽
燥氣	丁		己의 紅爐
		辛酉戌	壬의 潤下

① **한기와 동절**

壬水의 한기는 사람의 의지에 개입하여 가난한 마음을 일으킨다. 삭막한 가운데 홀로 서있는 자신의 모습을 발견하게 되는 것이다. 가난과 외로운 마음을 자제하고, 자신의 처지를 인정하면서 낮은 자세로 세상에 적응해 나아가려는 마음을 내기 위해서는 戊土를 有用之神삼아 방풍(防風)하여야 한다. 戊土는 자신의 힘든 상황에 빠져서 절망하기보다는 세상에 나아가 할 일을 가르쳐주는 역할을 한다. 자신의 처지를 동정하기보다는 세상에 나아가 제 할 일을 찾는 정신이 되어준다.

亥子丑月의 한기는 피부로 느끼는 가난이고, 실제현상에 나타난 외로움이다. 丙火로 세상을 보는 지혜를 내어 삶의 목표를 정한다. 정한 마음을 내고 정한 행동을 하니 목표를 이룸은 당연할 것이다. 만약 戊土로 한기를 자제시킨다면, 자신의 처지를 받아들여 분수에 맞는 생활을 할 것이다. 甲木으로 한기를 이겨낸다면, 인간관계를 원활히 쌓아 인덕을 불러들이는 역할을 하게 된다. 이와 같이 동절기의 한기에 대한 有用之神은 丙의 온난과 戊의 자제력과 甲의 인덕으로 극복한다.

② **난기와 하절**

丙火의 난기는 끝없는 성장욕구에 의하여 자신의 처지를 망각하게 된다. 戊土로 有用之神을 삼아 간새(間塞)하면, 세상 속에서 자신이 이룩할 목표와 위치를 알아차려 스스로 숙연한 자세로 진퇴를 알고 살아가게 된다. 우리를 망치는 것이 지나친 확장과 지나친 소원일 것이다. 이러한 지나침을 조율시켜주는 것이 戊土다.

巳午未月의 난기는 현실에 맞지 않는 확장과 감당하기 힘든 책임이 주어진 것과 같다. 癸水로 조후하면 초심으로 돌아가 자신의 능력에 맞는 역할을 할 것이고, 壬水로 조후하면 자신의 능력을 주장하기보다는 주변 환경에 걸맞은 행동을 할 줄 아는 지혜를 발휘하게 된다. 戊土로 보온하면 자신의 처지를 비관하거나 과신하지 않고 인정하는 자제력을 발휘하여 소극적이지만 안전한 삶을 살고자 할 것이다. 庚金으로 인덕을 베풀면 인간관계를 통하여 자제력을 배우고 익혀서 자신에 맞는 역할을 해 나갈 것이다. 이와 같이 하절기의 有用之神은 癸의 자기능력과 壬의 환경적응력과 戊의 자제력과 庚의 인덕으로 극복한다.

③ 습기와 춘절

癸水의 습기는 사람에게는 타고난 자질과 같다. 己土의 有用之神이 배합되면 타고난 자질을 알아차리게 된다. 만약 己土의 배합을 얻지 못하면 자신의 자질을 알아차리지 못하고, 과대망상에 빠지거나 지나치게 자신의 처지를 비관하여 실의에 빠지게 된다. 이러한 윤택(潤澤)[86]작용은 사람이 살아가는데 필요한 초기교육과 같고, 미래를 위한 준비하는 마음을 내는 것에 쓰인다.

寅卯辰月의 습기는 하늘에서는 비가 내리고 땅에는 새싹이 오르는 시절을 말한다. 丙火의 조양(朝陽)작용이 광명이 되어 미래를 향한 희망적인 목표를 정해준다면 이에 대한 준비로 낳고 자라는 자기계발을 성실히 수행하게 된다. 己土로 조후하면 자기자신의 능력을 정확히 알아차려 전문적인 능력을 계발하려는 노력을 할 것이다. 庚金으로 조후하면 습기에 의한 탁기(濁氣)를 조율하여 청기(淸氣)로 변화시켜주는 역할을 발휘하니 많은 사람의 정체성을 찾아주는 길잡이가 될 것이다. 이와 같이 춘절기의 有用之神은 丙의 키우는 작용과 己의 자기계발과 庚의 의지력으로 극복한다.

④ 조기와 추절

丁火의 조기는 후천적으로 배우고 익힌 경험을 살려 자신의 가치를 높이려는 의지와 같다. 己土의 有用之神의 배합을 얻으면 경험을 갈무리하여 자신이 쌓은 능력을 알아차리게 된다. 만약 己土의 배합을 얻지 못하면 지난 시절의 적성을 살리지 못하고 이도(異道)를 걸어야 하는 일이 발생한다. 이러한 홍로(紅爐)[87]작용은 교육과 체험을 통한 후천적 능력을 녹슬지 않도록 모으는 역할을 한다.

申酉戌月의 건조한 기는 하늘에서는 서리가 내리기 시작하게 하고 땅의 초목은 시들기 시작하게 한다. 壬水로 조후하여 응결시켜주면 단단한 결실을 이뤄

---

86) 『窮通寶鑑』「三春己土」. "二月己土 陽氣漸升 雖禾稼未成 萬物出土 田園未展 先取甲木疏之 忌合. 次取癸水潤之 甲癸出干 定主科甲 加以一丙出透 勢壓百僚 一見壬水. 微末官職."

87) 『窮通寶鑑』「三秋甲木」. "七月甲木 丁火爲尊 庚金次之 庚金不可少 火隔水不能鎔金 故丁火鎔金 必賴甲. 木引助 方成洪爐 若有癸水阻隔 便滅丁火 壬水無礙 且能合丁 但須見戊土. 方可制水存火."

주는 희망적인 목표를 정하고 자신의 능력에 맞는 가치를 만들어 갈 것이다. 己土를 얻으면 현재의 자신의 가치를 정확히 인식하여 덜함과 더함이 없는 능력을 만들어가게 된다. 甲木을 얻으면 부족한 능력을 보완하여 더 나은 가치를 만들 줄 아는 현명한 사람이 된다. 이러한 甲木의 역할은 항시 노력하여 자신을 계발하는 자세가 되어 준다. 이와 같이 추절기의 有用之神은 壬의 응집력과 己의 자기계발과 甲의 의지력으로 극복한다.

2) 태과불급에 대한 유용지신

인명은 묘(妙)하여 사주가 음양과 오행이 조화를 이뤄야 마땅한 삶을 살아가게 된다. 식물은 자연이 병들게 하고 치료도 자연이 하게 된다. 또한 동물은 거동(擧動)을 한다는 것만 다르지 식물과 다르지 않을 것이다. 하지만 사람은 병이 들면 치유하고 고상난 물건도 고쳐가며 살아간다. 이 어찌 묘하지 않을 수 있겠는가. 사람이 병든다 하는 것은 음양과 오행이 균형을 잃어 발생하였다고 볼 수 있다. 이러한 현상에는 한난의 수화미제(水火未濟)현상에서 발생한 정신적 부조화와 조습을 土가 중화시키는 현상에서 발생하는 행위의 부조화가 있다. 또한 사람은 도구를 다루며 살아가고 사람과 사람관계를 형성하여 조직을 만들어 살아간다. 이러한 사람과 물건, 사람과 사람 간의 관계가 잘못되어 나타난 金木의 부조화가 있게 된다.

문제가 없는 인생이 어디 있겠는가. 문제를 해결하여 반생(反生)을 이루면서 살아가는 것이 인생이지 않은가. 이미 조화를 이룬 사람은 굶주림과 수고로움을 겪지 못하니 묘함을 논할 수 없는 평범함에 불과하다. 결국 평범하고자 하는 삶에는 해결할 문제가 없는 것이 된다. 하지만 지극한 묘리(妙理)를 얻고자 하는 삶에는 고난이 있으며 이를 극복하는 힘겨움이 있게 된다는 의미다. 이러한 어려운 문제를 극복하기 위해서는 먼저 왕쇠강약의 개념을 숙지하여야 한다.

旺의 기는 生氣와 근기(根氣)로 이뤄져 있음을 말한다. 生氣는 자신을 相剋하는 오행에 적합하게 수용하고자 함이고, 根氣는 방어를 하기 위한 制化와 스스로 자신의 능력을 발휘하는 生化를 하기 위함이다. 그러므로 生氣를 얻지 못하면 相剋을 당하는 弱이 된다. 그리고 根氣를 얻지 못하면 制化할 수 없으니 相剋을 당하는 衰弱이 된다. 또한 生化할 수 없으므로 설기(洩氣)를 당하는 衰가 되는 것이다. 旺한 五行을 갖춘 인명은 生氣로 외부와의 소통에 적합하게 행위하며, 根氣를 얻으면 어려움을 극복하는 힘과 자신의 능력을 스스로 펼치는 용기를 지니게 된다. 이러한 旺을 명리학에서는 生化의 능력과 制化의 능력을 고루 갖췄다고 말한다.

衰는 旺과 반대되는 조건으로 生氣가 없음과 根氣가 없음을 말한다. 生氣가 없으므로 외부의 相剋을 받아들이는 적응력이 떨어지게 된다. 이러한 경우 相剋을 당하여 弱해지거나 洩氣를 당하여 衰해진다. 또한 根氣가 없으면 相剋하는 五行을 制化하지 못하니 弱해지게 된다. 衰가 生氣가 없어서 弱해지는 것은 적응력의 부족에서 오는 것이고, 根氣가 없어서 弱해지는 것은 공격자에 대한 방어력이 없기 때문이다. 衰한 오행을 갖춘 人命은 자신의 능력을 스스로 발휘하는 독립심이 부족하고, 힘겨운 상황을 이겨내는 지구력 또한 문제로 드러나고 있다. 이러한 衰에게 명리학에서는 순종(順從)을 권유하고 있다.

强은 旺과 같은 조건에서 동기오행을 구비한 것을 말한다. 生氣와 根氣를 갖춘 旺의 조건이 아니라 하여도 동기오행만 있다면 强으로 간주하게 된다. 그러므로 强은 타오행을 相剋하는 것을 말하니 旺의 조건을 구비한 旺强과 동기五行만을 구비한 强이 다르다. 旺强은 권력남용행위와 월권행위처럼 남는 힘을 낭비하는 것과 같다. 지나치게 커다란 목표를 정하거나 지나치게 빠르게 목표를 달성하려는 것과도 같다. 强은 호승심과 승벽기질에 의하여 무모한 도전을 일삼는 것과 같다. 强은 본래가 衰弱을 드러내고 있으므로 무모함에 대한 상처를 당하기 십상이다. 强한 오행을 갖춘 인명은 자제력만 있다면 무난한 삶을 살 것이다. 이러한 强을 명리학에서는 오르려고만 하고 내려오려고 하지 않는 사람과 같다고 말한다.

弱은 强의 요건을 갖춘 오행에 의하여 相剋을 당해서 상처를 입은 것을 말한다. 첫째, 旺强에 의하여 弱한 경우와 둘째, 强에 의해서 弱한 경우와 셋째, 弱이 衰한 조건을 같이 갖춘 상태에서 相剋을 당해 더욱 弱해져서 반생(反生)의 공을 이루기가 힘든 경우가 있다. 첫째의 경우는 갑을관계와 같은 현상으로 볼 수 있다. 둘째의 경우는 가정이나 사회적 약자에게 당한 경우와 같다. 즉 강자에게 당한 경우와 약자에게 당한 경우로 구분한다. 셋째의 경우는 적응력이나 방어력, 독립심이 없어 스스로 포기하는 것과 같다. 이러한 것은 두려움과 불안에 의해서라고 볼 수 있다. 弱을 갖춘 인명은 걱정과 근심, 미래불안에서 벗어나 경이로운 세계관을 지닌다면 무난한 삶을 살 수 있을 것이다. 이러한 弱을 명리학에서는 실패에 대한 두려움으로 도전도 못하고 포기하는 사람처럼 보고 있다.

표 8) 相生과 相剋

五行	相生	相剋
甲	壬甲 癸甲	庚甲 辛甲
乙	癸乙 壬乙	辛乙 庚乙
丙	甲丙 乙丙	壬丙 癸丙
丁	乙丁 甲丁	癸丁 壬丁
戊	丙戊 丁戊	甲戊 乙戊
己	丁己 丙己	乙己 甲己
庚	戊庚 己庚	丙庚 丁庚
辛	己辛 戊辛	丁辛 丙辛
壬	庚壬 辛壬	戊壬 己壬
癸	辛癸 庚癸	己癸 戊癸

① 木의 생극

木을 相生하는 水生木은 타고난 자질을 알고 자신에게 걸맞은 지식을 습득하는 것과 같다. 마땅히 土의 윤택함으로 자신의 능력을 배양시키고 능력을 계발하여 나아간다. 癸甲은 己土의 윤택작용을 有用之神 삼아 타고난 자질을 알아차리게 하여 자기계발을 돕는다. 癸乙은 戊土의 간새(間塞)[88]작용을 有用之神 삼아 환경에서 요구하는 내용을 알아차려 이에 맞는 자기계발을 한다. 壬甲은 己土의 제방(制防)[89]작용을 有用之神 삼아 자신의 타고난 자질보다 더 나은 외부의 능력을 받아들이는 작용을 한다. 壬乙은 戊土의 방파제작용을 有用之神 삼아 외부의 침범을 차단하고 변화된 환경에 실용적인 대처를 한다. 이와 같이 水生木의 有用之神은 土가 된다. 土는 자기계발 과정에서 자신의 자질과 외부의 작용을 알아차리는 중화작용을 한다.

木을 相剋하는 金剋木은 절지(折枝)와 벽갑(劈甲)[90]작용을 통하여 비효율적인 요소를 제거한다. 마땅히 火로 예리한 판단력을 삼는다. 庚甲은 木의 뿌리가 엉키듯이 사람의 정신이 엉켜서 지혜로움이 생겨나지 않을 때, 庚金이 절지하는 것을 말한다. 丙火로 有用之神을 삼아 庚金을 단련하면 현명한 사람이 되어 과거정리를 통하여 미래로 나아간다. 辛乙은 木의 가지가 무성하여 자신이 나아갈 길을 찾지 못하고 있는 경우에 辛金이 절지하는 것을 말한다. 丙火로 有用之神을 삼아 辛金을 단련하면 현명한 사람이 되어 미래를 위한 실용적 대처를 하는 사람이 된다.

庚乙은 다 자란 木을 취하여 상품화 시키는 것을 말한다. 丁火로 有用之神을 삼아 庚金을 제련하면 뛰어난 기술력을 바탕한 인물이 된다. 辛甲은 성숙한 木의 결실을 취하여 상품화 시키는 것을 말한다. 丁火로 有用之神을 삼아 辛金을 제련하면 세상이 운영되는 이치를 통달한 뛰어난 인물이 된다. 이와 같이 金剋木은 火가 有用之神이다. 火는 자신이 처한 위기와 세상의 운영되는 이치를 발견하는 현명함이 되어 준다.

② **火의 생극**

火를 相生하는 木生火는 계발된 능력을 활용하는 것과 같다. 마땅히 金으로 수원을 삼아야 오래도록 능력을 활용하여 위치를 높여간다. 甲丙은 자신의 절

---

88) 『窮通寶鑑』「論火」. "則成旣濟 遇土不明 多主蹇塞 逢木旺處."
89) 『窮通寶鑑』「論火」. "木盛 是謂有情 土太過 勢成涸轍 水泛濫 喜土堤防."
90) 『窮通寶鑑』「論火」. "四月丁火乘旺 雖取甲引丁 必用庚劈甲 伐甲"

대적 능력의 필요성에 의하여 학력을 쌓는 것과 같다. 辛金의 수원작용을 有用之神 삼아 더욱 가치가 나가는 자기계발을 하도록 보좌한다. 乙丙은 경쟁에 필요한 상대적 능력을 쌓는 것과 같다. 庚金의 수원작용을 有用之神 삼아 경쟁력을 높여 능력을 활용토록 보좌한다. 乙丁은 지난 시절에 쌓은 능력을 갈무리하여 가치를 높이려는 시도와 같다. 庚金을 有用之神 삼아 제련하여야 후천적으로 능력을 개발하는 과정을 거치게 한다. 甲丁은 환경에서 필요로 하는 능력을 재개발하는 것을 말한다. 辛金을 有用之神 삼아 제련하여야 능력을 펼쳐나간다. 이와 같이 木生火의 有用之神은 金이 된다. 金은 삶에 필요한 능력을 만드는 계발과정을 거치게 해준다.

火를 相剋하는 水剋火는 목표와 준비로서 서로 상응작용을 한다. 마땅히 木과 金으로 과정을 삼는다. 이러한 가치는 만물을 기르고 취하는 이익이 되어 준다. 癸丙은 사람을 낳고 기르는 작용을 하는 기제(旣濟)와 같다. 甲木과 乙木으로 有用之神을 삼으면 배우고 기르치는 과정을 충실히 거치게 된다. 壬丙은 낳고 길러진 사람이 사회생활을 통하여 힘겨움을 만난 것을 말한다. 甲木으로 有用之神을 삼으면 사람의 힘겨움을 이겨내도록 돕는 훌륭한 지도자가 된다. 壬丁은 도구를 만들고 다루는 재주가 뛰어난 기제와 같다. 庚金과 辛金으로 有用之神을 삼으면 기술력과 시장성을 두루 갖춘 인물이 된다. 癸丁은 완성된 상품이 손상된 것을 용도변경하여 더 나은 방법으로 쓰고자 하는 것을 말한다. 庚金으로 有用之神을 삼으면 새로운 상품을 개발하는 선도자가 된다. 이와 같이 水剋火는 金과 木이 有用之神이다. 金木은 자신이 배우는 능력이고 활용하는 능력으로 사람의 생활에 직접적으로 드러나 보이게 된다.

③ 土의 생극

土를 相生하는 火生土는 계발된 자신의 능력을 알아차리고 변화하는 미래 환경에 적응하고자 노력하는 중화의 의도가 있다. 마땅히 木으로 과거의 경력을 삼는다. 丙己는 자신의 삶의 목표가 무엇인지를 인식한 것과 같다. 甲木이 有用之神되어 목표를 향한 능력을 계발하는 과정을 거치게 한다. 丙戊는 자신의 능력을 발휘할 환경을 알아차리는 것과 같다. 乙木이 有用之神되어 환경에 적합하도록 자신의 능력을 만드는 과정을 거치게 된다. 丁己는 그간에 계발한 능력을 갈무리하고자 하는 것과 같다. 乙木이 有用之神되어 과거의 경력을 수렴토록 해줘야 한다. 丁戊는 세상에서 원하는 것이 무엇인지를 인식한 것과 같다. 甲木이 有用之神되어 새로운 세상에 적합한 능력을 재개발하여야 한다. 이와 같이 火生土의 有用之神은 木이다. 木은 삶에 필요한 능력을 만들어가는 과정을 거치게 해준다. 이러한 가치는 인간을 기르고 다스리는 위치를 만들어 준다. 土를 相剋하는 木剋土는 자신의 특징과 자신이 살아갈 세상을 알아차리고 이에 따르는 자질을 계발하는 것과 같다. 마땅히 水로 습득할 지식을 삼는다. 甲己는 전답의 작물이 뿌리의 모습처럼 자신의 자질을 계발해 나아가는 소토(疏土)[91]작용이다. 지식이 되는 癸水로 有用之神을 삼으면 학습에 전념하여 자신의 능력을 만들어 갈 것이다. 乙戊는 계발된 자신의 능력을 세상에 발휘하기 위한 소통과 같다. 지혜가 되는 癸水로 有用之神을 삼으면 경쟁을 통하여 자신의 능력을 발휘하게 된다. 乙己는 풍부한 경험과 경력을 구비한 실력을 세상에 내어 가치를 인정받고자 하는 것과 같다. 소비자의 심리와 같은 壬水가 有用之神이 되어 소통해 가면 많은 이익을 남기는 재주가 많은 사람이 된다. 甲戊는 완성된 실력을 갖춘 사람이 자신의 능력을 영원히 남기고자 하는 것과 같다. 전수자 심리와 같은 壬水가 有用之神이 되어 甲木이 소토해 가면 지적재산권을 갖춘 인물이 된다. 이와 같이 木剋土는 水가 有用之神이다. 水는 남을 통해서 나의 능력을 만들거나 나를 통해서 남이 능력을 만드는 지식과 지혜가 된다.

④ 金의 생극

金을 相生하는 土生金은 지난 경험을 수습하고 미래에 쓰일 능력을 개발하는 것과 같다. 마땅히 水로 그간의 개발된 상품가치를 유통해 인정을 받는다. 己辛은 수원의 근본과 같은 것으로 부모의 유전인자를 이어받는 것과 같다. 癸水로 有用之神을 삼아 흘러들게 하면 뛰어난 자질을 계승하게 된다. 戊庚은 세

---

91) 『窮通寶鑑』「三春己土」. "三月己土 正栽培禾稼之時 先丙後癸 土暖而潤 隨用甲疏."

상에 나아갈 때, 필요한 능력을 만드는 수원의 근본과 같은 것으로 자기의 능력을 인식하는 것과 같다. 癸水로 有用之神을 삼아 흘러 나가게 하면 우수한 능력을 활용하게 된다. 己庚은 후천적으로 터득한 능력을 발휘하는 것과 같다. 壬水로 有用之神을 삼아 목표를 정하여 흐르게 한다면 능력을 인정받게 된다. 戊辛은 자신이 발휘한 능력에 대한 평가를 받은 후, 재개발된 능력을 다시 발휘하는 것과 같다. 壬水로 有用之神을 삼아 흐르게 하면 지적재산권과 같은 지속적인 인정을 받게 된다. 이와 같이 土生金의 有用之神은 水다. 水는 서로의 능력이 흘러들어 오거나 흘러 나가는 유통을 이뤄지게 한다.

金을 相剋하는 火剋金은 제련(製鍊)과 단련(鍛鍊)[92]이라는 과정을 통하여 삶에 유용하게 쓰일 능력을 개발하는 것과 같다. 마땅히 土로 자신과 세상에 쓰임을 인식하는 지혜로 삼는다. 丙辛은 자신의 정신을 단련하여 지혜로운 사람이 되고자 하는 것을 말한다. 己土가 有用之神이 되어 자신의 근본을 알아차린 선각자가 될 것이다. 丙庚은 타인의 정신을 단련시켜주는 사람이 되고지함을 말한다. 戊土가 有用之神이 되어주면 타인의 정체성을 되찾아주는 선도자가 될 것이다. 丁庚은 물질을 제련하는 기술력을 갖춘 사람이 되고자 하는 것을 말한다. 己土로 有用之神을 삼으면 자신의 능력을 충분히 만들어가는 창의적 인물이 된다. 丁辛은 도구를 사용하는 방법을 익히는 제련을 말한다. 戊土로 有用之神을 삼으면 타인을 지도하는 능력자가 될 것이다. 이와 같이 火剋金은 土가 有用之神이다. 土는 나와 남을 인도하기 위한 자신의 능력을 만들어가는 것을 말한다.

⑤ 水의 생극

水를 相生하는 金生水는 자신이 만든 가치를 외부로 유통하거나 외부의 능력을 흡수하는 것과 같다. 마땅히 火로 가치를 상승시키는 작용을 하게 한다. 辛癸의 수원은 지식으로 절대가치를 만드는 것과 같으니 실력, 품격 등을 이루게 하는 작용을 한다. 丙火로 有用之神을 삼아 상승작용을 시켜주면 목표를 이뤄 지위를 지니게 된다. 庚癸의 수원은 상대가치를 만드는 것과 같으니 경쟁력,

---

92) 『窮通寶鑑』「論金」, "秋月之金 當權得令 火來煅煉 遂成鐘鼎之材."

실용성 등을 이루게 하는 작용을 한다. 丙火로 有用之神을 삼아 상승작용을 시켜주면 검증을 거쳐 우월한 위치를 점하게 된다. 庚壬의 도세(淘洗)[93]는 기술력을 앞세운 실력을 세상에 내어 놓는 것과 같으니 丁火로 有用之神을 삼아 인정을 받게 하면 장인(匠人)이 된다. 辛壬의 도세는 세상에서 필요로 하는 상품을 내어 놓는 것과 같으니 丁火로 有用之神을 삼아 인정을 받게 하면 뛰어난 경영자가 된다. 이와 같이 金生水의 有用之神은 火다. 火의 상승작용은 검증을 통한 가치를 상승시키는 작용을 한다.

水를 相剋하는 土剋水는 개인적 환경과 공유된 환경과 같으니 옥토와 같다. 마땅히 木으로 개인적 자질을 계발하고, 金으로 공인된 능력을 알리는 소통으로 삼는다. 己癸는 자신이 타고난 자질을 알아차리는 것과 같으니 甲木으로 有用之神을 삼아 자질을 계발하여야 한다. 이러한 현상은 지식을 계발하는 것과 같다. 戊癸는 환경에서 요구하는 지식과 같으니 庚金으로 有用之神을 삼아 주어진 학습을 익혀서 활용하여야 한다. 이러한 현상은 환경에 적합한 자격을 구비하는 것과 같다. 己壬은 나보다 더 큰 자질을 소유한 사람의 영향을 받아들이는 것과 같다. 庚金으로 有用之神을 삼아야 타인의 자질을 받아들여 자기계발을 이룬다. 이러한 현상은 선진문화를 받아들이는 것과 같다. 戊壬은 자신의 능력을 공고히 다져 영구히 인정받는 지적 재산권을 보유하고자 하는 것과 같다. 甲木으로 有用之神을 삼아야 나의 능력을 소토(疏土)해 가는 사람이 생긴다. 이러한 현상은 브랜드 가치가 되어 오래도록 유지된다.

---

93) 『窮通寶鑑』「三秋辛金」. "八月辛金 當權得令 旺之極矣 專用壬水淘洗"

7장 職業

적성이 생겨남

月支에는 地支의 배합에 의하여 직업선택에 필요한 환경이 마련되어있고, 月令의 인원용사(人元用事)에는 환경 속에서 수행해야 할 임무가 부여되어 있다. 이 두 가지의 환경과 임무는 사람의 삶에 필요한 직업선택의 중요한 수단이 된다고 볼 수 있다. 직업선택은 새삼 강조하지 않더라도 매우 중요한 생존수단이며 삶의 성취욕구를 충족시켜주는 중요한 의미가 담겨있다. 이러한 직업선택의 필요한 단초를 명리학에서 찾는다면, 月支의 배합과 月令의 인원용사 연구를 통하여 접근성을 높일 수 있을 것이다.

연구순서는 다음과 같다. 첫째, 月支와 地支의 배합은 직업활동에 필요한 환경이 된다. 둘째, 인원용사는 선천적으로 타고난 임무가 된다. 셋째, 月支와 地支의 기운이 섞이는 것은 자신의 주변 환경이 다른 환경과 중복되어 있는 것과 같다. 넷째, 月支의 合沖은 환경의 변화와 그에 따른 임무의 변화를 의미한다. 이러한 月支와 人元用事의 직업적 특징은 자신의 선택이기보다는 타고남이다. 또한 기운의 섞임과 合沖에 의한 환경변화는 삶의 과정에서 수시로 영향을 받는다. 또한 合沖이 환경조건의 변화라고 한다면 喜忌神은 삶의 방법을 선택하게 되는 의지의 문제다. 喜神은 인원용사의 임무수행에 본연(本然)의 자세를 취하는 특징이 있고, 忌神은 자신의 기질에 맞춰 행위하는 특징이 있다. 이러한 喜忌神은 삶을 살아가는 방법이 되어 적성에 따른 진로에도 막대한 영향을 미치게 된다.

위와 같이 명리학에서 진로와 적성을 간명하는 학술적 이론의 토대인 月支와 인원용사는 생존과 생활을 엿볼 수 있는 중요한 역할을 한다. 직접적인 간섭을 하여 생활의 편이를 제공할 수 없다 하여도 간접적으로나마 갈 길을 인도하는 도움으로는 충분하리라고 본다. 하지만 명리학이 제공하는 단식판단 기준에만 연연한다면 도리어 낭패를 만날 수 있을 것이다. 개인적 의지와 역량 그리고 환경을 면밀히 조사하는 치밀함이 동반되어야 이루는 삶을 살아가게 된다.

1. 자질과 환경

1) 월지의 직업특징

기후의 변화에 따라 만물의 생멸이 변화하고 그 물상의 변화에 맞춰 사람은 제할 일을 하게 된다. 지구는 계절의 변화에 따라 만물이 생멸한다. 바다와 하천에서의 어류와 수생식물, 들(田畓)에서의 작물과 벌레, 산에서의 초목과 동물, 그리고 공중에서의 조류 등으로 생명활동을 벌이고 있다. 이러한 기후의 변화에 따라 만물이 생성하고 그것을 이용하는 사람들이 살아가게 된다.

지구 안의 공간은 해양과 전답, 산과 공중 등으로 4등분되어 있다. 또한 생명을 초목과 동물과 사람의 셋으로 나눠서 설명하고 있다. 필자는 이러한 기후의 변화에 따라서 사람이 할 일이 무엇인가를 찾아보고 나아가 이를 天干과 地支를 사용하여 사람의 직업에 연관하여 설명하고자 한다. 그러므로 月支와 地支의 배합은 사계절의 순환에 의거하여 만물이 생멸되는 현장을 증명하고 있다. 이러한 삶의 현장은 자신이 속한 타고난 여건이기 때문에 직업활동에 필요한 환경이 된다.

① 子丑月(동지부터 입춘까지)

當令 - 癸水

氣運 - 배양(培養)

物象 - 종근(種根)

場所 - 수중(水中)생물 서식지

人命 - 정신에서 비롯된 창의와 전통계승 및 환경활용

適性 - 전통문화, 사상과 종교, 문학 / 수산업, 수자원, 해운

② 寅卯月(입춘부터 춘분까지)

當令 - 甲木

氣運 - 탄생(誕生)

物象 - 근묘(根苗)

場所 - 수상(水上)생물 서식시

人命 - 학습활동에서 습득한 말과 글 및 환경활용

適性 - 어학, 교육, 출판 / 농업, 양어, 농산물 제조, 의식주상품 제조업

③ 卯辰月(춘분부터 입하까지)

當令 - 乙木

氣運 - 생장(生長)

物象 - 지엽(枝葉)

場所 - 답(畓)과 전(田)의 육지생명 서식지

人命 - 생존활동에 필요한 운영방법과 환경활용

適性 - 교육, 행정, 입법, 사무 / 농업, 농자재, 토공

④ 巳午月(입하부터 하지까지)
當令 - 丙火
氣運 - 장성(長成)
物象 - 개화(開化)
場所 - 전(田)과 택(宅)의 육지생명 서식지
人命 - 사회운영에 필요한 활동과 환경활용
適性 - 경영, 언론, 국제관계, 정치, 관광, 감시 / 의식주 용품판매

⑤ 午未月(하지부터 입추까지)
當令 - 丁火
氣運 - 번식(繁殖)
物象 - 녹과(綠果)
場所 - 택(宅)과 산(山)의 육지생명 서식지
人命 - 생명유지를 위한 활동 및 자원연구
適性 - 금융, 회계, 정보조사 / 체육, 의료, 이학, 산업개발

⑥ 申酉月(입추부터 추분까지)
當令 - 庚金
氣運 - 숙성(熟成)
物象 - 결실(結實)
場所 - 산(山)과 산중(山中)의 육지생명 서식지
人命 - 생존권 확보를 위한 방어, 보호활동 및 기술개발
適性 - 군사, 체육, 공학 / 건설, 기계, 자재

⑦ 酉戌月(추분부터 입동까지)

當令 - 辛金
氣運 - 완성(完成)
物象 - 상품(上品)
場所 - 산중(山中)과 공중의 육지생명 서식지
人命 - 생존권 보호와 물품관리 활동 및 환경활용
適性 - 보호관리, 치유, 재활 / 복구, 감리, 영화

⑧ 亥子月(입동부터 동지까지)

當令 - 壬水
氣運 - 종자(種子)
物象 - 유통(流通)
場所 - 공중과 수중생명 서식지
人命 - 과거를 마무리함과 미래를 준비하는 분야 및 외부활동
適性 - 전수 / 통상, 물류, 숙박

2) 사령용신의 자질

月令은 삶의 환경이 되고, 인원용사가 되는 司令用神은 임무가 된다. 이러한 임무마다에는 특징이 있으며 특징마다에는 타고난 적성이 있다. 壬水와 丙火는 사람의 변화를 주관하는 통솔자의 자질을 타고났고, 癸水와 丁火는 물건의 변화를 주관하는 전문가의 자질을 타고났다. 戊土는 사람의 정신을 알아차리는 자질을 타고났고, 己土는 물건의 출입을 알아차리는 자질을 타고났다. 甲木은 의식주 용품을 제작하는 자질이고, 乙木은 용품을 판매하는 자질이다. 庚金은 산업도구를 제작하는 자질이고, 辛金은 도구를 판매하는 자질을 타고났다.
이와 같은 타고난 자질이 되는 司令用神이 天干으로 투간(透干)되어 나타나면

자신의 의지로 자질을 계발하여 가치를 높이게 된다. 하지만 지장간에만 있으면 타인의 의지에 의한 현실 환경에 적응만 하며 살아가는 순종적 경향을 보인다. 결국 지장간의 司令用神은 현장에서 특기자로 종사하는 자질이 적성으로 나타나고, 투간되면 자신만의 영역을 구축하여 사회적 일익을 담당하고자 한다.

3) 지지의 환경특징

地支의 기운이 섞인다는 것은 여덟 마디의 月支의 배합이 다른 地支의 배합을 만나서 이뤄진 중복된 기운을 말한다. 이러한 기운의 섞임은 타고난 환경에 다른 환경의 기운이 섞여서 나타난 중복된 환경에서 살아간다는 의미가 담겨있다. 이와 같은 형태를 몇 가지로 간추려서 연구하여 보기로 하자.
첫째, 子丑배합에 寅卯배합이 섞이면 종자를 배양하는 환경에 묘근이 발육하는 기운이 섞인 것이니 여러 가지 중복된 환경에서 살아가게 된다는 의미다. 둘째, 子丑배합에 寅이나 卯중 하나만 섞일 경우는 종자를 배양하는 환경에 완전하지 못한 발육환경을 만났으니 이것은 겸하는 정도의 섞임이라고 볼 수 있다. 셋째, 子나 丑중 하나에 寅卯배합이 섞여 종자를 배양하는 환경에 완전한 묘근이 발육하는 환경이 섞이니 자신의 타고난 환경으로부터 벗어나 다른 환경으로 변화되어 살아가게 된다. 결국 이와 같은 세 가지 특징 중에서 月支가 배합을 갖추고 있고 다른 배합을 만나면 중복된 환경이 되고, 배합을 이루지 못한 환경을 만나면 겸하는 것이 되고, 月支가 배합을 이루지 못하면 자신의 환경이 다른 환경으로 편입된다는 뜻이다.
이러한 기운의 섞임에는 또 다른 특징이 있는데, 子寅辰午申戌은 다른 기운을 받아들이는 흡수력이 있고, 丑卯巳未酉亥는 다른 기운으로 변하여 흡수되는 특징이 있다. 가령 子는 亥를 흡수하고, 丑은 寅에 흡수되는 경우와 같다. 그러므로 환경의 중심은 흡수력을 가진 地支고, 겸하는 것은 흡수되는 地支가 된다. 그러므로 흡수력을 가진 地支는 배합을 이루지 않고도 단독으로 현장조건을 갖출 수 있지만, 흡수되는 地支는 홀로 조건을 갖추지 못하므로 배합을 이뤄야 존재를 유지하거나 다른 배합으로 흡수되어야 한다. 이와 같은 내용으로 볼 때, 흡수되는 地支는 홀로 환경을 구성하지 못하므로 흡수하는 地支의 배합을 얻지 못하면 효율적이지 못한 환경에서 살아가게 된다. 또한 地支의 배합을 얻지 못한 月令은 팀을 이뤄 직업행위를 하기보다는 홀로 작업을 해야 하는 특징을 가지고 있다. 이러한 기운의 섞임은 스스로 선택한 것이 아니라 환경이 변하여 나에게 이른 것이다. 그러므로 관찰력을 가지지 않으면 미래를 대응하지 못하므로 항상 환경변화의 정보를 수집하여야 한다.

4) 합충의 환경변화

月支의 배합 중에서 合沖에 의하여 변화한다는 것은 환경과 임무의 변화가 발생하는 것과 같다. 첫째, 相沖은 현재 환경의 불필요에 의하여 다른 환경을 선택하게 되는 경우고, 相合은 더 나은 환경을 동경하여 선택할 필요에 의한 변화다. 둘째, 相沖에 의하여 지장간이 相合하는 것은 인간관계의 선호문제에 의한 것이고, 相剋하는 것은 불편함 때문이다. 셋째, 相合에 의하여 지장간이 相合하는 것은 동거(同居)와 동락(同樂)의 문제에 의한 것이고, 相剋하는 것은 동거는 하나 동락은 힘들다. 넷째, 旺地(子午卯酉)에 의한 合沖은 용도변경을 위한 것이고, 生地(寅申巳亥)에 의한 合沖은 활용성을 높이기 위한 것이고, 墓地(辰戌丑未)의 合沖은 마무리를 위한 것이다. 이와 같은 내용들은 地支의 合沖은 환경변화의 문제이고, 지장간의 相合과 相剋은 환경변화 속의 임무의 변화가 문제임을 뜻하는 것이다. 그리고 相合은 三合(亥卯未, 寅午戌, 巳酉丑, 申子辰)을 기준하여 판단하는 것이다.

2. 인식과 행위

인원용사에 따른 喜忌神중에서 喜神은 자신이 태어난 때에 맞는 적응력을 발휘하여 자연 그대로 살아가는 방식을 선택하는 것이라면, 忌神은 실용성을 높이기 위하여 기질을 발휘하여 환경을 응용하여 살아가는 것을 말한다. 하지만 지나침은 모자람만 못한 것이니 명리학의 喜忌를 논하고자 한다면 왕쇠강약의 불균형과 四時에 따른 기후의 조화를 숙지하여야 한다. 이러한 내용이 숙지되지 않은 상태에서 喜忌神만을 논한다면 어리석음을 지속하는 결과를 초래할 수 있다.

喜忌神에는 사람의 의지에서 비롯된 선택이 들어있다. 이러한 선택은 삶의 방법을 제시하게 된다. 이것은 옳고 그름과 길하고 흉함이 아닌 살아가는 방법의 선택이다. 세계관이 다름이지 어긋남이 아닌 것이다. 나와 다른 방법으로 살아가는 것이지 그른 것이 아닌 것이다. 명리학을 연구하는 학인은 객관적 시각에서 사람의 삶을 바라보아야한다. 주관적 시각에 사로잡혀서 자신의 주장을 펼치는 것을 경계해야 한다. 이에 때에 따른 喜神의 역할을 먼저 알아보고, 喜神의 역할이 원활하지 못할 경우에 忌神의 응용력을 파악하여 보기로 하자. 하지만 왕쇠강약이 불균형하고 기후가 조화롭지 못하면 길흉을 논하고 선악을 말하며 옳고 그름을 가리게 된다.

춘하절은 丙火가 喜神으로 문과의 특징을 살려 성장목표를 삼는데, 만약 忌神이 되는 丁火가 배합되면 예체능이나 기술을 겸비한 이과의 기질이 나타나게 된다. 또한 춘하절은 癸水가 喜神으로 지식을 습득하는 특징을 살려 사회에 기여함으로 역량을 삼는데, 만약 忌神이 되는 壬水가 배합되면 사회성과 시장성을 겸비한 사업적 기질이 나타나게 된다.

추동절은 壬水가 喜神으로 이과의 특징을 살려 성장목표를 삼는데, 만약 忌神이 되는 癸水가 배합되면 지식이나 이론을 겸비한 문과의 기질이 나타나게 된다. 또한 추동절은 丁火가 喜神으로 기술력을 앞세워 사회에 기여함으로 역량을 삼는데, 만약 忌神이 되는 丙火가 배합되면 인도하고 관리하는 지도자의 능력을 겸비한 조직운영의 기질이 나타난다.

이와 같은 水火의 喜忌神의 변화는 적성이 반대되어 나타나는 직접적인 작용을 한다. 만약 喜忌神이 둘 다 있으면 겸비하는 통섭(通攝)효과를 이룬다. 하지만 왕쇠강약이 불균형하면 그 피해가 타인에게까지 미치니 간명에 주의하여야 한다. 또한 한난조습의 조화가 이지러지면 성정을 고르게 하지 못하여 자신의 품위를 손상시키고 일을 그르치는 인물이 된다.

이에 戊土가 喜神이 되어 丙火와 壬水를 머금으면 세상을 보는 안목이 생겨 때에 맞는 역할을 하도록 돕는 특징이 있다. 하지만 忌神이 되는 己土가 머금으면 세상을 이롭게 하기보다는 자신의 처지를 이롭게 하기 위하여 세상을 이용하는 기질로 변화한다.

또한 己土가 喜神이 되어 癸水와 丁火를 머금으면 자신을 이롭게 하기 위하여 자질을 계발하고 능력을 더욱 다지는 특징이 있다. 하지만 忌神이 되는 戊土가 머금으면 자신을 이롭게 하기보다는 자기희생을 통하여 남을 이롭게 하는 변화된 삶을 살아간다.

이와 같은 戊己土의 喜忌神의 변화는 적성이 직접적으로 바뀌는 것이 아니라 세상을 보는 인식이 달라짐에 따라 사고력이 변화되어 나타난 간접작용이다. 만약 둘 다 있으면 남과 나를 인식하는 특별함이 있지만 왕쇠강약이 불균형하면 오판의 우려가 있는 인물이 된다. 또한 한난조습의 조화가 이지러지면 안목이 긍정적이지 못하고 부정적으로 인식하게 되어 타인의 빈축을 사는 인물이 된다. 또한 자신의 역량을 지속적으로 높여나가는 金木의 喜忌神작용은 현재의 능력을 변경하여 새로운 능력을 만들어 가게 된다.

乙木이나 辛金이 喜神이면 절대적 능력을 높여가는 과정을 거쳐서 상대보다 우월하려는 특징을 보인다. 하지만 忌神이 되는 甲木이나 庚金으로 배합되면 앎에 만족하기보다는 사회적 활용도가 높고 남들에게 인정받기 유리한 인기직종으로 적성이 전환되는 특징을 보인다.

또한 甲木이나 庚金이 喜神이면 유행에 민감하고 사회적 역량이 과시되는 방향으로 능력을 높여나가는 노력을 하게 된다. 하지만 忌神이 되는 乙木이나 辛金이 배합되면 사회적 성장이나 적응에만 맞추지 않고 자기만족에 부합되는 방향으로 적성을 전환하는 특징을 보인다.

이와 같은 金木의 喜忌神의 작용은 사회적 필요성과 자기 선호도에 따라 전환되어 나타나는 현상을 보인다. 가령 같은 미술을 전공하였다 하더라도 어떤 사람은 순수미술을 선택하고, 다른 이는 산업미술을 선택하는 것과 같다. 이러한 순수성과 산업성은 진로의 수정에도 많은 영향을 미치는 작용으로 나타난다. 둘 다 있으면 매우 유용하게 자신의 능력을 만들어 나간다. 하지만, 왕쇠강약이 불균형할 경우의 방향전환은 현재상태가 잘못되어 이도(異道)하게 되는 것이 된다. 또한 한난조습이 조화롭지 못한 경우는 전환에 따르는 두려움 때문에 과감하게 도전하지 못하고 실패하는 것과 같다. 이러한 현상은 결과 스트레스와 미래 불안증에서 비롯된 것이다. 그러면 아래 내용을 통하여 좀 더 체계적인 연구방법을 만들어 보기로 하겠다.

첫째, 丙火와 壬水를 戊土가 중화하는 것은 환경에 맞게 자질을 계발하는 것을 말하고, 癸水와 丁火를 己土가 중화하는 것은 자신에 맞게 자질을 계발하는 것을 말한다.

둘째, 金生水의 수원은 선천적으로 자기에게 맞게 능력을 향상시키는 자질을 타고난 것이다. 木生火의 인화는 후천적으로 환경에 맞게 능력을 향상시키는 자질을 타고난 것이다.

셋째, 火剋金의 훈련은 단련과 제련을 통하여 자신의 능력을 다른 사람과 차별화시켜 전문성을 기르는 것을 말한다.

넷째, 金剋木의 상보(相補)는 절지와 벽갑으로 실용성과 유효성을 통하여 환경에 맞는 자신의 능력을 적절하게 활용하는 것을 말한다. 이러한 사람의 행위들은 타고난 자질과 후천적 노력으로 일궈낸 직업능력으로 구분되어있다. 그러므로 명리학은 선택되어짐과 선택함으로 구분할 수 있는 것이다.

표 9) 적성 일람표

월령	동지	입춘	춘분	입하	하지	입추	추분	입동
기제	丙(문과)				壬(이과)			
중화	己癸(어문)		戊丙(사회)		己丁(이학)		戊壬(이공)	
합일 동근	己癸 문학계	戊癸 어학계	戊丙 행정계	己丙 정경계	己丁 자연계	戊丁 공학계	戊壬 기술계	己壬 통상계
수원 인화	辛癸	辛癸 庚癸	庚癸 辛癸	庚癸	乙丁	乙丁 甲丁	甲丁 乙丁	甲丁
훈련	丙辛	丙辛	丙庚	丙庚	丁庚	丁庚	丁辛	丁辛
상보	庚甲	庚甲	辛乙	辛乙	辛乙	辛乙	庚甲	庚甲

1) 水火의 배합

동양철학은 하늘이 지어낸 두 기운을 음양이라고 부른다. 명리학은 이를 만물 생성의 기운으로 여겨 한난이라고 부른다. 이러한 한난의 기운은 丙火와 壬水로 이뤄졌다 하여 水火의 배합이라고 한다. 丙火는 만물을 낳고 기르는 기운이고 壬水는 익히고 소멸하는 기운이다. 결국 두 기운은 만물의 생멸(生滅)을 주장하게 된다. 이러한 두 기운은 戊土의 중화지기(中和之氣)를 만나 사람의 생활을 밝히는 역할을 하게 된다. 만약 戊土를 만나지 못하면 자신의 그릇됨이 클 뿐 사회에 기여하지는 못한다.

丙火의 기운은 낳고 기르는 것을 주장하니 건립과 같다. 이러한 건립은 훗날 자신이 살아가기 위한 토대를 세우는 준비와 경험을 통한 과정과 같은 것이다. 그러므로 성장목표를 설정한 다음에 자신의 자질을 계발하는 힘과 나아가 활용하는 지혜를 주장하는 것이 丙火다. 온난한 기운이 적당하면 적극적이고 생동감 넘치는 정신과 미래를 희망적으로 생각하는 긍정적 사고방식을 지니게 해준다. 하지만 온난한 기운이 지나치면 자신의 능력 이외의 것을 이루려는 무모한 성질을 가지게 된다. 또한 온난한 기운이 수그러들면 불안한 미래를 예상하여 자신을 소극적으로 인도하게 된다. 결국 온난한 성질의 丙火는 합리적 방식을 통한 미래지향적 인물이 되는 방법을 제시하는 하늘의 기운으로 사람에게 목적을 향한 희망을 만들어 준다.

壬水의 기운은 다 자란 만물을 익혀서 성숙시키는 것과 같다. 이러한 성숙은 자신의 삶을 완성시켜서 이루는 과정과 같다. 그러므로 壬水는 자신이 이루고자 하는 목표와 후세에 전하고자 하는 의지를 설정한 다음에 능력을 숙달되게 만들어가는 과정을 겪게 해주는 것이다. 추운 기운이 적당하면 실용적이고 합리적인 방법을 택하여 더 나은 삶을 만들어간다. 하지만 추운 기운이 지나치면 가난하고 외로운 마음을 내어 고통을 이겨내기 보다는 불안감에 제 할 몫을 다 하지 못하니 후세에 힘겨움을 남긴다. 또한 추운 기운이 약하면 제 능력에 비하여 큰 목표를 설정하였으니 이루지 못할 일에만 전념하는 것과 같다. 결국 차가운 壬水는 자신의 장점과 단점을 가려서 단점은 버리고 장점은 더욱 보강시키는 실용적인 방식을 선택하여 최종목적을 이루고 후세에 전하는 것과 같다.

壬水와 丙火를 비교연구하면, 丙火는 생장의 기운으로 만물을 낳고 기르는 건립과 같다. 이에 반하여 壬水는 성멸(成滅)의 기운으로 만물을 튼튼하게 하여 후세에 전하는 것과 같다. 마치 丙火의 모성(母性)과 壬水의 부성(父性)이 어우러져 있는 것과 같다. 또한 丙火의 문화와 壬水의 문명이 만난 것과 같다. 丙火는 사람의 정신을 깨워서 사회의 운영체제를 건립하고 壬水는 육체를 움직여 사람의 생활에 필요한 도구를 제작하는 것과 같다. 丙火의 풍족한 마음은 삶의 행복을 만들고 壬水의 가난한 마음은 풍요로운 삶을 만들어 가는 것과 다르지 않다.

이러한 두 기운을 사람의 직업특성에 비유하면, 丙火는 문과의 특성이고 壬水는 이과의 자질이 된다. 또한 둘이 배합되면 문무를 총괄하는 능력을 갖춘 것과 같다. 배합됨이 없으면 둘 중 하나의 자질을 보인다. 丙火의 능력을 만드는 특징과 壬水의 능력을 활용하는 특징의 결합은 조직사회를 이끄는 지도자의 모습이 된다.

2) 土의 인식

하늘이 음양의 기운을 내고 천지가 조판되니 땅에 만물이 태어나기 시작한다. 이러한 현상을 명리학에서 말하기를 하늘의 氣가 氣化한 한난을 土가 머금어 조습을 내니 만물이 이에 따라 생멸(生滅)한다고 한다. 고로 土가 중재작용을 부려 하늘의 기운을 머금고 내뱉어 만물을 생산하는 五行의 기운을 만들어 내는 것을 중화라고 한다. "중화의 기운을 지닌 戊土는 사시를 순환하면서 입동부터 壬水의 추운 기운을 머금어 동지에 기화하여 癸水를 배양(培養)시켜 습기를 뱉어내니 입춘에 초목이 탄생하기 시작한다."[94] 또한 입하에 丙火의 온난한 기운을 머금어 하지에 기화하여 丁火를 홍로(紅爐)로 달구어 건조한 기운을 뱉어내니 입추에 결실이 익어간다. 이와 같이 "중화는 戊壬의 한기가 동지에 己癸인 습기로 化하는 것이고, 戊丙인 난기가 하지에 己丁인 건조한 기운으로 化하는 것이다. 한기가 습기로 化하면, 결실이 종자로 化하는 것이 되고 난기가 건조한 기운으로 化한다."[95] 라는 것은 종자가 결실로 변화 한다는 뜻이다.

이러한 만물의 형질변화에 중요한 역할을 하는 중화를 사람의 삶에 비유하면, 戊土는 때에 맞는 기운을 알아차리는 정신이 되고, 己土를 통하여 내뱉게 한다는 것은 만물을 낳게 한다는 뜻이다. 첫째, 세상을 읽을 줄 아는 戊土가 壬水를 머금는다면 연연히 내려오는 과거의 문화와 문명을 알아차려 현재에 전할 것이다. 丙火를 머금는다면 현재를 이어 미래에 성장할 동력이 되는 문화와 문명을 알아차려 전할 것이다. 이러한 중화작용에 이어서 己土가 癸水를 내뱉는다는 것은 戊壬을 이어 행위 하는 것으로 현재에 맞게 문화와 문명을 건립하는 것과 같다. 己土가 丁火를 내뱉는다는 것은 戊丙을 이어 행위 하는 것으로 미래에 맞게 문화와 문명을 완성시키는 것과 같은 것이다. 이와 같은 두 가지의 작용은 음양의 기를 化하여 오행의 기로 중화하는 것이다. 둘째, 己癸의 습기를 내뱉는 작용에 이어 戊丙이 머금는 것은 만물이 생장하듯 사람도 자신을 성

---

94) 『白虎通』「五行」. "中央者土, 土主吐含萬物, 土之爲言吐也."
95) 『五行大義』「論相生」. "天生一, 始於北方水. 地生二, 始於南方火. 人生三, 始於東方木. 時生四, 始於西方金. 五行生五, 始於中央土...... 有先後. 夫五行, 皆資陰陽氣而生...."

장시키는 모습을 이어받아 사회체제를 운영하는 의지가 생겨나는 것과 같다. 또한 己丁의 건조한 기운을 내뱉는 작용에 이어 戊壬이 머금는 것은 만물이 숙성하듯 사람도 자신을 장성한 어른으로 이끄는 모습에 이어 시장경제를 경영하는 의지가 생겨나는 것과 같다. 이와 같은 두 가지의 작용은 만물과 사람의 활동을 알아차려서 세상을 운영하고자 하는 의지가 담겨있다.

위와 같이 사시의 중화에 의하여 앉고 일어서기를 여덟 번 하니 이를 팔품이라고 한다. 팔품(八卦, 八風, 八節)은 만물이 드나드는 출입구와 같으니 이것이 생멸인 것이다. 팔품(동지, 입춘, 춘분, 입하, 하지, 입추, 추분, 입동)은 시간의 경계를 어기지 않고 만물을 낳고, 기르고, 거두고, 전하기를 거행한다. 동지에 己癸로 근(根)을 배양하고, 입춘에 戊癸로 묘(苗)를 낳고, 춘분에 戊丙으로 지(枝)를 펼치고, 입하에 己丙으로 화(花)를 피우고, 하지에 己丁으로 실(實)을 맺고, 입추에 戊丁으로 숙(熟)시키고, 추분에 戊壬으로 성(成)하고, 입동에 己壬으로 종(種)을 이뤄 다시 동지에 己癸의 근(根)으로 전(傳)하는 것이다. 팔품의 만물생성을 위한 土의 인식작용을 좀 더 자세하게 연구하여 보자.

己癸의 중화는 생명을 배양하는 기운으로 만물의 근본을 낳는 역할을 한다. 사람에 비유하면 전하여 내려온 지식을 담은 것이 되고 정신을 함양하는 것과 같다. 辛金의 수원이 있으면 전하여 내려온 것이고, 甲木의 소토가 있으면 미래에 필요한 자질을 계발할 것이 된다. 문학, 종교, 철학, 사상 등의 정신적 사고력을 위주로 하는 분야에 적성이 두드러진다.

戊癸의 중화는 잠자던 생명이 땅 위로 오르는 것으로 탄생과 같다. 사람에 비유하면 지식을 습득하는 자기계발과 다르지 않다. 글과 말을 배우는 과정과도 같으니 삶에 필요한 지식과 기타의 능력을 습득하는 과정이라고 봐야 한다. 辛金의 수원이 있으면 창의적인 것이 되고 甲木의 소토가 있으면 배우고 가르치는 것이 된다. 언어, 유치나 유아교육, 사범계열, 출판 등의 교육적 분야에 적성을 보인다.

戊丙의 중화는 식물은 지엽이 돋고 동물은 네 발로 걷고 곤충은 날개가 생겨나는 것과 같다. 사람에 비유하면 자신이 배운 지식이나 능력을 활용하기 위하여 사회에 첫 발을 내딛는 것과 같다. 사회를 구성하기 위한 건립과도 같다고 볼 수 있다. 경제, 교육이나 행정, 입법 등의 사회운영에 필요한 정책을 수립하고 재정비하는 분야에 적성을 보인다. 庚金이 수원하면 정책을 수립하는 인물이 되고, 乙木이 발생(發生)[96]하면 운영자가 된다.

己丙의 중화로 식물은 번식을 위하여 개화하고, 동물은 먼 길을 오가고, 곤충은 강한 것과 약한 것이 구별된다. 사람에 비유하면 거래가 오가고 지배와 피지배가 구분되어지기 시작하고 능력에도 차별이 발생하기 시작한다. 庚金이 수원하면 미래에 가치를 인정받을 수 있는 능력을 만들어가며, 乙木이 발생되면 경쟁력을 갖춘다. 경영, 상경, 언론, 국제관계, 금융, 관광 등에 적성을 보인다.

己丁의 중화로 식물은 열매를 맺고 동물은 강해지기 시작하고 곤충은 독해진다. 사람에 비유하면 더 큰 실력을 만들고 더 강한 체력을 만들려고 하는 것과 같다. 강한 것은 살아남고 약한 것은 소멸하는 시기가 다가오니 훗날을 대비하는 자세가 필요한 것과 같다. 乙木의 인화가 있으면 지난 시절의 경험을 살려 더 나은 능력을 만들고, 庚金을 제련하면 미래에 필요한 가치를 개발하는 것이 된다. 보건의료, 생명공학, 에너지개발, 자원개발, 생물, 화학 등의 자연과학이나 각종 자원과 자본을 이용한 산업분야에 적성을 보인다.

戊丁의 중화로 식물은 몸체는 시들어가고 열매는 익어간다. 동물은 더욱 강해져가고 곤충은 숨기 시작한다. 사람에 비유하면 체력을 단련하고 능력은 숙달시켜나가는 것과 같다. 乙木이 인화하면 자신의 가치를 더욱 높이는 것이 되고, 庚金을 제련하면 전문성을 지닌다. 산업역학, 산업공학 등의 각종 산업분야에 학문적 자질로 적성을 보인다.

戊壬의 중화로 동물은 사냥을 시작하고, 곤충은 사라지고, 식물은 열매를 남긴다. 사람에 비유하면 자연이 생산하여준 물건을 이용하여 도구나 산업시설물

---

[96] 『五行大義』「論配五色」. "『春秋左氏傳』子産曰. 發爲五色. 蔡伯喈云. 通眼者爲五色. 『黃帝素問』曰. 草性有五. 章爲五色者. 東方-木. 爲蒼色. 萬物發生. 夷柔之色也. 南方-火. 爲赤色. 以象盛陽炎歘之狀也. 中央-土. 黃色. 黃者地之色也. 故曰. 天玄而地黃. 西方-金. 色白. 秋爲殺氣. 白露爲霜. 白者. 喪之象也. 北方-水. 色黑. 遠望黯然. 陰闇之象也. 溟海淼邈. 玄闇無窮. 水爲太陰之物. 故陰闇也."

로 사용하며 낡은 물건은 수리하는 것과 같다. 또한 교역이 시작되기도 한다고 볼 수 있다. 甲木이 인화하면 물건을 만드는 능력이 뛰어나며, 辛金을 제련하면 경영능력이 있다. 제작이나 시공 등의 기술능력, 재활이나 재생 등의 복구능력, 감리나 감독 등의 물건을 다루는 능력에 적성이 보인다.

己壬의 중화는 만물이 자취를 감추고 그가 남긴 것들이 산적(山積)되어 있는 것과 같다. 동물은 따스한 땅으로 사냥을 떠나고 곤충은 고치에서 잠들고, 식물은 근본으로 돌아간 것이다. 사람에 비유하면 그간의 산물을 교역하러 떠나고 생산과정을 전하러 떠나는 것과 같다. 甲木이 인화하면 다음 작업이나 전수할 가치를 수립하며 辛金을 인화하면 경쟁력을 갖춘다. 항공산업, 해운산업, 유통분야, 물류, 통상, 휴식산업 분야에 적성을 보인다.

3) 수원과 인화의 행위

水火배합으로 밝고 맑은 영명(靈明)한 세계관을 지니고, 土의 중화로 자연의 변화를 바르게 인식하여 자연 속에서 살아가는 사람의 역할을 올곧게 수행하게 된다. 그러므로 水火의 배합과 土의 중화는 사람이 만물의 생멸에 관여하여 자연과 닮은 생각으로 생명을 기르고 가꾸는 임무라고 할 수 있다. 이러한 임무 중 火의 변화를 알아차려 만물을 번식과 성장시키는 중화작용과 水의 변화를 알아차려 만물의 생사에 관여하는 작용을 구분한다. 결국 중화에 만물은 변화하여 성장해 나가는 것이 된다. 이러한 성장 속에는 전하고 전하여지는 내력이 담겨있는데, 이를 수원과 인화라고 한다. 수원은 金生水로 선대의 내력과 자신의 자질을 어울려서 현재에 더욱 큰 가치를 만들어가는 계승과 같다. 인화는 木生火로 자신이 배우고 경험한 것을 미래에 전하고자 노력하는 전수와 같다. 계승이 되는 金生水 중에서 辛癸는 이어져 내려온 것을 습득하는 것이고, 庚癸는 습득한 능력을 활용하는 것과 같다. 전수가 되는 木生火 중에서 乙丁은 가치를 높이는 것이고, 甲丁은 평생공력을 고객과 미래에 전하는 것이다.

이와 같은 수원과 인화에는 이어지고 이어가는 지속성과 자신의 능력을 더 크게 만드는 부가가치성이 담겨있다. 현대사회에서는 특기, 자격증, 지적재산권, 특허, 학위 등의 전문성을 갖추는 경향으로 나타나고 있다. 이런 현상은 자신의 직업을 오랫동안 유지하려는 특징과 자식에게 물려주고자하는 의미가 담겨 있기 때문이다. 가업을 승계하여 부가가치를 만들고, 전통을 승계하여 사회적 역할을 다함으로서 자부심을 느끼는 것이 수원과 인화라고 여긴다. 위와 같은 내용을 바탕으로 좀 더 자세한 설명을 붙여보자.

己癸의 합일에 의하여 근(根)인 정신이 배양될 때, 辛癸로 수원하면 선대의 내력을 전수받은 것이니 유업을 계승하는 것과 같다. 辛金의 성장내력을 이어받은 甲木의 탄생은 문명의 발전이 문화로 이어지는 묘한 만남이 이뤄지는 것이다. 이러한 원원유장(遠源流長)이 이뤄지면 전통문화, 민족문화, 민속학, 고전, 고고학, 박물관학 등의 옛 것을 계승하여 많은 사람들의 자긍심을 높이는 데 역할을 한다. 개인적으로도 법통계승, 가업계승 등의 역할을 하게 된다. 이러한 모습은 가정에서 자녀를 키우는 인성교육과 같은 맥락으로 볼 수 있다.
戊癸의 합일에 의하여 묘(苗)인 지식이 계발될 때, 辛癸로 수원하면 인성교육과정을 거쳐 삶에 필요한 정신을 마련하고 학교교육을 통한 지식을 학습하는 것과 같다. 선생으로부터 필요한 지식을 이어받는 것이다. 이러한 수원과정을 거치게 되는 묘(苗)는 훗날 甲木이라는 동량으로 자라나 자신이 배운 것을 가르치는 교육자가 될 것이다. 혹, 庚癸로 수원하면 말과 글을 사용한 학교교육보다는 사회참여에 수월한 능력을 계발하게 된다. 통역, 번역, 출판, 편집, 기고 등의 글과 말, 음악과 미술을 통한 사회생활에서 활용하는 방면에 적성을 보이고 있다.
戊丙의 동근에 의하여 지(枝)인 사회체계를 확립할 때, 庚癸로 수원하면 지식습득과정을 거쳐 사회를 구성한다. 마치 정부에서 백성을 산하부처로 만드는 것처럼 체제를 확립하는 것을 말한다. 정책을 수립하고 법체계를 세우고 교육이나 경제의 틀을 마련하고 군사와 보안을 정립하는 것을 말한다. 이러한 수원과정을 거치게 되는 지엽은 훗날 乙木이라는 활엽수로 자라나 자신이 습득한 것을 펼치는 사회체제를 정립하는 사람이 될 것이다. 혹, 辛癸로 수원하면 사회체제를 구축하기 보다는 잘못된 것을 바로잡는 역할을 하는 분야로 능력이 나타난다. 감시나 감찰, 재교육, 비평과 논평 등의 역할이 적성이다. 이것은 확립된 사회체제에 적응하도록 돕는 검열을 통한 재교육과 같은 것이다.

己丙의 동근에 의하여 화(花)인 사회를 운영할 때, 庚癸로 수원하면 사회를 구성하는 단계를 거쳐 널리 사람을 이롭게 하기 위한 정책을 펼치는 것을 말한다. 신문방송, 정보교류, 국제관계, 금융서비스 등의 교류가 이뤄지는 것이다. 이러한 수원과정을 거치게 되는 乙木의 개화(開花)는 훗날 번식을 이뤄 庚金이라는 열매를 맺게 되니 조직을 운영하는 지도자가 된다. 사람과 사람, 조직과 조직의 관계를 원활하게 하는 소통이 필요한 분야에 적성을 보인다.

己丁의 동근에 의하여 실(實)인 사회활동에 대한 결실이 나타날 때, 乙丁으로 인화하면 지난 시절 계발과 활용을 통한 소중한 경험을 살려 더욱 가치 있는 능력으로 발전시키는 모습이다. 乙木은 지난 시절의 자신의 문화적 경험을 인화를 통하여 문명으로 거듭나게 하는 통섭(通攝)을 이루게 한다. 이러한 引火는 사람의 삶을 풍요롭게 하기 위하여 과학문명의 질을 높이는 특징이 담겨있다. 자원이나 에너지개발, 기상과 지질연구, 생명연구, 시장경제 동향분석이나 금융투자 등이 적성이다.

戊丁의 동근에 의하여 숙(熟)인 사람이 능률적으로 사용할 도구를 개발할 때, 乙木으로 인화하면 전보다 가치가 나가고 편리한 의식주 생활용품을 제작하는 것과 같다. 이것은 생명을 위한 것이고, 사람을 위한 인공지능과도 같은 것이다. 乙丁의 인화는 거주생활을 위한 도시공학, 건축, 설계, 인테리어 등과 식생활을 위한 의약, 건강보조, 식음료 등과 의복 분야의 원단 등의 패션업종에 적성을 보인다. 만약 甲丁으로 인화하면 의식주생활보다는 산업에 적합한 업종 중에서 각종 부자재, 부품 등의 생산에 필요한 설비나 중요 원천기술에 두각을 나타낸다. 또한 기교가 필요한 문화예술 등과 체력을 동반한 체육계에서도 소질을 보인다.

戊壬의 합일에 의하여 성(成)인 완성품을 이루는 때에 甲丁으로 인화하면 만물의 결실을 수확하듯 사람도 이에 따르게 된다. 공산품 제작, 건축시공, 기계 제작 등의 생산 분야에 어울린다. 이에 따르는 기술능력 보유가 사람의 특기다. 甲丁의 인화는 산업분야에 종사하는 기술업종에 특기를 보이고, 乙丁으로 인화하면 감사, 감리 등의 검열과 각종 A/S 분야와 재활, 재생과 재개발 분야에 특기가 있다.

己壬의 합일에 의하여 종자(種子)인 물물교환이 가능한 때에 甲丁으로 인화하면 과거를 정리하고 장(藏)작용으로 저장을 통하여 가치를 높이고 전(傳)작용으로 후세를 위하여 문명의 우수성을 남기게 된다. 이에 따른 작용은 생(生)으로 거듭나고 장(藏)작용은 수요의 필요성을 높여 가치가 발생되고 전(傳)작용은 후세가 이를 이어받아 문화로 거듭나게 되는 것이다. 丙火가 있으면 전(傳)이 되고, 戊土가 있으면 장(藏)이 되고, 丁火가 있으면 멸(滅)이 된다. 셋이 모두 있으면 모두에 해당된다. 둘이 있으면 둘만이 해당된다. 항공, 해운, 교역 등의 통상분야에 적합하다.

3. 훈련과 상보

밝고 온화한 기운을 지닌 지도자의 면모를 갖춘 丙火와 壬水의 배합은 세계의 변화를 알아차리는 戊土를 만나 세상을 운영한다. 다음으로 戊土의 배합에 이어 己土를 통하여 癸水와 丁火를 내뱉어 만물을 생멸하는 기운을 부리니 四時의 때에 맞는 역할로 지도자의 면모를 갖춘다. 이를 이어 팔품마다 만물이 생성되어 제 모습을 갖추게 된다. 팔품의 만물이 끝없이 발전을 거듭하고, 개인 또한 제 할 일을 포기하지 않고 지속적으로 행하여 발전을 거듭하는 출산작용을 수원과 인화라고 한다. 이러한 행위는 때에 맞게 잇고 이어감으로 이루는 삶을 살아간다. 하지만 때에 맞지 않는 행위는 잇고 이어가지 못하므로 이룸이 없게 된다.

이를 보완하기 위해서 火훼金이라는 훈련과정인 단련과 제련을 거쳐서 자기의 능력을 향상시키게 된다. 또한 金剋木이라는 상보(相補)과정인 절지와 벽갑을 거쳐서 환경적응력을 높여 나간다. 자기능력을 향상시키기 위한 단련과 제련, 환경적응력을 높여주기 위한 절지와 벽갑은 고단한 삶을 이겨내는 의지가 동반되어야 하며 세상과 타협하는 지혜가 필요하다. 현재의 자기자신을 고친다는 것은 모두 버림에서 시작되는 것이다. 버림의 아픔을 받아들이고 훈련과 상보를 통하여 거듭나는 기회를 잡아야 한다.

1) 단련과 제련의 훈련

단련과 제련은 자신의 능력을 향상시켜 나가면서 현실에 맞게 조정하는 것을 의미한다. 丙火의 단련은 효율성을 조정하는 것이 되고, 丁火의 제련은 실용성을 조정하는 것과 같다. 이러한 효율성과 실용성은 자신의 능력을 향상시키는 커다란 역할을 한다. 효율성은 같은 노력에도 큰 효과를 거두게 하고, 실용성은 부적합한 것을 배제하고 적합한 행위를 하니 낭비 없는 실질적 효과를 거두게 한다. 이와 같은 훈련은 살아가면서 필요에 따라 선택하는 자유의지에 해당한다. 주어진 운명에 순응하며 사는 것도 중요하지만, 삶을 낭비하지 않고 효율적인 삶을 영위하고자 하는 선택과 같다.

동지의 단련인 丙辛은 자신의 목표와 지원자의 뜻이 부합되어 큰 효과를 이룬다. 丙火는 자신과 지원자의 합의된 목표가 되고, 辛金은 꿈나무를 키우는 지원이 된다. 이러한 辛金의 음덕과 丙火의 공동목표는 짝을 이뤄 전수자, 계승자, 상속권자 등의 특별한 인물을 낳는 역할로 이어지게 된다. 결국 丙辛의 단련은 음덕으로 불필요한 시간낭비를 하지 않고, 효율적으로 자기성장을 이끌게 된다. 바닥부터 시작이 아닌 토대가 마련된 시작과 같다.

입춘의 단련인 丙辛은 丙火의 자기성장 목표에 辛金의 학습지원 상태를 만난 것과 같다. 辛金의 지원은 충분한 자료, 특출한 지도자, 알맞은 학습환경, 선진화 교육여건 등의 학습조건이 우월하게 갖춰져 있는 것을 말한다. 丙火의 목표는 자신의 절대적 가치를 추구하여 최고학력, 명문학교, 상위그룹 등을 갖추는 것이다. 결국 丙辛의 단련은 우월한 학습환경에서 차별화된 교육을 받아 특별한 인물로 길러지게 한다. 교육적 자질이 뛰어나니 교수, 교육관, 행정관 등에 어울린다.

춘분의 단련인 丙庚은 丙火의 경쟁자를 이겨내는 목표에 경쟁에 맞는 준비를 하는 庚金이 만난 것과 같다. 庚金의 효율적인 대처방법은 전략과 전술에도 능하다고 볼 수 있고 丙火의 경쟁자를 보는 안목은 정보수집과 단점과 장점을 파악하는 능력을 겸비하게 된다. 결국 丙庚의 단련은 동일한 목표를 향한 경쟁자의 정보를 수집하여 그에 걸맞은 준비를 하는 것이다. 이러한 현상은 사회적 기득권을 차지하려는 것과 같다. 입법과 사법 등의 권력형과 안보, 감시감찰, 정책 등의 보안형태의 직종에 적성을 보인다.

입하의 단련인 丙庚은 丙火의 사회지도자를 목표로 하는 원대한 포부에 사회적 성장기반이 되는 庚金이 만난 것과 같다. 庚金의 효율직인 기반확충 작전과 丙火의 지도자로서 안목을 겸비하여 조직을 이끌어가는 성과를 거둔다. 결국 丙庚의 단련은 지난 시절의 경험을 바탕으로 자신의 조직을 만들어 운영해 나아가는 것과 같다. 마치 초목이 번식을 이루기 위하여 꽃을 피우는 것과 같다. 즉 초목이 번식하듯 각 분야에서 능력을 적극적으로 활용하는 것을 말한다. 금융, 호텔관광, 신문방송, 외교, 홍보나 광고 등의 외부 교류분야에 어울린다.

위와 같은 동지부터 하지까지의 단련은 丙火의 기르는 작용에 의하여 생명존중과 인간성 회복이라는 온화한 기운을 부려 사회체제를 구축하려는 의도가 보인다. 전통문화, 지식문화, 예술성, 사회조직 구성 등의 모두에 사람의 권리와 의무가 배어있다고 볼 수 있다. 아래의 하지부터 동지까지의 훈련은 물질을 제련하는 것과 사람을 단련시키는 것으로 구분하고 있다. 본 책에서는 丙火의 단련부분은 제외하고 丁火의 제련에 관해서만 논하기로 하겠다. 이와 같은 제련은 사람을 위한 도구를 제작하는 과정으로 설명되어 있으니 문명발전의 선도자가 된다. 丙火가 문화를 구축한다면, 丁火는 문명을 발전시키는 작용을 한다.

하지의 제련인 丁庚은 丁火의 생명보존을 위한 연구열정과 庚金인 자연현상이 만난 것과 같다. 실용성을 주장하는 丁火는 庚金이라는 자연현상을 만나 생명에 필요한 에너지를 만들거나 보호하기 위한 열정을 다하는 것이다. 결국 丁庚의 제련은 丙辛단련의 생명탄생 원리에 이어 보존과 보호원리에 그 작용을 두고 있다. 이와 같은 사람의 사고는 에너지 개발과 수많은 악재로부터 인명을 보호하고자 하는 노력으로 이어진다. 보건과 복지, 생명공학, 에너지 개발, 기상과 기후, 지구과학, 자원개발, 각종 재난연구 등의 자연과학에 특기를 보이고 있다.

입추의 제련인 丁庚은 사람이 의식주생활을 유지하기 위하여 각종 도구를 사용함에 따른 개발력이 되는 丁火와 원재료가 되는 庚金이 만난 것과 같다. 의식주와 문화생활 등에 필요한 장비와 생활도구 등을 개발하는 丁庚제련은 사회생활 여건을 건립하는 것과 같다. 도시환경, 건축, 각종 재료공학, 디자인 산업, 영화나 드라마 제작, 문화생활 도구개발, 신소재 개발 등의 도구제작에 필요한 개발을 하는 것과 같다. 결국 丁庚교역은 사람에게 필요한 장비를 개발하기 위한 연구와 같은 것이다.

추분의 제련인 丁辛은 丁火의 기술력과 辛金의 산업에 필요한 각종 물품과의 만남과 같다. 丁火는 각종 제품을 만들어내는 기술력이 되고, 辛金은 기술력이 생산한 제품이 되는 것이다. 결국 丁辛의 제련은 생산능력과 제품의 만남과 같은 것이 된다. 이와 같은 것은 더 나아가 실용적인 사고력을 바탕으로 인화에 의하여 상품의 질이 높아지고 壬水의 조사력에 의하여 상품성이 높아지게 된다. 각종 산업분야의 엔지니어가 적성이다.

입동의 제련인 丁辛은 丁火의 상품판매 능력과 辛金의 상품과의 만남과 같다. 판매능력을 갖춘 상품판매는 매우 실용적이지만 능력을 갖추지 않은 단순판매는 설득력이 없는 것과 같다. 그러므로 丁火는 상품선정 능력, 관찰력, 타협능력을 겸비한 경영자적 마인드를 지녔다. 이에 辛金은 고객의 구매욕구를 채워줄 상품이 되는 것이다. 결국 丁辛의 제련은 통상, 판매, 무역, 항공, 해운, 수송 등의 거래관계에서 비롯된 전달분야에 적성을 보인다.

2) 벽갑과 절지의 상보

상보(相補)는 주어진 임무에 대한 역할을 수행하면서 능률성을 조정하는 것과 같다. 훈련이 일을 하기 위한 능력향상과 같다면, 상보는 일처리 방식의 문제를 다룬다. 또한 훈련이 자기능력을 향상시키기 위한 선택과 같다면, 상보는 일처리를 하기 위한 판단과 같은 것이다. 흔히 말하는 상황 판단력, 임기응변, 눈치코치, 감각, 분별력, 세상물정 등을 고려하여 합리적 방법을 선택하는 것이 상보에 해당하는 말들이다. 결국 상보는 자신의 능력범위 내에서 비능률적인 것은 제거하고 능률적인 일처리 방식을 추구하는 것과 같다. 庚金은 효율성을 고려한 판단을 하고, 辛金은 실용성을 고려한 판단을 한다. 이러한 상보의 판단은 이익을 위하여 배신과 배반이라는 불목(不睦)현상을 불러일으키는 것이 특징이다. 인간사가 이익만을 위하여 구성된 것은 아니기 때문에 모든 일처리를 실용적이고 효율적인 방법으로 해 나간다는 것은 친목을 해칠 수도 있는 것이다. 그러므로 상보는 유용하게 쓰이기는 하나 피차(彼此)를 발생시키고 선악(善惡)을 구분하고 무용(無用)과 유용(有用)을 구분하는 대결구도를 만들기도 한다. 훈련이 능력 때문에 상하로 구분되고 상보는 일처리 방식에 의하여 피아(彼我)로 구분된다.

동지의 절지인 庚甲은 辛金수원으로 전래하여 내려온 종자(種子)를 癸水를 통하여 배양을 돕는 시기에 甲木이 지나치면 장래 동량으로서 인격을 갖추지 못하므로 효율적으로 조정하여 주는 것을 말한다. 인격적 결함을 수양(修養)을 통하여 도야(陶冶)하는 것을 의미한다. 선악, 양심, 책임, 존중, 인격도야 등의 생물학적 사람보다는 인간성 회복의 문제에서 도덕적 방법론을 추구하는 분야에 종사하게 된다. 주어진 사회체제나 문화차이에 따라 다를 수 있으나 사람사는 세상은 모두 중인귀생(重人貴生)에 있으니 범절에 어긋남을 가르치는 사람이다.
입춘의 절지인 庚甲은 辛金수원으로 癸水를 통하여 묘근(苗根)의 생동을 돕는 시기에 甲木이 지나쳐서 장래 살아가기 위하여 말과 글을 배우는 것이 적합하지 못하게 되는 것을 조정하는 것을 의미한다. 언어, 단어, 문장, 편집, 정체(整體), 평균, 균형, 음률, 습득방법 등을 가지런하게 조율하는 것과 같다. 말과 글과 몸을 바로잡는 것이니 교육의 일환이고 치유의 뜻도 포함한다. 이러한 조정은 사례(事例)가 되며 만사의 기준과 모범으로 자리잡게 된다.

춘분의 절지인 辛乙은 庚金이 수원으로 癸水를 통하여 지엽의 발생을 돕는 시기에 乙木이 지나쳐서 자신이 습득한 지식을 세상에 펼쳐 나아감에 불필요한 방법을 조정하는 것을 의미한다. 辛金의 실용적인 조정방법은 00게임, 00발표, 시험, 검증, 대회출전, 00전시 등에 필요함은 제공하고 불필요함은 정리하는 것과 같다. 잘못된 것을 고치고 실용적인 방법을 택하는 것은 누구나 행할 것 같지만 정신적 자신감이 없으면 심리적 불안과 달콤한 습성을 고치기란 쉽지 않을 것이다. 이러한 조정은 우수한 경쟁력을 갖추고 실패를 극복하는 성공사례가 된다.

입하의 절지인 辛乙은 庚金이 수원으로 癸水를 통하여 개화의 번식을 돕는 시기에 乙木이 지나쳐서 방만해진 가정과 사회조직을 거느리는 지도자의 면모를 조정하는 것을 의미한다. 외교적 마찰, 거래중재, 조직 구조조정, 기강확립, 인권, 법질서, 감사, 기획 등을 통하여 잘못된 체제를 바로세우는 것이다. 모두를 위한 균형은 어렵지만, 희생이 따르고 규제가 따르고 자제가 필요한 결정을 해야 바로 서는 것이 사회구조다. 이와 같은 辛乙의 절지는 개인의 이득보다는 전체의 이득을 위한 것이다. 이러한 조정은 조직재건의 모범사례를 남기게 된다.

위와 같이 동지부터 하지까지의 절지가 실용적 결과를 만들기 위한 구조조정과 같다면 아래의 하지부터 동지까지의 벽갑은 유효적절한 시작부터의 구조조정과 같은 것이다. 만사가 이로운 결과를 얻기 위해 처음부터 실용적으로 출발하는 것과 중도에 잘못된 것을 고쳐나가는 것이 별반 다르지 않은듯 하나 실패를 줄이는 방법은 출발을 잘하는 것이다. 그러므로 동지부터 하지까지의 절지는 실패사례를 남긴 전화위복과 같고 하지부터 동지까지의 벽갑은 철저한 기획과 같다. 결국 전자는 전래되거나 활용 후 잘잘못을 가려 실용적인 방법을 채택하는 것이 되고, 후자는 철저한 시장조사를 거치고 미래가치를 계산하여 처음부터 바로잡아 나아가는 것을 의미한다.

하지의 벽갑인 辛乙은 乙木이 丁火를 인화하여 자연현상을 활용하여 사람을 이롭게 하는 시기에 乙木의 지나침을 조정하는 것을 의미한다. 또한 乙木은 지난 시절의 경험과도 같은 것이니 과거의 잘잘못을 가려 실용적인 방법을 선택하는 유효적절함을 제시하기도 한다. 후자는 회계, 세무, 소송, 질병치료, 중재, 부실 등의 과거정리를 통하여 실용적 미래로 나아가기 위함이다. 전자는 자원을 활용하여 사람을 이롭게 함에 남용, 불법과 편법, 위험, 도용, 방관, 인재(人災), 규격, 등록, 특허, 지적재산권, 남벌 등의 사회적 제도와 양심적 행위에 어긋남을 대비하여 미리 조정하는 것을 말한다. 아무리 뛰어난 재주를 지녔다고 해도 사회와 소통하지 못하는 행위는 나와 남을 힘들게 한다는 것을 배우는 선례를 남기게 된다.

입추이 벽갑인 辛乙은 乙木의 인화를 통하여 丁火가 庚金을 제련하여 사람의 의식주 생활에 유익한 제품을 개발하는 시기에 乙木의 지나침을 조정하는 것을 의미한다. 즉 나와 남을 불리하게 만드는 제품을 개발하는 의도를 차단하여 가치있게 활용되는 제품을 생산하려는 의도가 있다고 볼 수 있다. 특허, 실용신안, 상표권, 모조품, 불법복사, 지적재산권 등의 사회적 권리를 보장받는 분야에 종사하게 된다. 원천기술이라는 것이 반복되어 내려온 모방과도 같은 것이다. 모방을 통하여 신개발의 신기원을 이룰 수 있는 뛰어난 재주를 지닌 것은 이어짐이니 인정받을 수 있다. 하지만 자신의 아이디어가 첨가되지 않은 지나친 모방은 논쟁을 일으키게 된다.

추분의 벽갑인 庚甲은 甲木의 인화를 통하여 丁火가 辛金의 제작기술에 도움을 주는 시기에 甲木의 지나침을 조정하는 것을 의미한다. 영구성과 반영구성, 소비성과 낭비성, 상품성과 품질우수성, A/S를 통한 관리, 생산공정의 적절함, 편리성과 기능성 등의 유효적절한 방법론을 제시한다. 이것은 소비자나 전수자를 고려한 조정이니 시장성이 고려된 사고에서 출발한다고 볼 수 있다. 시간과 지역과 연령층에 따라 소비패턴의 변화가 다르게 나타나니 상품의 적절함이 요구된다. 매니지먼트가 필요한 분야에 그들이 종사한다.

입동의 벽갑인 庚甲은 甲木의 인화를 통하여 丁火가 숙달된 기술력을 후세에 전하여 업적을 남기는 시기에 甲木의 지나침을 조정하는 것을 의미한다. 또한 辛金인 상품을 유통을 통하여 거래하는 것을 의미하기도 한다. 결국 기술력의 전수와 상품의 유통을 의미하는 것이라고 볼 수 있다. 전자는 다음을 대비하는 것이 되고 후자는 현재를 배급하는 것이 된다. 전자는 후임양성, 인재교육, 각종 세미나, 기술전수, 지적재산권 확립 등을 통하여 과거의 업적을 전하여 공유하는 것을 의미한다. 후자는 판매, 통상, 광고, 홍보, 무역, 수입수출 등을 통하여 물건이 거래됨을 의미한다. 이러한 현상에서 거래의 문제와 전수의 문제가 발생할 경우에 庚金의 벽갑은 재점검을 통하여 유효적절하게 대처하게 한다. 우리는 이를 위험성을 계산할 줄 아는 뛰어난 경영자라고 한다.

제 2 부

六神

제 2부 六神

1장 格局　　　　　　　　　　　　　　　　　　　148
인격이 생겨남

1. 格의 역할　**사회적 임무**
   1) 取格
   2) 格의 成破
      ① 正官格의 成格요건 ② 偏官格의 成格요건 ③ 正印格의 成格요건
      ④ 偏印格의 成格요건 ⑤ 食神格의 成格요건 ⑥ 傷官格의 成格요건
      ⑦ 正財格의 成格요건 ⑧ 偏財格의 成格요건 ⑨ 陽刃格의 成格요건
      ⑩ 建祿格의 成格요건

2. 相神의 역할　**임무 수행의지**
   1) 官殺格의 相神 2) 印星格의 相神 3) 食傷格의 相神
   4) 財星格의 相神 5) 陽刃과 建祿格의 相神

3. 忌神의 역할　**우환의식**
   1) 官殺格의 忌神 2) 印星格의 忌神 3) 食傷格의 忌神
   4) 財星格의 忌神 5) 陽刃과 建祿格의 忌神

4. 救神의 역할　**우환 해결의지**

2장 六神　　　　　　　　　　　　　　　　　　　164
사회적 관계가 생겨남

1. 官殺　**사회적 의무**
   1) 正官의 看命
      ① 正官과 日干 ② 正官과 傷官 ③ 正官과 財星 ④ 正官과 偏印
   2) 正官의 看命

2. 財星　**소유의 영역**
   1) 財星과 日干 2) 財星과 官星

3. 日干　**개인적 권리**
   1) 通根으로 身旺 2) 正印으로 身旺 3) 偏印으로 身旺
   4) 比肩으로 身旺 5) 劫財로 身旺

3장 六神의 抑扶

비교 경쟁이 생겨남

1. 生化와 制化 **상대 평가**
    1) 印星과 日干 2) 日干과 食傷 3) 食傷과 財星
    4) 財星과 官星 5) 官星과 印星
2. 洩氣 **절대 평가**
    1) 日干과 食神 2) 正官과 偏印 3) 印星과 比劫

1 장 格局

인격이 생겨남

명리학에서 격국(格局)을 중요한 판단근거로 삼는 것은 선천적으로 타고난 역할은 무엇이고, 역할에 따른 책임은 무엇인가를 알기 위해서다. 格局은 격(格), 상신(相神), 기신(忌神), 구신(救神)으로 구성되어 있다. 격은 선천적으로 타고난 삶의 역할이다. 상신은 격을 컨트롤하는 의지와 같다. 기신은 격의 역할이나 상신의 의지를 방해하는 걸림돌이다. 구신은 기신의 거슬림을 극복하여 격의 책임감이나 상신의 의지를 되찾아 재기하려는 것과 같다.

표 10) 格局

0 격	<---	0 기신	<---	0 구신	
0 상신	<---	0 기신	<---	0 구신	

1. 格의 역할

사람은 자연과의 관계에서 생존문제를 발견하고, 인간관계를 통하여 생활을 하면서 자신의 역할을 현명하게 수행해 나가는 지혜로운 동물이다. 격은 月令에서 구하는 것으로 사령용신이 곧 격이 된다. 그러므로 자연으로부터 생존문제를 해결하는 것이 사령용신이라고 한다면, 인간관계를 통하여 자신의 역할을 다하는 것은 격이 된다. 또한 사령용신에 빈부(貧富)가 있듯이 격에는 귀천(貴賤)이 따르게 된다.

1) 취격

취격(取格)은 격을 세우는 방법을 말한다. 자평명리학에서 취격은 시대를 거쳐 오면서 여러가지 방법으로 제시되었다. 음양오행의 한난조습의 운기(雲氣)와 형체를 본뜬 모양으로 취격을 하거나, 육신의 억부(抑扶)현상을 격으로 정한 적이 있었다. 현재에 이르러서는 십신(十神)의 명칭을 활용하여 취격함을 위주로 하고 있다. 필자는 십정격(十正格)을 위주로 취격하며 이에 따라 해설한다. 격은 月令에서 구하는 것으로 사령용신이 곧 격이 된다. 그러므로 격에는 자연이라는 환경에서 천지가 부여한 임무가 있고, 인간관계를 통한 책임성 있는 역할이 담겨있다. 이를 설명하기를 임무는 곧 사령용신이니 음양오행을 통하여 간명하고, 역할은 곧 격이니 육신을 통하여 간명하는 것이다.

표 11) 取格

월령	지장간	사령	취격
子	壬 癸	壬	壬水司令은 壬水가 格 癸水가 向하면 癸水가 格 壬水가 向하면 壬水가 格
申	戊 壬 庚	庚	庚金司令은 庚金이 格 壬水가 向하면 壬水가 格 庚金이 向하면 庚金이 格 戊土司令이면 壬水나 向한 六神이 格
辰	乙 癸 戊	乙	乙木司令은 乙木이 格 癸水가 向하면 癸水가 格 甲木이 向하면 甲木이 格 壬水가 向하면 壬水가 格 戊土司令이면 癸水나 向한 六神이 格 水木이 둘 다 向하면 司令한 六神이 格

2) 격의 성파

격에는 성파(成破)가 있다. 성파(成破)에는 이뤄졌다는 성격(成格)과 이뤄지지 못했다는 파격(破格)으로 구분한다. 성격은 격식을 갖춘 삶이 되어 책임을 다하지만, 파격은 갖추지 못했으므로 이루지 못하고 살게 된다. 또한 성격은 파격이 되지 못하지만, 파격은 이도공명(異道功名)을 통하여 성격으로 다시 태어나듯 반생(反生)을 이룰 수 있다. 이러한 성격은 후천적인 노력의 결과로부터 얻어지는 것으로 사주원국에서 이루어진 것과는 공사(公私)가 다르다. 공적인 책임감을 기준하면 사적인 것이 이도(異道)가 된다. 결국 성격은 공적인 삶을 살아가는 정도(正道)와 사적인 영달을 위한 이도(異道)로 구분되어져 있다. 또한 파격도 사주에서의 파격과 운에서 파격이 성격을 이룬 것으로 구분한다. 전자의 사주에서의 파격은 이도(異道)를 하나 공명은 얻지 못하고, 후자는 운에서 파격이 성격을 이룬 것을 이도(異道)로서 공명한다.

① 정관격의 성격요건
정관격(正官格)은 첫째, 財生官으로 상신을 삼아야 성격이 된다. 둘째, 官印으로 구신을 삼아 傷官을 견제하여야 파격이 되지 않는다. 셋째, 官印相生을 이룬 正印으로 身旺을 이뤄야 財星으로부터 正印을 구하여 파격이 되지 않는다. 결국 正官은 격이 되고, 正印은 격을 구하는 구신이 되고, 身旺이 또한 구신이며, 財星은 상신이 되지만 身旺을 이루지 못하면 기신이 되며, 傷官이 또한 기신이다. 정관격의 상신은 지위(地位)를 간명하고, 正印의 구신은 실력을 간명하며, 身旺의 구신으로는 인품(人品)을 간명한다. 또한 傷官의 기신은 격의 역할을 손상시키고, 身弱에 의한 財星의 기신은 구신을 해(害)함으로써 傷官기신을 불러들여 이도(異道)하게 한다.

② 편관격의 성격요건
편관격(偏官格)은 첫째, 食神制殺로 상신을 삼아야 성격이 된다. 둘째, 食神生財로 偏印의 기신행위를 견제하여야 파격이 되지 않는다. 결국 偏官은 격이 되고, 食神은 상신이 되고, 偏財는 구신이 된다. 偏官格의 食神의 상신은 자신의 능력으로 세상에 기여하는 것이고 偏財의 구신은 사사로운 감정을 자제하고 공인의 책임감을 실천하는 것이다.

편관격은 이도(異道)로서 성격을 이루는 것이 있다. 이도(異道)와 정도(正道)의 구분은 日干이 根旺하여 食神을 生化하는가 혹은 日干이 偏印으로 身旺하여 偏官을 수용하는 가로 판단한다. 첫째, 財生殺로 상신을 삼아야 성격이 된다. 둘째, 殺印으로 食神을 견제하여야 파격이 되지 않는다. 셋째, 殺印相生으로 身旺을 이루어 財星으로부터 偏印을 구해야 파격이 되지 않는다. 결국 이도(異道)의 성격은 偏官은 격이 되고, 偏印은 격을 구하는 구신이 되고, 食神은 기신이 되고, 身旺한 日干은 財星의 기신을 견제하는 구신이 된다. 偏官格의 財星의 상신은 활동영역이 되고, 偏印의 구신은 경영능력이 되고, 身旺은 자신감으로 무장된 지도력이 된다.

③ **정인격의 성격요건**
정인격(正印格)은 첫째, 正官으로 상신을 삼아야 성격이 된다. 둘째, 身旺으로 正財의 기신행위를 견제하는 구신으로 삼아야 파격을 면한다. 셋째, 正印은 傷官의 기신행위를 교화(敎化)하여야 파격을 면하는 의지를 바로 세운다. 결국 正印은 격이 되고, 正官은 상신이 되고, 傷官과 正財는 기신이 되고, 正印과 身旺은 구신이 된다. 상신은 이루고자 하는 목적이 되고, 傷官의 기신은 사적인 행위가 되며, 正財의 기신은 명예보다는 재물에 치중하는 것이 된다. 正印의 구신은 남다른 실력을 쌓아 경쟁력을 갖추는 것이 되며, 身旺의 구신은 명예를 소중히 여기는 마음을 내는 것을 말한다.

④ **편인격의 성격요건**
편인격(偏印格)은 첫째, 偏官으로 상신을 삼아야 성격된다. 둘째, 偏印이 상신을 구하는 구신으로 食神을 견제하면 파격을 면한다. 셋째, 身旺이 偏財를 견제하여 격을 구하는 구신이 되어야 破格을 면한다. 결국 偏印格은 偏官이 상신이고, 偏印과 身旺이 구신이고, 食神과 偏財가 기신이 된다. 偏印格의 상신은 세상의 어려움을 구하려는 목적이 되고, 食神의 기신은 개인적 사리사욕에 빠지게 하는 역할을 한다. 身旺의 구신은 명예와 위엄을 중요시여기고, 偏財의 기신은 재물의 중요성을 강조하게 된다.

편인격은 이도(異道)로서 성격을 이루는 것이 있다. 이도(異道)와 정도(正道)의 구분은 日干이 根旺하여 食神을 生化하는가 혹은 日干이 偏印으로 身旺하여 偏官을 수용하는 가로 판단한다. 첫째, 偏財로 상신을 삼아야 성격이 된다. 둘째, 財生殺로 구신을 삼아서 比肩의 기신행위를 견제하여야 파격을 면한다. 결국 이도(異道)의 성격은 偏財가 상신이 되고, 偏官이 구신이고, 比肩이 기신이 된다. 상신은 명예보다는 재물을 택한 것이고, 偏官의 구신은 사람을 평가함에 실용적으로 판단하는 것이 되고, 比肩의 기신은 경영권을 노리는 사람이다.

⑤ 식신격의 성격요건

식신격(食神格)은 첫째, 日干의 根旺으로 상신을 삼아야 성격이 된다. 둘째, 食神生財로 기신인 偏印을 견제하여야 파격을 면한다. 셋째, 日干이 根旺하지 못하면 比肩이 기신이 되므로 財生殺로 견제하여야 파격을 면한다. 결국 상신은 根旺이 되고, 根旺하지 못하면 比肩이 偏印을 불러들이는 기신이 된다. 財星은 구신이 되고, 日干을 구하는 구신은 食神이다. 상신은 보유능력이 되고, 구신은 환경으로부터 인정받은 가치가 된다. 기신인 比肩은 경쟁자가 되며, 偏官은 감당하기 힘든 환경의 압박이 된다.

⑥ 상관격의 성격요건

상관격(傷官格)은 첫째, 官印의 生化가 어우러진 正印으로 상신을 삼아야 成格을 이룬다. 둘째, 官印相生에 의해 身旺한 日干이 기신인 正財를 견제하여야 파격을 면한다. 결국 傷官格은 正印이 상신이고, 正財가 기신이고 身旺한 日干이 구신이다. 상신은 환경에 적합한 자신의 능력이 되고, 기신은 개인적 의도가 되며, 구신은 인품이 된다.

상관격은 이도(異道)로서 성격을 이루는 것이 있다. 이도(異道)와 정도(正道)의 구분은 日干이 正印에 의하여 身旺을 이룬 것인가 혹은 根으로 身旺을 이룬 것인가로 판단한다. 첫째, 正財로 상신을 삼아야 성격을 이룬다. 둘째, 財生官으로 구신을 삼아 기신인 劫財를 견제하여야 파격을 면한다. 셋째, 傷官生財로 구신을 삼아 기신인 正印을 견제하여야 파격을 면한다. 결국 正財가 상신되고, 劫財는 기신이 되며, 正官은 구신이 된다. 또한 正財는 구신이 되어 격을 구하는 역할까지 한다. 상신은 공적인 삶보다는 이윤을 추구함을 선택한다. 正財의 구신은 고정관념을 바꿔 혁신을 이루는 역할을 한다. 기신인 正印은 혁신을 이루는 것을 방해하는 두려움과 같다. 기신인 劫財는 영역확장에 따른 경쟁자다.

⑦ 정재격의 성격요건

정재격(正財格)은 첫째, 傷官으로 상신을 삼아야 성격을 이룬다. 둘째, 財生官으로 구신을 삼아 기신인 劫財를 견제하여야 파격을 면한다. 셋째, 傷官生財로 구신을 삼아 기신인 正印을 견제하여야 파격을 면한다. 결국 傷官이 상신되고, 正官과 正財가 구신이 된다. 또한 劫財와 正印이 기신이다. 상신은 환경에 적응하려는 능력이고, 구신인 正官은 경영권 유지를 위한 조직화다. 구신인 正財는 실력발휘를 통해서 얻은 사회적 인식이다. 기신인 劫財는 나보다 우월한 경쟁자고, 正印은 개혁을 방해하는 두려움이다.

⑧ 편재격의 성격요건

편재격(偏財格)은 첫째, 食神으로 상신을 삼아야 성격을 이룬다. 둘째, 財生殺로 기신인 比肩을 견제하여야 파격을 면한다. 셋째, 食神生財로 기신은 偏印을 견제하여야 파격을 면한다. 결국 상신은 食神이고, 기신은 比肩과 偏印이다. 구신은 偏官과 偏財가 된다. 상신은 자신의 영역을 확장하기 위한 무한한 기회다. 구신인 偏官은 영역을 지키기 위한 조직과 같고, 偏財는 시대의 변화에 맞는 개혁이다. 기신인 比肩은 경쟁자고, 偏印은 자만심과 잡기를 즐기는 나태함이다.

⑨ 양인격의 성격요건

양인격(陽刃格)은 첫째, 偏官으로 상신을 삼아야 성격을 이룬다. 둘째, 殺印으로 기신인 食神을 견제하여야 파격을 면한다. 셋째, 殺印相生으로 身旺한 日干이 財星을 견제하여야 기신를 불러오지 못한다. 결국 偏官이 상신되고, 食神이 기신이 되고, 偏印이 구신이다. 또한 日干이 身弱하면 財星이 기신된다. 相神은 위엄이 되고, 기신은 개인적 풍요를 누리고 싶은 선택이 된다. 구신은 사적 감정을 자제하는 공적인 정신자세가 된다. 기신인 財星은 굴복할 줄 모르는 승벽기질과 같다.

양인격은 이도(異道)로서 성격을 이루는 것이 있다. 이도(異道)와 정도(正道)의 구분은 日干이 偏印에 의하여 身旺을 이룬 것인가 혹은 비겁으로 身旺을 이룬 것인가로 판단한다. 첫째, 食神으로 상신을 삼아야 성격을 이룬다. 둘째, 偏財로 구신을 삼아 기신인 偏印을 견제하여야 파격을 면한다. 셋째, 財生殺로 구신을 삼아 기신인 比肩을 견제하여야 파격을 면한다. 결국 食神은 相神되고, 偏財와 偏官은 구신이 되며, 比肩과 偏印이 기신이다. 相神은 貴를 버리고 富를 택한 것이고, 구신인 偏財는 풍요를 누리고 偏官은 조직을 구성한다. 기신인 比肩은 경쟁자가 되고, 偏印은 개혁을 이루지 못하는 고지식한 정신이 된다.

⑩ 건록격의 성격요건

건록격(建祿格)은 첫째, 正官을 상신으로 삼아야 성격을 이룬다. 둘째, 正印으로 구신을 삼아 기신인 傷官을 견제함으로 파격을 면한다. 官印相生된 身旺한 日干이 正財를 견제하여야 傷官의 발로를 막아 파격을 면하게 한다. 결국 상신은 正官이고, 기신은 傷官이고, 구신은 正印이 된다. 身旺하지 못하면 財星도 傷官을 불러오는 기신이 된다. 상신은 지위가 되고, 기신은 이익을 추구하는 행위가 된다. 구신은 공적인 마음으로 사적인 감정을 자제하는 정신이 된다. 기신인 正財는 낙향하는 선비와 같다.

건록격은 이도(異道)로서 성격을 이루는 것이 있다. 이도(異道)와 정도(正道)의 구분은 日干이 正印에 의하여 身旺을 이룬 것인가 혹은 比劫으로 身旺을 이룬 것인가로 판단한다. 첫째, 傷官으로 상신을 삼아야 成格을 이룬다. 둘째, 正財로 구신을 삼아 기신인 正印을 견제하여야 파격을 면한다. 셋째, 財生官으로 구신을 삼아 기신인 劫財을 견제하여야 파격을 면한다. 결국 傷官은 상신이 되고, 正財와 正官은 구신이 되며, 劫財와 正印이 기신이다. 상신은 문필(文筆)을 놓고 재물을 택한 것이고, 구신인 正財는 명분보다는 풍요를 중요시 여기고 正官은 조직을 구성한다. 기신인 劫財는 경쟁자가 되고, 正印은 옛것을 고수하는 고지식한 정신이 된다.

2. 相神의 행위

음양오행에서는 用神의 임무를 喜忌神이 수행함에 만물을 기르고 가꿔서 취하며 살아가게 된다. 六神에서는 격이 자신이 쌓은 능력을 인간관계를 통하여 역할을 다하라는 명령과 같다면, 상신은 격이 받은 명령을 충실하게 이행하도록 의지(意志)가 되어주는 것과 같다. 그러므로 격은 삶의 방향을 제시하고 상신은 격이 정한 방향대로 살아가도록 정신적 지원을 하는 역할을 하는 것이다. 이러한 상신의 의지는 격을 도와서 삶을 굳건히 살아가도록 유도한다면, 살아가는 방법은 격과 상신의 육신관계로 판단하는 것이다. 그러므로 천지는 사람에게 格으로서 책임감을 주고, 상신으로 임무를 수행하는 정신을 쥐어준 것이다. 만약 격이 상신의 부조를 만나지 못하면 방향과 역할은 주어지나 임무수행을 다하지 않게 된다. 또한 상신의 의지보다 강한 기신을 만나면 의지 보다는 염려(念慮)가 앞서 굳건히 책임을 다하지 못하는 인생을 살아가게 된다.

결국 격이라는 책임이 자연과 사람의 관계에서 자신의 삶을 어떻게 살 것인가를 정하면, 상신은 혼(魂)이 되어 흔들리지 않도록 튼튼하게 보좌하는 행위와 같다. 그러므로 상신은 격이 흔들림 없이 자신의 목표를 향하여 전진하도록 이끌어주거나 밀어주는 강한 의지가 되어주는 것이다. 이러한 상신은 우리의 삶에 버팀목처럼 자리잡아 정체성(正體性)을 유지시켜 줄 것이다.

1) 관살격의 상신

정관격은 첫째 正財의 財生官으로 상신을 삼는다. 둘째 食傷이 위협을 할 경우에는 正印의 官印으로 구신겸 상신을 삼는다. 正財의 상신은 지위와 계급이 존재하는 사회로 진출하여 자신의 위용을 만들어 나가는 삶을 선택하게 된다. 正印을 상신으로 삼으면 지위로서 자신의 역량을 과시하기 보다는 실력과 인품으로 교화(敎化)하여 사람을 바로 세우는 역할수행을 하게 되는 지식인의 삶을 택한다. 결국 正財의 상신은 사회를 운영하고자 하는 의지가 있고, 正印의 상신은 지식으로서 사람을 교화하고자 하는 의지가 있다.
偏官格은 食神의 食神制殺로 상신을 삼는다. 만약 印星과 日干이 旺强하여 격이 衰弱하여 부조(扶助)가 필요하면 偏財로서 상신과 구신을 겸하기도 한다. 食神의 상신은 각 개인의 삶과 사회혼란을 가져다주는 외부의 작용으로부터 보호하기 위한 능력을 키워나가는 것을 말한다. 이러한 상신의 행위는 사회적 역량을 발휘하여 사람을 구하고 조직을 안정시키는 공을 세우게 된다. 偏財의 상신은 개인과 사회의 혼란을 틈타 자신의 이익으로 채우려는 사람을 색출하는 행위를 한다. 이러한 상신의 행위는 사회적 질서를 어지럽히는 몰지각한 사람을 교화하는 사헌(司憲)과 같은 것이다.

2) 인성격의 상신

정인격은 正官의 官印相生으로 상신을 삼는다. 正官의 상신은 환경에 맞게 자신이 쌓은 능력을 펼치는 임무와 같은 것이다. 그러므로 임무는 상신이 되고 格은 구신을 겸하게 되므로 명령을 수행하는 능력이 된다.
편인격은 偏官의 殺印相生으로 상신을 삼는다. 偏官의 상신은 자신의 자질에 맞게 쌓은 능력을 펼치는 임무와 같다. 그러므로 임무는 상신이 되고 격은 자질계발을 통하여 얻은 특기가 된다.

3) 식상격의 상신

식신격은 日干의 根旺으로 상신을 삼는다. 만약 印星이 旺强하면 偏財로 상신과 구신을 겸한다. 日干의 상신은 비교적 우월한 자신의 능력을 말하고, 身弱하여 比劫으로 상신하면 우월한 타인의 능력을 차용하여 쓰는 것이 된다. 偏財가 상신되면 자신의 능력을 펼쳐서 이룬 영역이 된다. 그러므로 日干의 상신은 우월한 능력이 되며, 比劫의 상신은 우월한 타인의 능력이 되며, 偏財의 상신은 실력을 발휘하여 얻은 영역이 된다. 격은 상신의 능력이 발휘된 행위가 된다.

傷官格은 正印으로 상신을 삼는다. 正印의 상신은 격의 행위가 사회적 이득에 부합되도록 인정(認定)해주는 역할을 한다. 그러므로 격은 행위에 앞서 정당성을 상신으로 하여금 인정받아야 한다.

4) 재성격의 상신

정재격은 傷官으로 상신을 삼는다. 상신은 시시각각으로 벌어지는 환경에 적응하기 위하여 격에게 상황인식을 심어주게 된다. 그러므로 상신은 시절에 따른 환경변화이고, 격은 변화에 따라 영역이 확장된다.
편재격은 食神으로 상신을 삼는다. 상신은 자신의 고유한 능력을 발휘하는 것이 된다. 그러므로 상신은 자신의 능력에서 발휘된 실력이 되며, 격은 실력에 따른 영역의 확장이 된다.

5) 양인과 건록격의 상신

양인격은 偏官으로 상신을 삼는다. 만약 比劫이 투간(透干)되면 食神으로 상신을 삼는다. 偏官의 상신은 자신의 개인적 감정을 자제하고 공적인 삶으로 유도하여 국가관을 성립하는 위엄과 같다. 食神의 상신은 공적인 삶을 버리고 개인적인 방향으로 자신을 이끌어가는 것과 같다. 격은 무관의 자질을 타고남을 말한다.
건록격은 正官으로 상신을 삼는다. 만약 比劫이 투간되면 傷官으로 상신을 삼는다. 正官의 상신은 개인적인 감정을 자제하여 공적인 삶으로 유도하여 백성을 돕는 인성관을 성립하는 위엄과 같다. 傷官의 상신은 공적인 삶을 뒤로하고 개인적인 문필을 사용하게 된다. 격은 문관의 자질을 타고남을 말한다.

3. 忌神의 역할

기신은 격이나 상신을 해(害)하여 삶을 위험에 빠뜨리게 한다. 격을 해하여 정한 목적을 흔들어 놓고, 상신을 해하여 의지를 꺾어 의욕을 상실시키는 행위를 한다. 이와 같은 기신은 격의 삶의 목적에 대한 회의(懷疑)를 들게 하고, 상신의 의지에 대한 염려(念慮)를 만들어 낸다. 사람의 걱정과 근심이 되는 우환의식(憂患意識)은 상신의 해(害)에서 오는 것이고, 삶의 목적이 이지러지는 것은 격의 해(害)에서 오는 것이다. 이러한 기신은 걱정에 의한 미래 불안증으로 발전하여 대단히 위험한 상태에 이르도록 남과 나를 조장(助長)할 수 있다.

1) 관살격의 기신

정관격은 먼저 正財의 財生官으로 상신을 삼고, 다음으로 傷官이 위협을 할 경우에는 正印의 官印으로 구신겸 상신을 삼는다. 만약 官印相生으로 正印의 후덕(厚德)함을 얻지 못한 日干은 比肩이 기신되어 상신을 위험에 빠뜨린다. 또한 日干이 根旺하면 傷官은 기신이 되어 格을 위협하게 된다. 이와 같이 正官格의 기신은 상신이 되는 正印이 후덕함을 지니지 못하거나 日干이 根旺하여 身旺官弱으로 자신의 힘을 과시할 때 생겨나는 것이다. 比肩의 기신은 日干이 사람을 어우르는 인품과 임무를 수행하는 능력이 모자라 상부상조로 살아가야 할 주변 인물들로부터 내몰림을 당하는 것과 같다. 傷官의 기신은 자신의 능력에 따른 임무배정과 직책에 대해서 차별대우를 받는다는 생각에 조직보다는 개인적 역량을 과시할 수 있는 독립을 원하게 된다.

편관격은 먼저 食神의 食神制殺로 상신을 삼고, 다음으로 印旺하여 격이 衰弱하면 偏財를 상신으로 삼는다. 만약 日干이 根旺하지 못하여 견디어내는 힘이 부족하면 偏印이 기신되어 상신을 위험에 빠뜨린다. 또한 격이 偏財의 生旺을 얻지 못하면 比肩이 기신되어 상신의 실수를 노리게 된다. 이와 같이 偏官格의 기신은 상신의 행위에 따른 잘못이나 실수를 틈타 위협을 가하는 역할을 한다. 偏印의 기신은 日干이 업무에 대한 중압감과 신체적 과로에 의한 적응력 부재현상을 틈타 권한을 탈취해간다. 比肩의 기신은 사람을 관리하는 지도력과 대인관계에서 나타나는 친화력의 부족을 틈타 관할권을 탈취해간다.

2) 인성격의 기신

정인격은 正官의 官印相生으로 상신을 삼는다. 만약 日干이 根旺하고 상신이 衰弱하면 기신이 되는 傷官의 위협을 견디지 못하므로 상신을 유지하지 못한다. 또한 격이 日干을 生旺하지 못하면 正財의 도전에 격은 제외되고 만다. 이와 같이 正印格은 상신인 正官의 업무지시에 충실히 수행함에도 불구하고 根旺하여 개인적인 특징을 발휘하게 되면 기신이 되는 傷官에 의하여 임무를 상실하게 된다. 또한 日干이 격의 도움으로 生旺을 얻지 못하면 기신이 되는 正財에 의하여 도전을 받게 되는 것은 실력과 인품이 남보다 못하여 자리를 내어놓는 것을 말한다.

편인격은 偏官의 殺印相生으로 상신을 삼는다. 만약 日干이 根旺하고 상신이 衰弱하면 기신이 되는 食神의 위협을 견디지 못하므로 相神을 유지하지 못한다. 또한 격이 日干을 生旺하지 못하면 偏財의 도전에 격은 제외되고 만다. 이와 같이 偏印格의 기신은 食神과 偏財로서 철저한 임무수행을 평가받지 못하면 지위와 실력을 양보해야 하는 일이 벌어지게 된다. 食神의 기신은 지나치게 개인적 능력을 앞세움으로서 상신을 위협하여 임무를 할당받지 못하게 되고, 偏財의 기신은 위치에 맞는 실력과 품위가 낮은 행동으로 인하여 격이 위협을 받아 타인의 도전에 의하여 물러나게 된다.

3) 식상격의 기신

식신격은 日干의 根旺으로 상신을 삼는다. 만약 印星이 旺强하면 偏財로 상신과 구신을 겸한다. 그러므로 身旺食神은 偏財로 상신을 삼지만, 身弱食神은

根 또는 比劫으로 상신을 삼고 偏財는 구신이 되는 것이다. 결국 食神格은 日干이 무엇으로 身旺을 이루고 있는가를 먼저 살펴야 喜忌神을 정할 수 있다. 첫째, 根旺하면 日干 스스로 상신이 되어 자신의 고유한 능력을 발휘함으로 이끌어 간다. 둘째, 印星으로 身旺하면 偏財가 상신과 구신을 겸하여 환경의 적합성을 고려하면서 자신을 이끌어 나간다. 셋째, 比劫으로 身旺하면 상신은 比劫이 됨으로 타인의 능력을 차용하여 자신을 이끌어 나가게 된다. 이와 같은 내용으로 볼 때, 식신격의 기신은 偏印이지만 상신에 대한 기신은 日干의 작용에 따라 달라진다. 이러한 현상은 자신의 처신에 따라서 환경이 나에게 작용하는 것이 다르게 나타난다는 뜻과 같다. 偏印의 기신은 자신의 능력을 발휘하기보다는 악습과 잡기에 전념하여 자신의 임무를 소홀하게 하는 것을 말한다. 상신에 대한 기신 중에서 첫째, 偏官의 기신은 극복이 가능한 어려움과 같은 것으로 기회와 같다. 둘째, 比肩의 기신은 나보다 나은 실력자를 만난 것과 같으므로 자신의 활동영역이 축소된다. 셋째, 偏官의 기신은 상부상조로 협력하던 능력자가 어려움에 봉착하는 것과 같으니 여파로 인한 손실이 발생하는 것과 같다.

상관격은 正印으로 상신을 삼는다. 만약 日干이 根旺하면 正印의 상신을 인정하지 않고 正財로 상신을 삼게 된다. 이러한 상신의 변화는 환경에 지배를 받기위한 正印의 상신과 스스로 삶을 선택하여 개척하려는 正財의 상신으로 구분하게 된다. 이에 따라 기신이 正財가 될 수 있으며, 劫財가 될 수도 있는 것이다. 正財의 기신은 자신의 신분을 망각하고 개인적인 이득에 치우친 행동으로 자격이 정지된 것과 같은 현상을 불러온다. 劫財의 기신은 득재(得財)를 위한 영역확장에 경쟁자를 만난 것과 같다.

4) 재성격의 기신

정재격은 傷官으로 상신을 삼는다. 그러므로 기신은 劫財와 正印이 된다. 劫財의 기신은 격이 財生官으로 사회적 보호장치를 마련하지 않은 실수를 틈타

서 영역을 침탈하는 기회를 노린다. 正財格의 상신인 傷官은 시시각각으로 벌어지는 환경에 적응하기 위하여 격에게 상황인식을 심어주게 된다. 그러므로 상관상신은 시절에 따른 환경변화를 정확하게 인식하는 역할을 한다. 이러한 중요한 역할을 하는 상신을 기신인 正印이 해롭게 하면 변화에 대처하지 못하고 유유자적하는 고지식함을 보이게 된다.

편재격은 食神으로 상신을 삼고 比肩과 偏印으로 기신을 삼는다. 상신은 환경에 적합하게 능력을 만들어 널리 알림으로써 자신의 고유한 능력과 결합된 명소(名所)를 만들고자 노력해 나간다. 하지만 기신인 比肩이 격을 손상시키면 좋은 능력에도 불구하고 불리한 환경을 만나게 된다. 또한 偏印인 기신이 상신을 손상시키면 자신의 생각의 틀에서 벗어나지 못하여 환경에 알맞은 행위를 하지 않아 운영에 차질이 생긴다.

5) 양인과 건록격의 기신

양인격은 偏官으로 상신을 삼고 食神으로 기신을 삼는다. 만약 比劫이 투간(透干)되면 기신인 食神으로 상신을 삼아 이도공명을 노리게 된다. 偏官의 상신은 자신의 개인적 감정을 자제하고 공적인 삶으로 유도하여 국가관을 성립하는 위엄과 같다. 하지만 食神의 기신은 사적인 이익에 치우쳐서 공인으로서의 도리를 다하지 않는다. 이러한 현상들은 권력과 지위를 이용하여 이익을 취하는 경우에 해당한다. 比劫이 투간하여 이도공명을 노리는 食神의 상신은 공적인 삶을 버리고 개인적인 방향으로 자신을 이끌어가는 것과 같다. 마음은 선비에 가깝지만 운명이 시장논리에 맞추는 삶을 살아가게 된다. 이러한 경우는 이익을 추구하는 것이 마땅한 것이다.

건록격은 正官으로 상신을 삼고 기신은 傷官이다. 만약 比劫이 透干되면 傷官으로 상신을 삼는다. 正官의 상신은 자신의 영리한 두뇌를 개인적인 이익을 취하는 행위로 쓰지 않고 백성을 교화하는 인성(人性)관을 성립하여 공인으로서의 위엄을 갖추는 것과 같다. 하지만 傷官의 기신은 영리한 두뇌를 사용하여 이익을 구하는 재주를 피우게 된다. 이도공명이 되는 傷官의 상신은 공적인 삶을 뒤로하고 개인적인 문필을 사용하게 된다. 문관의 자질을 타고났으므로 문필가로서 자신의 이름을 알리게 될 것이다.

4. 救神의 역할

구신은 기신에 의한 해로움에서 벗어나는 반생(反生)을 이룸을 말한다. 이는 자신을 운영함에 실수나 경쟁력에서 저조한 상태에 빠진 상황을 극복하고 새로운 각오로 살아감을 말한다. 구신 중에서도 격을 구하는 것은 삶의 목적을 되찾는 것이 되고, 상신을 구하는 것은 의지를 되찾는 것과 같다. 그러므로 먼저 자신감을 회복하고 실천력을 키워야 성사가 가능하게 된다. 걱정과 근심으로 일관하던 자신을 곤추세워 나아감을 말한다. 자신의 본래의 모습을 되찾는 과정에서도 한(恨)을 승화(昇華)하여야 하며, 억울(抑鬱)한 감정도 해소(解消)시켜야 한다. 또한 "머리 검은 짐승은 믿을 것이 못 된다."라는 되지도 않는 불신(不信)에서 벗어나려는 노력이 필요하다. 자기의 상처를 스스로 치유하지 못하는 구신은 승벽(勝癖)기질에 불과한 인물이 될 수 있다. 그러므로 구신은 긍정 마인드를 필요로 하고 있다.

2 장 六神
사회적 관계가 생겨남

명리학에서 인간관계를 간명함에 六神을 판단근거로 삼는 것은 능력을 서로 교환하면서 살아가는 사회적 동물이기 때문이다. 이러한 사회에는 나 자신이 있고, 자신이 개척하여 소유한 터전(攄展)이 있고, 내가 따라야 하는 경계(境界)에 대한 의무가 있다. 먼저 나 자신을 주용(主用)으로 삼으니 日干이 된다. 다음으로 재주를 부려 개척한 터전을 財星이라 하고, 모든 사람이 공유해야 하고 적응해야 하는 대상을 官星이라고 한다. 그러므로 財星은 자신의 능력을 발휘하여 얻은 소유(所有)가 되고, 官星은 공유되어 있는 사회질서에 부응하는 의무가 된다. 이에 日干은 이러한 財官이라는 사회적 환경에 적합하게 행동해야 하는 나 자신이 되는 것이다.

이와 같은 사회구성의 3 요소인 官星은 의무를 다해야 하는 사회질서고, 財星은 개척해야 할 영역이 되고, 日干은 이 두 가지를 실천하는 자신의 판단력이 된다. 官星과 財星을 대하기 위한 日干의 판단은 행위로 이어지게 되는데, 이러한 행위는 食傷과 印星의 역할이다. 또한 日干의 판단력이 부재(不在)되었을 때, 比劫이 日干을 대신하여 食傷과 印星을 통하여 행위 하게 된다. 결국 日干의 판단에 따른 행위는 食傷과 印星이고, 日干을 대신하는 역할은 比劫이 되는 것이다.

1. 官殺

正官은 인간이 사회조직을 운영하기 위하여 지배자와 피지배자가 지켜야 할 규칙과 같은 것이다. 그러므로 지배자에게는 운영규칙이 되고 피지배자에게는 지켜야 할 법규와 같다. 결국 지배자의 운영목적과 피지배자가 안전한 삶을 영위하기 위한 목적이 부합되어 공동관계를 보존하기 위한 수단이 正官인 것이다. 또한 正官과 同氣五行인 偏官은 官이라는 목적은 같으나 正과 偏으로 나뉘어 방법을 달리한다. 천재지변, 위급상황, 사회질서 혼란 등의 공동 사회문제가 발생하거나 개인마다에도 생존에 대한 중대한 상황이 발생한 것을 偏官이라고 말한다.

결국 正官은 공동체를 안전하게 유지하기 위한 목적으로 제정한 규칙이고, 偏官은 불안하게 만드는 살(殺)과 같은 것이다. 둘 다 官이라는 안전을 목적으로 같이 하면서 正官은 서로 지킴으로써 생활을 보존하고, 偏官은 방어하고 물리쳐서 생존과 생활권을 보호함으로써 질서를 유지하게 되는 것이다. 이와 같이 사회적 관계를 영위하며 살아가는 우리는 官星중에서 正官이라는 보존해야 하는 것과 偏官이라는 물리쳐야 할 것을 마주하며 살아가게 된다. 이러한 두 개의 官星을 마주해서 대하는 행위는 각 개인마다 다르게 나타난다.

正官을 대하는 행위로는 첫째, 正印이 正官의 명령을 수행하여 官民이 평화로움을 유지한다. 둘째, 正印이 傷官의 위협(威脅)을 교화(教化)함으로 正官을 구(救)하여 위엄(威嚴)을 세우는 공(功)을 세운다. 셋째, 食神으로 하여금 正官의 요구를 받아들여 공임(公臨)을 수행하는 것이다. 이것은 正官과 결속관계를 맺어 임무를 대행(代行)하는 것과 같다. 이러한 세 가지 방법이 正官에 대하여 日干이 임무를 수행해야 하는 의무가 된다.

偏官을 대하는 행위로는 첫째, 偏印이 새로운 체제를 구축하려는 偏官의 명령에 대해 옳고 그름을 판단하여 官民에게 이로운 방향으로 막아낼 것과 유지할 것을 결정한다. 둘째, 偏印의 판단근거에 따라 食神은 피아(彼我)를 구분하여 偏官의 위협으로부터 日干 및 比肩이 되는 아(我)를 구하는 임무를 수행하는 것이다. 셋째, 食神이 위협이 되는 偏官의 요구를 막아내지 못하는 경우에 傷官이 수용(受用)하여 최악의 상황을 모면하는 임무를 수행하는 것이다. 이러한 세 가지 방법이 각기 다르나 내 것을 지키고자 하는 의미로서는 그 공은 같다고 볼 수 있다. 이와 같이 正官과 偏官의 개념과 대처방법을 간략하게 연구하였으면 나아가 人命에서는 어떻게 看命하는지를 파악하여 보기로 하자.

1) 정관의 간명

正官은 官과 民의 합성어로 백성과 나라, 지배계급과 피지배계급 등의 집단으로 구성된 체제를 의미한다. 人命에 正官이 官印相生으로 구성되면 조직을 위해서 임무를 수행하는 것이고, 財生官이 되면 백성을 위해서 하는 것과 같다. 둘 다로 구성되면 상하를 두루 다스리는 의미가 있다. 正官은 전체가 존재하는 사회질서 속에서 명맥을 유지해야 하는 규칙과 같다. 이러한 규칙을 지켜나감으로써 사회적 안녕이 유지되는 것이다. 개인적으로는 자신이 터득한 능력을 正官이라는 사회에 내어 공을 세우는 것과 같다. 그러므로 사회는 正官이 되며, 개인적 능력은 正官에 공헌하기 위한 正印과 食神이 된다. 이러한 正印과 食神의 행위는 자신의 직업적 능력으로 평가받게 된다. 그러면 正官과 각 六神과의 관계를 알아보기로 하자.

① 정관과 일간

正官과 日干은 첫째, 官旺身弱하여야 조직의 일원으로서 살아갈 정신을 이룬다. 만약 身旺官弱하면 기존조직에는 어울리지 못하고 스스로 조직을 만들어 자영(自營)하게 된다. 둘째, 日干은 正官의 임무를 수행하여야 함으로 正印으로 身旺을 이뤄야 한다. 만약 偏印으로 身旺을 이루면 소멸되는 조직을 만나게 된다. 셋째, 印旺을 이루지 못하고 根으로 旺하면 조직의 명령을 거부하는 인물이 된다. 넷째 比劫으로 身旺을 이루면 명령수행의 주체가 되지 못하고 객체로서 자신의 위엄을 과시하지 못하게 된다. 다섯째 正官은 財生官을 얻어 旺하여야 한다. 만약 스스로 旺强하면 백성(조직원)의 신임을 얻지 못한 경우가 된다.

② 정관과 상관
傷官은 正官의 보수적인 고유함을 개혁을 통하여 현실에 맞게 바꿔서 혁신을 이루고자 하는 것이다. 하지만 正官은 기존의 질서를 유지하기 위하여 傷官의 개혁을 항명(抗命)으로 받아들인다. 이와 같이 傷官과 正官의 관계는 피아(彼我)간으로 양보 없이 개혁과 보수지간으로 대치하게 된다. 이에 正印이 중재를 서게 되면 正官의 체제를 유지하면서 서서히 개혁을 받아들이는 효과를 발휘한다. 하지만 正印의 중재가 없다면 傷官과 正官은 상전(相戰)의 관계가 되어 진보적인 인물로 기듭나지 못한다. 이러한 傷官과 正官의 관계를 傷官見官이라고 하며, 正印의 중재를 패인(佩印)이라고 한다.

③ 정관과 재성
財星은 正官이라는 체제를 운영하는 규칙이 활용되는 구역(區域)과 이를 인정하여 따르는 민중(民衆)과 같은 것이다. 그러므로 正官은 財星으로 경계(境界)를 삼고, 여론의 힘을 얻음으로 대의명분을 삼는 것이다. 이에 비겁이 爭財로 침범하면 正官은 영역과 자신을 따르는 조직원을 구하고자 比劫에 대항하여 힘을 과시하게 된다. 이와 같이 財星은 正官을 따르고, 正官은 자기 백성인 財星을 지켜야 하는 것이다. 이러한 불가분의 관계는 동등한 입장이 아닌 상하의 관계로 맺어지게 된다. 혹 조직원이나 백성이 되는 財星이 旺强하여 財剋印되면 반정(反正)이 발생하는 것과 같다. 또한 正官이 財星의 도움 없이 스스로 旺强하면 財星의 기운을 泄氣하는 것과 같으니 백성의 고혈을 빨아먹는 독재자와 같다.

④ 정관과 편인

偏印은 正印처럼 正官의 명령을 수행하고 傷官을 교화하여 정관을 구하려는 모습이 겉으로는 같다. 하지만 正官의 허점과 약점을 틈타 설기(泄氣)해가는 모리(謀利)가 있다. 이에 正官은 偏財로 하여금 자신의 단점을 보완하고, 탈선(脫線)행위를 예방하거나 조사하는 임무를 맡긴다. 이에 偏財는 正官이 위험에 빠지지 않도록 주변을 감시와 감찰을 통하여 내부의 적을 색출하게 된다.

위에서 正官을 타 육신과 배합하여 관계의 특징과 작용에 관하여 알아보았다. 正官이 기뻐하는 正印의 명령수행과 財星의 보좌와 食神의 임무대행에 대한 역할에 대해서 더욱 심층연구를 바란다. 또한 傷官의 체제개혁과 偏印의 규범탈선과 劫財의 영역침범과 身太旺의 체제거부에 관해서도 더욱 세세한 연구를 통하여 성과를 거두기 바란다.

2) 편관의 간명

偏官은 官이라는 의미로서는 공적인 개념을 내포하고 있다. 하지만 偏의 의미를 첨가하면 지킬 것 보다는 버릴 것이 있음을 암시하고 있다. 이러한 버릴 것을 찾아서 제거하여야 바로 서는 官을 이루게 되는 것이다. 그러므로 偏官의 체제는 지키는 것이 아니라 바로잡는 것이 된다. 人命에서 偏官을 법원, 병원, 언론이나 교육기관으로 여기는 것을 보면 잘못됨을 바로잡는 의미가 있기 때문일 것이다. 결국 正官은 지킴으로써 사회적 안녕을 유지하는 것이고, 偏官은 잘못됨을 바로잡음으로써 질서를 유지하는 것이 된다.

이러한 偏官을 바로잡기 위해서는 偏印이 지킬 것과 바로잡을 것을 조사하여야 하고, 다음으로 食神이 바로잡을 것을 교화하고 제지하는 것이다. 이와 같은 偏印과 食神의 행위는 외부의 적으로부터 내부를 보호하고자 하는 의무가 있는 것이다. 그러면 偏官과 기타 六神과의 관계를 알아보기로 하자.

偏官과 日干은 첫째, 殺旺身弱하여야 偏官의 위엄을 받아들여 충성심을 보인다. 만약 身旺殺弱하면 중압감에 시달려 중책을 맡지 못하게 된다. 또한 日干이 偏官보다 지나치게 旺强하면 조직의 생리(生理)에 따르기를 거부하고 자영(自營)하게 된다. 둘째, 日干은 偏官을 제지하는 임무를 수행해야 함으로 根으로 身旺을 이루어야 한다. 만약 印星만으로 身旺을 이루면 제지하는 공은 세울 수 없고 내근직에 근무하면서 현장 근무자를 보좌하는 역할만을 하게 된다. 또한 比劫만으로 身旺하면 임무수행의 주관자가 되지 못하고 보조원으로 살아가게 된다. 셋째, 偏官은 財生殺을 얻어 旺하여야 한다. 만약 스스로 旺强하면 백성(조직원)의 신임을 얻지 못한 강압적 환경을 만나게 된다. 혹 財星이 지나치게 旺强하여 財剋印하게 되면 권한을 양위(讓位)하여야 한다.

이와 같이 人命에서의 偏官에 대하여 연구하여 보았다. 偏印의 선악(善惡)판단과 食神의 제지외 傷官의 타협과, 財星의 보좌와 日干의 임무수행에 따른 강인한 정신에 관한 개념은 더욱 심화있게 학습을 하여야 한다. 偏官은 우리네 삶에 악재이지만 강유(剛柔)로서 잘 다스리면 전화위복의 효과를 얻을 수 있다. 하지만 예방하지 못하면 전복(顚覆)의 어려움을 겪게 된다. 한번 스치고 지나간 偏官의 상흔(傷痕)은 평생의 안녕을 해칠 수 있다. 더욱 정진하는 연구를 부탁한다.

2. 財星

財星은 인간이 생존환경을 통하여 얻은 소유와 같은 것이다. 財와 官을 비교하여 설명하면, 官星은 생활환경에서 얻은 지위와 같다고 할 수 있다. 이러한 생존과 생활은 인간이 떠날 수 없는 환경이다. 正財는 순수한 자신의 능력을 발휘하여 얻은 소유가 되므로 사회성 보다는 가족의 윤택한 삶을 목적으로 한다. 偏財는 도전과 개척을 통하여 얻은 소유이므로 남성적이고 사회적 성장을 기반으로 하게 된다. 비교하면 正財는 경제성 경향을 보이고, 偏財는 경영성 경향을 보인다고 할 수 있다. 다른 예를 들어 비교하면 正財는 자기와의 싸움에서 얻은 소유가 되고, 偏財는 타인과의 싸움에서 얻은 소유가 된다.

결국 正財는 자신과 가족의 생존에 대한 필요충분 조건을 채우기 위한 소유가 되고, 偏財는 자신의 영역을 확장하여 남의 생존권을 左之右之할 정도의 힘을 키워 나가는 것과 같다. 그러므로 正財는 지키려하고 偏財는 개척하려고 한다. 이러한 財星과 日干의 행보를 좀 더 자세히 비교 관찰하여 보기로 하자.

1) 재성과 일간

財星과 日干의 관계는 첫째, 身旺財弱하여야 스스로의 능력을 만들어 경제활동에 참여한다. 만약 財多身弱하면 능력을 갖춘 사람의 보좌로 경제활동에 참여하니 주관자가 되지는 못한다. 둘째, 日干은 財星을 취하기 위하여 食傷生財하여야 한다. 만약 身弱한 日干의 食傷生財는 능력을 최대한 발휘하지 못하므로 쉽게 지치게 되어 의존할 곳이나 의탁할 사람을 찾게 된다. 셋째 財星이 印星을 制化하여 食傷生財를 거듭한다면 능력을 인정받아 풍요로운 삶을 누리게 된다. 하지만 印星을 制化하지 못하면 실력은 뛰어나나 시장경제에 적합하지 않으므로 평범한 삶을 살아가게 된다.

2) 재성과 관성

財星과 官星과의 관계는 첫째, 財多身弱하면 스스로 자신의 능력을 펼치지 못하므로 官星으로 자신의 소속을 삼는다. 이에 食傷이 生財하려는 人命은 官星이라는 소속을 거부하고 독립하려니 조직생활에 적응하지 못하고 작은 능력을 펼치려 하게 된다. 둘째, 身旺한 日干의 財生官은 比劫의 침범으로부터 자신의 영역을 수호할 수 있으니 많은 사람의 생존을 책임지는 사람이 된다. 만약 財生官을 이루지 못하면 比劫의 침범을 허락한 것과 같으므로 경영권 양도의 운명을 맞이하게 된다. 셋째, 官星이 지나치게 旺强하게 財星을 洩氣하면 직업의 지나친 성장목적에 의하여 가산을 탕진하는 것과 같다. 반대로 財星이 지나치게 旺强한 경우의 財生官은 財剋印과 같으므로 생존의 집착에 의하여 도리를 저버리는 것과 같아 남의 빈축을 사게 된다.

이와 같이 人命에서의 財星에 관하여 연구해 보았다. 財星은 재(才)와 같은 것으로 재주를 갖추고 타고난 것을 말한다. 패재(貝才)의 의미가 담겨있는 財星은 日干이 身旺을 이루어 스스로 자신의 능력을 발휘하는 벌이활동과 財生官으로 영역과 소유를 지켜내는 것을 가장 중요시 여기고 있다. 身旺의 벌이는 자신과 가족의 삶에 영향을 미치고, 財生官은 타인의 삶에까지 영향을 미치는 의미를 담고 있다. 이러한 財星의 연구는 현대적 의미에서 경영방법을 제시하는 좋은 예로 삼을 수 있으니 더욱 연구에 정진하기 바란다.

3. 日干

자기자신을 뜻하는 日干은 생존과 생활을 영위해 나가는 主人이다. 주인이 되는 日干은 比劫과 印星과 食傷을 활용하여 客이 되는 財星과 官星을 대하기 위한 방편으로 삼는다. 그러므로 日干이 比劫, 食傷, 印星을 갖춘 이유는 財官을 대하여 생존과 생활을 영위하기 위한 것이다. 그러면 人命에서 日干이 財星을 향한 생존방법과 官星을 향한 생활방법을 연구하여 보기로 하자. 또한 財星과 官星을 대할 때, 日干의 행위에 관해서도 파악하여 보기로 하자.

1) 통근으로 신왕

日干이 根으로 身旺한 이유는 食神을 生化하여 偏官을 制殺하여 명인(名人)이 되거나 偏財를 生財하여 자신이 능력을 발설(發洩)하여 풍요를 누리기 위함이다. 첫째, 食神制殺은 삶을 위협하는 위기로부터 보호하기 위한 행위로서 比肩을 구한다면 명인으로 인정받아 많은 사람의 칭송을 받게 된다. 둘째 食神生財는 자신이 닦은 능력을 발휘하여 영역을 구축하거나 생존에 필요한 소유행위를 성실히 수행하는 것을 말한다. 만약 食神의 정성과 능력이 偏財에게 인정을 받아 偏印을 견제해준다면 거듭되는 食神生財로 풍요로운 삶을 살아가게 된다. 이와 같이 명인이 될 수 있는 制殺과 풍요를 이룰 수 있는 生財는 日干이 根을 얻음으로써 비롯된 것이다.

이와 같이 日干은 食神으로 하여금 食神制殺로 어려움을 해결하는 명인이 되거나 食神生財로 자신의 능력을 펼쳐 풍요를 누리게 된다. 만약 偏官을 만나지 못하고 正官을 대하게 되면 자신의 능력이나 생산한 물품을 납품, 대행, 공임(公臨) 등으로 능력을 활용한다. 흔히 정부나 기업의 업무를 대행하는 일이라고 하여 산하단체라고 한다.

2) 정인으로 신왕

日干이 正印으로 身旺한 이유는 正官에 필요한 적합한 능력을 갖춰서 명령을 수행하기 위한 것과 傷官을 교화(敎化)하여 正官을 수호(守護)하기 위한 것이다. 첫째, 官印相生을 이루어 업무수행 능력을 인정받게 되면 財生官으로 합당한 지위를 부여받아 자신의 가치를 드높이게 된다. 둘째, 官印相生을 이루고 傷官佩印을 하게 되면 현재의 체제를 유지하고 미래에 거듭날 수 있는 정책과 전략을 구성하니 君民을 두루 살피는 인물이 된다. 이러한 역할에 의하여 正官을 救하여 官印相生을 지속한다면 과거와 미래를 잇는 가교역할을 수행하는 진보적 인물로 추앙을 받게 된다.

이와 같이 日干은 正印으로 하여금 官印相生에 의한 현실적 임무수행과 그 수행에 따른 財生官에 의한 지위를 얻어낸다. 또한 傷官佩印에 의한 보수와 진보에게 합당한 정책을 구상하여 펼치니 어울리는 사회를 만들게 되는 것이다. 만약 印星이 官印相生을 이루지 못하고 傷官佩印만을 한다면 正官을 구하지 않은 것이므로 전체를 어우러지게 하는 역할이 아닌 개인적인 창의성에 의한 전문가가 되어 경제활동에 힘쓰게 된다.

3) 편인으로 신왕

日干이 偏印으로 身旺한 이유는 偏官의 장단점을 파악하여 지켜야할 것과 물리칠 것을 구분하기 위함이다. 그러므로 첫째, 정확한 판단이 필요한 偏印은 殺印相生으로 변화하는 사회적 속성을 알아차려 현재와 미래에 불필요한 요소를 조사하는 임무를 수행하게 된다. 둘째, 이러한 제거가 필요한 정보를 食神에게 제공하여 食神制殺로 물리치도록 하면 위기대응 능력을 인정받게 된다. 하지만 日干이 根旺하지 못하면 食神을 활용하지 못하므로 도리어 위기를 이용하여 자신에게 유리하게 이용하려는 부조리를 저지를 수 있다.

이와 같이 日干은 偏印으로 하여금 위협이 되는 偏官을 조사하여 食神이 대응케 하면 사회적 악재를 미리 알고 대처하는 공을 세우게 된다. 하지만 偏印은 偏官의 단점을 조사하여 대처하는 방법으로는 사회적 공헌이 있으나 이와는 반대로 正官을 설기(洩氣)하여 도탄(塗炭)에 빠뜨릴 우려가 있다. 단점만을 조사할 줄 아는 偏印의 특성은 正官의 장점을 찾지 않고 단점을 찾아 이용하려는 경향을 드러내어 위험에 처하게 한다. 그러므로 殺印相生이 아니고는 偏印의 능력은 헛된 것이다.

4) 비견으로 신왕

日干이 比肩으로 身旺한 이유는 財星을 향한 생존활동과 官星을 맞이하는 공동생활에 협력하기 위함이다. 이러한 比肩의 행위로 財星을 대하면 공동경영이라고 하고, 官星을 맞이할 경우는 공동운영이라고 한다. 또한 日干을 대신하는 협력행위라고도 한다. 日干과 동등한 능력을 갖췄다는 의미로서의 比肩

은 서로에게 보호자이며, 변호인과 같은 동반자이다.

이와 같이 첫째, 日干에 힘을 보태어 食神制殺을 이루면 다른 조직과의 연계를 통하여 어려움을 해결해 나가는 모습을 보인다. 둘째, 食神生財를 이루면 여럿이 능력을 보태어 활동하는 모습이다. 하지만 比肩이 正官을 합거(合去)하면 협력이라는 순리를 따르지 않고 남보다 우월하고자 신의를 저버리는 행위를 하게 된다. 또한 比肩이 偏財를 合去하면 마찬가지 현상이 벌어진다.

5) 겁재로 신왕

日干이 劫財로 身旺한 사연은 경쟁구도가 발생하였음을 의미한다. 比肩의 서로 돕는 동반관계와는 반대적 의미로 활용된다. 이것은 생존에 필요한 소유영역을 확장하려는 의도나 우월한 생활환경을 만들기 위한 욕망에서 비롯된 것이라고 볼 수 있다. 이러한 劫財가 日干에 힘을 보태어 傷官生財를 이루게 되면 경쟁을 통하여 얻은 이익이 배가된다. 또한 劫財가 日干에 힘을 보태어 傷官見官을 결행하게 되면 기존세력을 제압하고 개혁을 이루게 된다.

이와 같이 日干은 시간의 경과에 따라 변화하는 正財를 간파하는 능력을 지닌 劫財의 힘을 얻어 傷官生財로 이익을 창출한다. 또한 세상의 변화에 맞추지 못하고 과거에 집착하는 正官의 실정(失政)을 간파하는 능력을 지닌 劫財의 힘을 얻어 傷官見官을 거행하면 새 시대에 맞게 개혁을 하여 능력자로 인정을 받는다.

3 장 六神의 抑扶

비교 경쟁이 생겨남

五行의 相生과 相剋에 관하여 『子平眞詮』「論陰陽生剋」에서는 다음과 같이 설명하고 있다.

"四時之運, 相生而成, 故木生火, 火生土, 土生金, 金生水, 水復生木, 即相生之序, 循環迭運, 而時行不匱. 然而有生又必有剋, 生而不剋, 則四時亦不成矣. 剋者, 所以節而止之, 使之收斂, 以爲發洩之機, 故曰天地節而四時成."

사시의 운행에는 相生에 의한 이룸이 있다. 相生에는 木生火, 火生土, 土生金, 金生水, 水生木이 있다. 相生이 순서대로 다 끝나도 사시의 운행은 끝이 없다. 相生이 있으면 반드시 相剋이 있어야 한다. 相生만 있고 相剋이 없으면 사시라 하여도 이루지 못하게 된다. 相剋은 마디와 같은 것으로 제지하는 것과 같다. 相剋으로 인하여 거둬들이게 함으로써 계속됨을 막아 기틀을 세우게 된다. 이와 같이 相生에는 相剋이 있으므로 천지에 마디가 생겨 사시를 이루는 공을 세운다.

相生은 사시의 운행에 맞춰 순서대로 이어지면서 기가 기화하여 만물의 생멸(生滅)에 관여한다. 겨울에서 봄으로 행할 때는 水生木, 봄에서 여름은 木生

火, 여름에서 가을은 火生土生金, 가을에서 겨울은 金生水로 운행을 멈추지 않고 한다. 이러한 相生이 만물을 생산함에는 토수합일(土水合一)된 水生木은 甲木을 낳고, 木生火는 甲木을 기르면서 乙木을 낳는다. 화토동근(火土同根)된 火生土는 庚金을 낳고, 金生水는 庚金을 익히면서 辛金을 낳는다. 이와 같이 사시의 운행에는 음양이 오행을 낳는 이치가 있다. 癸水는 甲木을 낳고, 丙火는 乙木을 낳고, 丁火는 庚金을 낳고, 壬水는 辛金을 낳는 것이다. 生化되어 나타난 金과 木은 사람이 유용하게 쓰는 물질들이다.

이러한 金木을 유용하게 쓰기 위해서는 相剋이 만물을 성체(成體)가 되도록 제지를 해줘야 한다. 相生은 끝없이 발생(發生)하는 성질을 지녔으므로 지속된다면 성체(成體)를 이루지 못한다. 이에 제지하는 성질을 지닌 相剋이 발설(發洩)시켜주어야 하는 것이다. 이러한 相剋의 발설(發洩)작용을 제화(制化)라고 한다.

"卽以甲乙庚辛言之. 甲者, 陽木也, 木之生氣也. 乙者, 陰木也, 木之形質也. 庚者, 陽金也, 秋天肅殺之氣也. 辛者, 陰金也, 人間五金之質也. 木之生氣, 寄於木而行於天, 故逢秋天肅殺之氣. 則銷剋殆盡, 而金鐵刀斧, 反不能傷. 木之形質, 遇金鐵刀斧, 則斬伐無餘, 而肅殺之氣, 只外掃落葉, 而根底愈固, 此所以甲以庚爲殺, 以辛爲官, 而乙則反是, 庚官而辛殺也. 又以丙丁庚辛言之. 丙者, 陽火也, 融和之氣也. 丁者, 陰火也, 薪傳之火也. 秋天肅殺之氣, 逢陽和而剋去, 而人間之金, 不畏陽和, 此庚以丙爲殺, 而辛以丙爲官也. 人間金鐵之質, 逢薪傳之火而立化, 而肅殺之氣, 不畏薪傳之火. 此所以辛以丁爲殺, 而庚以丁爲官也. 卽此以推, 而餘者以相剋可知矣."

"甲乙庚辛을 말하면, 甲木은 陽木으로 生氣의 기운이며, 乙木은 陰木으로 형질(形質)이다. 庚金은 陽金으로 숙살(肅殺)의 기운이고, 辛金은 陰金으로 사람들이 사용하는 물건이다. 木의 生氣는 木에 의탁(依託)하여 하늘의 슈을 따라 운행하고, 숙살기(肅殺氣)를 만나면 生氣가 소진(消盡)되는 법칙이 있다. 반대로 쇠와 칼로는 生氣를 상하게 할 수 없다. 木의 형질은 쇠와 칼로 베어낼 수는 있으나 숙살(肅殺)의 氣는 낙엽만 떨어뜨리게 할 뿐, 뿌리는 더욱 튼튼하게 해준다. 이와 같은 것은 甲木에 庚金은 七殺과 같은 것이고, 辛金은 正官과 같은 이치다. 반대로 乙木은 庚金이 正官이고 辛金이 七殺과 같다. 丙丁庚辛을 말하면, 丙火는 陽火이니 융화(融和)의 기운이고, 丁火는 陰火이니 나무에 불이 붙은 것과 같다. 숙살기(肅殺氣)가 丙火를 만나면, 庚金의 기운은 극거(剋去)되나 사람들이 사용하는 불과 같은 辛金은 두려워하지 않는다. 왜냐하면, 庚金은 丙火가 七殺이고, 辛金은 丙火가 正官이기 때문이다. 사람들이 사용하는 물질이 되는 辛金은 丁火를 만나면 모양이 변하지만, 庚金은 두려워하지 않는다. 왜냐하면, 辛金은 丁火가 七殺이고, 丙火는 正官이기 때문이다. 이와 같은 방법으로 추리하면 나머지 相剋도 알 수 있을 것이다."라고 하였다. 이와 같은 내용을 살펴볼 때, 相剋은 陰(陽)과 陰(陽)의 相剋과 陰(陽)과 陽(陰)의 相剋으로 구분하여야 한다는 것이다. 음양이 서로 다른 相剋은 制化가 아니라는 뜻이다.

1. 生化와 制化

사주나 운에서 흉신(凶神)이 길신(吉神)을 相剋하여 해악을 끼칠 때, 凶神을 制하여 吉神을 구(救)하는 작용을 制化라고 한다. 制化는 다른 六神의 生化를 받아야 가능하므로, 生化를 받지 못한 六神이 制化를 하게 되면 무모한 도전으로 시간과 금전을 낭비하는 역효과가 발생할 수 있으니 주의해서 간명하기 바란다. 또한 吉神을 구하지 못하는 制化는 결과가 미흡하고, 吉神을 구하면 전화위복이라는 대단한 효과로 나타난다.

또한 사주에서의 制化가 부귀를 자신의 것으로 만들 수 있는 운명으로 타고난 것이라면, 운에서의 制化는 성실한 노력으로 전화위복을 만드는 작용을 한다. 만약 制化하는 吉神이 生化를 받지 못하면 준비소홀로 制化하는 운이 도착하여도 기회를 잡지 못한다. 결국 制化는 生化를 받은 吉神만이 제대로 역할을 수행한다는 사실을 명심하기 바란다. 하지만 凶神의 制化는 역성(逆成)과 같이 거역함으로 이룩하는 것과 같으니 주의토록 하여야 한다. 아래의 설명들은 吉神의 制化뿐만 아니라 凶神의 制化도 포함하여 설명하고 있으니 구분하여 통찰력을 키우기 바란다.

표 12) 生化와 制化의 抑扶

生化	制化	成事
正印과 日干	正財를 制剋하여	문호(文豪)를 이룸
偏印과 比肩	偏財를 制剋하여	문중(門中)을 이룸
日干과 食神	偏官을 制化하여	명인(名人)을 이룸
劫財와 傷官	正官을 制剋하여	진보(鎭堡)를 이룸
食神과 偏財	偏印을 制化하여	혜민(惠民)을 이룸
傷官과 正財	正印을 制剋하여	혁신(革新)을 이룸
正財와 正官	劫財를 制剋하여	수호(守護)를 이룸
偏財와 偏官	比肩을 制剋하여	조정(調整)을 이룸
正官과 正印	傷官을 制化하여	허가(許可)권을 이룸
偏官과 偏印	食神을 制剋하여	사법(司法)권을 이룸

1) 인성과 일간

正印이 日干(劫財)을 生化하는 것은 현실적으로 필요한 능력을 만들어 사회생활에 적합한 인물이 되고자 함이다. 正財를 制剋하면 자신의 능력을 사회적으로 검증받아 대문호(大文豪)를 이루게 된다. 이러한 현상은 자신이 능력을 현실에 맞게 계발하여 사회적으로 인정받는 것을 말한다. 인명에 교육과 행정, 문화와 예술 및 문장가들이 많은 것을 보면 개인적 자질을 드높이고자 하는 목적을 지니고 있음이다.

偏印이 比肩을 生化하는 것은 미래에 가치가 될 수 있는 새로운 문화를 형성하여 대중화시키고자 하는 것을 말한다. 이러한 연후 偏財를 制剋하면 사회적으로 인정받는 문중(門中)을 이루게 된다. 이러한 현상은 자신의 문장력을 미래에 가치로 연결하기 위하여 현실에 만족하지 않고 영구적으로 보존하고자 하는 의미가 있다. 이에 일파(一派)를 구성하여 사회적 역량을 과시한다.

2) 일간과 식상

日干(比肩)이 食神을 生化한다는 것은 미래에 대한 대책을 강구하는 유비무환과 같다. 偏官을 만나 制化하면 질병퇴치, 천재지변 예방 등 인간을 해롭게 하는 것들로부터 피해를 막아 내는 명인(名人)이 된다. 이러한 현상은 악재를 해결함으로 인한 전화위복 현상을 말한다. 즉 자신이 안고 있는 문제가 해결되는 의미로서 명예회복, 채무변제, 사면복권, 재계약, 합격 등의 凶에서 吉로의 전환과 같다.

劫財가 傷官을 生化한다는 것은 사회변화에 맞추지 못하는 기존체제를 개혁하여 미래에 맞는 새로운 질서를 세우고자 하는 것이다. 正官을 制魁하면 고정관념의 틀에서 벗어나 새로운 개혁을 이뤄 진보(進步)된 변화의 바람을 일으킨다. 이러한 현상은 기득권층의 불합리적인 통치체제를 바꿔 비기득권층이 혜택을 받는 편안한 삶을 영위하기 위한 방법과 같다.

3) 식상과 재성

食神이 偏財를 生化한다는 것은 활인공덕(活人功德)을 베풀고자 자신의 능력을 펼치는 것을 말한다. 이에 偏印을 制化하면 혜민(惠民)을 통하여 대업을 성사시킨다. 이러한 현상은 사람을 구하기 위한 행위로써 전문성을 부각시켜 풍요를 이루게 된다.

傷官이 正財를 生化한다는 것은 고정관념에서 벗어나 시류(時流)에 맞춰 능력을 펼치고자 하는 것을 말한다. 이에 正印을 制魁하면 고정관념을 벗어나서 혁신적인 방법을 구사하여 효과를 이룬다. 이러한 현상은 새 시대에 맞는 변화의 바람을 일으켜 보다 선진화된 방법으로 이익을 만드는 것을 말한다.

4) 재성과 관성

正財가 正官을 生化하는 것은 외부의 침입으로부터 자신의 영역 내의 사람과 소유를 보호하기 위하여 경계를 정하는 것과 같다. 劫財를 制化하면 악재로부터 영역을 수호하게 된다. 이는 영역의 수장이나 가정의 가장역할을 충실히 수행해내는 것을 말한다.

偏財가 偏官을 生化하는 것은 자신의 영역 내의 사람과 소유를 보호하기 위하여 경계를 정하고 내부의 인물 중에서 보호할 사람과 교란자를 색출하여 제거하는 것과 같다. 比肩을 制剋하여 偏財를 구하게 되면 구조조정을 통하여 허물어져가는 조직을 살려낸다. 이는 부실에서 벗어나기 위한 방법으로 긴축재정, 인원감축을 단행하는 것을 말한다.

5) 관성과 인성

正官이 正印을 生化한다는 것은 공익을 우선하는 임무를 하달하는 것과 같다. 傷官을 制化하면 공익에 반대되는 행위를 하는 사람을 교화로써 다스려 正官의 권위를 회복하는 것을 말한다. 이러한 현상은 전통과 관습 그리고 현 체제를 수호하여 조직과 조직원의 안위를 편안하게 하고자 실행하는 업무와 같다. 사적인 권리보다는 공적인 의무가 강조되는 허가기관과 같은 역할을 한다.

偏官이 偏印을 生化한다는 것은 급속하게 변화는 환경을 따라가기 위하여 대비책을 마련하라는 명령을 하달하는 것과 같다. 食神을 制剋하면 지난 시절 자신의 악습을 찾아내어 단점은 고치고 장점은 받아들여서 새로운 시대에 맞춰나가게 된다. 이러한 현상은 미래를 위한 위기대응에 소홀한 부분을 찾아내어 보다 나은 안전함을 강구하고자 하는 의도가 있다.

2. 洩氣

설기(洩氣)[97]는 왕쇠(旺衰) 중에서 衰의 일종으로 원기(元氣)가 손실(損失)되었음을 말한다. 旺이 生化을 받아 기운이 축적된 것을 말한다면 衰는 生化를 하여 기운이 손상된 것을 의미한다. 즉 팽창과 수축 중에서 수축의 의미가 있다. 이와 같이 다른 六神을 生化해줌으로서 기운이 탈진(脫盡)되어 나타나는 현상을 洩氣라고 한다. 또한 다른 六神을 生化해줌으로서 능력을 충분히 활용하는 洩化와는 차별이 된다. 결국 旺한 六神의 生化작용은 洩化라고 하며, 衰한 六神의 生化작용은 洩氣라고 하는 것이다. 이러한 洩氣는 준비한 능력을 사용하지 못하는 환경을 만난다는 뜻을 내포하고 있다.

1) 일간과 식신

日干은 사주에서 자신을 운영하는 주인으로 만사를 판단하는 주체자다. 食神은 日干이 외부에 발휘하는 실력행사로 대상은 소유를 위한 財星과 권위를 향한 官星에 있다. 이에 日干은 食神으로 실력행사를 하기 위해서 충분한 힘을 지녀야 하므로 根旺으로 스스로의 능력을 만들거나 比肩의 협조를 얻어야 한다. 하지만 根旺하지 못하면 뜻을 이루지 못하고 힘만 낭비하게 되는 현상이 발생하여 탈진하게 된다. 또한 根旺하지 못하고 比肩만을 얻는다 하여도 실력행사를 스스로 하지 못하고 타인에게 의존하여야 한다.

이러한 食神의 洩氣하는 행위에 의하여 日干이 탈진되면 제 아무리 뛰어난 능력을 소유하고 있어도 강인한 정신력 부족으로 추진력을 발휘하지 못한다. 또한 정신이 지친 상태에서 힘겨움을 달래기 위하여 국사에 전념하지 못하고 잡기에 빠져 더욱 몸을 탈진시킬 수 있다. 결국 食神의 洩氣에 의한 日干의 탈진은 자신

---

[97] 『滴天髓』,「五 順逆」. "一出門來要見我. 吾我成氣構門侶. 從我不論身强弱. 只要吾我又遇兒. 君賴臣生理最微. 兒能生母洩天機. 母子滅ोक關頭異. 夫健何為又怕妻. 君不可抗也, 貴乎損上以益下. 臣不可過也, 貴乎損下以益上. 知慈母恤孤之道. 始有瓜瓞. 無疆之慶. 知孝子奉親之方. 始能克諧大順之風."

의 능력을 제대로 발휘하지 못하고 지쳐있는 자기자신을 말한다. 이를 극복하기 위해서는 운로에서 日干이 根을 만나 강인한 정신력을 기르거나 比肩을 얻어 자신을 대신하는 의지(依支)를 만나 능력을 발휘하게 되면 어려움을 이겨내는 현명함을 갖추게 된다.

2) 정관과 편인

食神에 의한 日干의 洩氣가 자신의 나약함에 의하여 제대로 능력을 발휘하지 못하는 것이라면 偏印에 의한 正官의 洩氣는 자신의 활동무대가 되는 환경이 탈진되어 무능력한 상태에 빠진 것을 말한다. 이와 같은 현상은 제아무리 능력이 뛰어나다 하여도 발휘할 환경을 만나지 못하거나, 어울리는 환경을 만났다 하여도 중도에 소멸되는 현상을 경험하는 허탈한 지경에 이르게 된다.

이러한 현상을 극복하기 위해서는 운로에서 財生官으로 제대로 운영되는 환경을 만나서 능력발휘에 대한 대가를 지불받아야 한다. 만약 財生官을 이루지 못하여 지속적으로 正官이 洩氣된다면 오랫동안 공을 들여 이루고자하는 것이 허사가 된다. 결국 財生官을 이루지 못한 正官은 제 모습을 갖추지 못한 환경으로 지속적으로 유지되지 못하고 부실함을 보이게 된다. 이러한 正官을 偏印이 洩氣하면 자신이 처한 환경이 되는 것이므로 功이 허사가 된다. 이를 극복하기 위해서는 財生官이 반드시 필요한 것이다.

3) 인성과 비겁

正印은 지식을 습득하여 작품을 이룬 것을 말하고 偏印은 아이디어를 현실화시켜 상품화 시킨 것을 말한다. 하지만 印星이 官殺의 생조(生助)를 얻지 못하면 比劫에 의하여 洩氣되어 자신이 이룬 지적재산권이 유출되는 허탈한 현상을 경험하게 된다. 진품보다는 가품이 판을 치는 허망함이 이런 현상을 대변하게 된다. 다행히 운로에서 官殺을 얻어 比劫을 제지하면 가짜를 단속하여 올곧게 자신의 가치를 지켜내게 된다. 하지만 官殺이 比劫을 제지할 힘을 지니지 못하고 印星을 生助만 한다면 재작업을 하여 작품을 보강하는 힘겨움이 있다.

제3부

月令과 人間

제 3부 月令과 人間

1장 氣候와 月令   189
   시간의 질서가 생겨남

2장 月令   193
   만물의 쓰임이 생겨남

    1. 寅月
    2. 卯月
    3. 辰月
    4. 巳月
    5. 午月
    6. 未月
    7. 中央土
    8. 申月
    9. 酉月
    10. 戌月
    11. 亥月
    12. 子月
    13. 丑月

3장 地支의 配合문제   220
   환경의 변화가 생겨남

    1. 相合
    2. 相沖

1 장 氣候와 月令

시간의 질서가 생겨남

기후(氣候)란 특정장소에 나타나는 평균적인 대기상태를 말한다. 태양의 복사, 온도와 습도, 강수기압, 풍속과 풍향 등이 기후를 구성하는 요건이 된다. 기후측정의 중요성은 측정대상 지역에 거주하는 인명과, 동식물의 생존에 직접과 간접으로 연결되어 있기 때문이다. 그러므로 기후의 변화를 수많은 세월에 걸쳐 연구하는 중요한 이유는 만물의 생멸(生滅)을 주관하는 요소 중의 하나가 기후이기 때문이다. 인간도 만물의 하나로서, 인간의 삶을 조명하는 명리학의 관점에서 볼 때 기후의 변화는 매우 중요하다고 할 수 있다. 절기(節氣)와 月令의 개념을 각 계절에 맞추어 보고, 이로 인한 계절별 직업적 특성과 인간의 삶의 방식의 변화를 살펴보고자 한다.

우리나라는 위도 상으로 중위도에 위치하고, 기온으로는 온대성 기후에 해당한다. 사계절이 뚜렷하여 하루의 일교차와 계절간의 온도차가 심한 것이 특징이다. 봄은 한습(寒濕)하고 일교차가 심하며, 여름은 무덥고 지루한 비가 내리는 난습(暖濕)한 기후다. 가을은 난조(暖燥)하고 일교차가 심하며, 겨울은 춥고 바람이 세찬 한조(寒燥)한 기후다. 바람은 계절풍 기후로 인하여 겨울에는 시베리아에서 차고 건조한 북풍이 불고, 여름에는 태평양으로부터 덥고 습한 남풍이 분다. 북풍은 세찬 바람을 동반하고, 남풍은 비를 동반한다. 남풍은 난습한 기운을 부려 만물을 키워 풍성케 하고, 북풍은 한조한 기운을 부려 만물을 건조하는 저장문화를 만들어 주었다. 지리적인 여건이 대륙의 동쪽해안에 자리하였으므로 동서 중 동안기후에 해당한다. 같은 위도라 하여도 서안기후에 비하여 여름에는 고온다습하며, 겨울에는 저온건조하여 여름과 겨울의 기온차가 심하다.

이와 같이 우리나라는 사계절이 뚜렷하고 기온차도 계절마다 심하다. 이에 따라 생활에 단점도 물론 있겠지만, 장점이 많은 기후조건을 가지고 있다. 또한 온도와 습도의 차이를 활용한 산업도 발달되었다고 볼 수 있다. 봄과 여름의 난습한 기후는 농업에 적당하고, 가을과 겨울의 한조한 기후는 건조나 절임, 발효를 통한 저장산업에 발전을 이루게 하였다. 기후의 변화라는 것은 크게 온도의 변화와 습도의 변화를 말하는 것이고 작게는 지형과 바람을 모두 포함한다. 그러므로 우리나라는 온도와 습도를 이용한 산업과 지형과 바람을 이용한 산업과 계절의 변화를 이용한 산업이 고르게 발달하는 지리적 여건을 갖추고 있다.

기후의 변화를 이용한 산업하면 제일 먼저 떠오르는 것이 음식이다. 사계절의 기온변화가 뚜렷한 우리나라의 특징을 이용하여 농업생산부터 시작해서 저장방법까지 어디하나 기후를 이용하지 않은 것이 없다. 이러한 기후의 영향으로 농업분야의 생산방법과 저장방법은 오랜 경험을 바탕으로 과학적 원리를 탄생시켰다. 하지만 근래에 들어 지구 온난화라는 중요한 문제가 제시되어 지구촌 모두에게 새로운 방식의 산업이 대두되게 된다. 기상이변은 변수이지만 이러한 변수를 이용한 사업이 등장하고 있는 것이다. 기상상황에 따른 '날씨판매지수'가 마케팅 전략에 사용되고 있는 실정이고 보면 매우 중요한 사업전략의 요소가 기후의 변화인 것이다. 음식업계의 이러한 동향에 맞춰 날씨예측 프로그램 사업 또한 거듭나고 있다. 이러한 상황에 마주친 사람에게 현재의 이상기후 변화는 재난인가 혹은 기회인가라는 문제가 제시된다. 우리가 이룩한 문명을 파괴할 정도의 변화무쌍한 기후변화는 재난이 아니라고 할 수 없다. 하지만 이러한 기후를 이용하여 새로운 산업을 발전시키는 것을 보면 기회가 아니라고도 할 수 없다. 눈앞에 닥친 위기는 재난이지만, 닥칠 위기를 미리 알고 극복하는 지혜를 갖춘다면 기회가 될 것이다. 지리적 요소인 육지, 바다, 공중의 특성에 연관되어 상호관계를 맺는 직업분야와 지구의 생명현상인 식물과 동물과 연관된 직업과 공기와 물, 온도와 습도, 빛과 열, 전기와 전자 등의 자연현상에서 얻을 수 있는 각종 에너지관련 직업이 기후와 관련한 사업 들이다.

절기는 시령(時令)이나 절후(節候)라고도 한다. 모두 시간의 질서에 따른 기운의 변화를 표시한 용어들이다. 절기를 추산하는 방법은 태양이 춘분을 지나는 춘분점을 기점으로 하여 황도를 따라 움직인 각도를 말한다. 춘분점을 0도로하고, 15도 차이가 날 때마다 절기가 바뀌게 되니 24절기가 된다. 1년을 온도차이로 구분한 것은 동지와 하지, 습도차이로 구분한 것은 춘분과 추분이다. 이를 2분2지(二分二至)라고 한다. 다음으로 만물의 탄생에 따라 구분한 4립(四立)은 입춘, 입하, 입추, 입동이 있고, 만물의 변화에 따라 구분한 경칩과 청명, 망종과 소서, 백로와 한로, 대설과 소한이 있다. 다음으로 기상의 변화로 구분한 우수와 곡우, 소만과 대서, 처서와 상강, 소설과 대한이 있다. 이러한 24절기는 중국을 기준으로 하였으므로 우리와는 다소 차이를 보이고 있다.
아래의 절기에 대한 해설은 규장각(奎章閣)에 소장되어 있는 『세종실록』권 156~158에 수록되어 있는 내용으로, 원나라의 수시력(授時曆)에 대한 해설서인 『七政算內篇』에서도 볼 수 있는 내용을 대략적으로 소개한다. 절기의 표기는 12지지로 하며, 월의 구분은 하정(夏正)[98]을 사용하였다.

寅月은 입춘과 우수가 절기다. 동풍에 언 땅이 녹고, 땅 속에서 칩거하던 벌레가 움직이기 시작한다. 물고기가 얼음 속에서 움직이고, 수달이 물고기를 잡는다. 기러기는 북방으로 날아가고, 초목은 싹이 돋기 시작한다.

---

98) 하정(夏正)은 夏나라의 正月을 뜻한다. 이러한 뜻에서 파생되어 하나라의 曆法을 지칭하기도 한다. 夏曆을 기준으로 두었을 때, 殷나라는 12월을 정월로 삼았으며, 周나라는 11월을 정월로 삼았다.

卯月은 경칩과 춘분이 절기다. 복숭아가 꽃이 피기 시작하고, 꾀꼬리가 울고, 매가 변해서 비둘기가 되고, 제비가 찾아오고, 천둥과 번개가 일어난다.

辰月은 청명과 곡우가 절기다. 오동나무에 꽃이 피기 시작하고, 들쥐가 변해서 종달새가 되고, 무지개가 보이고, 물풀이 생기기 시작하고, 산비둘기가 날갯짓 하고, 뻐꾸기가 뽕나무에 내린다.

巳月은 입하와 소만이 절기다. 청개구리가 울고, 지렁이가 나오고, 오이 같은 긴 것들이 생겨나고, 씀바귀가 뻗고, 겨울냉이는 죽고 보리는 익는다.

午月은 망종과 하지가 절기다. 곤충이 생겨나고, 왜가리가 울고, 때까치가 울음을 멈추고, 사슴의 뿔이 빠진다. 매미가 울기 시작하고, 약초에 열매가 맺는다.

未月은 소서와 대서가 절기다. 무더운 남풍이 불고, 귀뚜라미가 벽 속에 있고, 매가 사나워지고, 썩은 풀이 변해서 반딧불이 되고, 땅이 뜨거워지고, 장맛비가 내린다.

申月은 입추와 처서가 절기다. 서늘한 바람이 불어오기 시작하고, 이슬이 내리고, 쓰르라미가 울고, 매가 새를 사냥하고, 천지가 숙연해지기 시작하고, 벼가 익는다.

酉月은 백로와 추분이 절기다. 첫 기러기가 돌아오고, 제비는 돌아가고, 텃새들은 먹이를 저장하고, 천둥과 번개는 소리를 멈추고, 벌레들은 땅 속으로 들어가고, 물이 마르기 시작한다.

戌月은 한로와 상강이 절기다. 손님 기러기가 날아오고, 참새가 변해서 조개가 되고, 노란 국화가 피고, 승냥이는 사냥을 하고, 초목은 누런 낙엽이 되고, 겨울잠을 자는 생물은 칩거를 시작한다.

亥月은 입동과 소설이 절기다. 물과 땅이 얼기 시작하고, 꿩이 변해서 조개가 되고, 무지개가 사라지고, 陽氣는 사라지고, 陰氣는 땅을 덮는다.

子月은 대설과 동지가 절기다. 산새는 울지 않고, 호랑이가 교미를 하고, 상록수는 싹이 돋고, 지렁이가 숨고, 고라니는 뿔이 떨어지고, 샘물이 언다.

丑月은 소한과 대한이 절기다. 기러기가 북방으로 돌아가기 시작하고, 까치가 날갯짓을 시작하고, 닭은 알을 품고, 솔개는 높고 빠르게 움직이고, 얼음이 두껍고 단단해진다.

2 장 月令

만물의 쓰임이 생겨남

月令에 관해서는 우선 『禮記』[99]「月令」의 본문을 대략적 해설하였다. 월의 구분은 하정(夏正)을 사용하였고, 영(令)은 진나라 시대의 일들을 기록하였다. 월의 표기는 편의상 12地支를 사용한다. 글의 내용들은 『呂氏春秋』의「十二紀」, 『大戴禮』의「夏小正」, 『淮南子』의「時則訓」을 함께 참고하기 바란다.
「月令」은 『禮記』의 편명으로 열두 달에 행하여야 할 정령(定令)을 설명한 내용으로 채워져 있다. 기후의 변화, 농업과 어업, 천문역법과 五行사상, 만물의 생성과 소멸 등을 통하여 사람이 할 일을 찾는 모습이 수록되어있다. 자연의 변화에 맞춰 사람들의 생활을 달리하면서 살아가야 함을 강조하고 있다. 즉 기후의 변화에 따라 물상이 달라지니 그 물상의 변화에 맞춰 제 할 일을 해야 한다는 내용이다. 결국 陽氣와 陰氣의 변화에 따라 계절을 달리하면서 자연이 변화하니 그 변화에 맞춰 사람에게 임무가 부여된다는 뜻으로 해석된다.
많은 월령류(月令類)에서 공통부분을 찾아보면 첫째, 지구 밖의 별자리의 변

---

[99] 『禮記』는 오경(五經)중의 하나로 예(禮)를 기록한 책명이다. 한무제 때 하간의 헌왕이 공자와 그 밖의 유학자들이 저술한 131편의 책을 수집하여 만든 것을 선제 때에 유향이 정리하여 214편으로 엮었다. 이를 대덕이 85편으로 줄인 것이 『大戴禮』이고, 대성이 또 줄여 46편으로 만든 것이 『小戴禮』이며, 후에 3편을 더하여 49편이 되었다. 일반적으로 『禮記』라고 하는 것은 대성이 엮은 『小戴禮』를 말한다.

화다. 둘째, 지구 안의 계절에 변화에 따른 만물의 생멸(生滅)이다. 셋째, 지구 안에서는 바다와 하천에서의 만물생성, 들(田畓)에서의 만물생성, 산에서의 만물생성, 그리고 공중에서의 조류이동으로 구분하여 설명하고 있다. 넷째, 이러한 변화에 따른 만물의 생성과 그것을 이용하는 사람들의 역할이다. 결국 지구 안의 공간은 해양과 전답, 산과 공중으로 4등분하여 설명하고 있다. 또한 생명활동은 초목과 동물 그리고 사람 등의 셋으로 나눠서 설명하고 있다.

이러한 「月令」의 내용 들 중에서 필자는 기후의 변화에 따라서 사람이 할 일이 무엇인가를 찾아보고 나아가 이를 天干과 地支를 사용하여 설명하였다. 이를 명리학적 관점에서 만물의 변화와 쓰임을 알아보고자 다음 세 가지 관점에서 월령을 연구하고자 한다. 첫째, 月令별 만물의 동정(動靜)이다. 둘째, 月令별 사람의 할 일이다. 셋째, 月令별 기운의 섞임이다. 단순하게 명리학적 관점에서 바라보는 시각인 만큼 부실함이 많을 것이다. 명리학을 연구하는 동도께서는 더 많은 궁리를 거듭하여 月令의 본질을 알아차려 나가시길 바란다.

1. 寅月

"孟春之月, 日在營室, 昏參中, 旦尾中. 其日甲乙, 其帝, 大皡, 其神, 句芒. 其蟲鱗, 其音角, 律中大蔟, 其數八, 其味酸, 其臭膻, 其祀戶, 祭先脾. 東風解凍, 蟄蟲始振, 魚上冰, 獺祭魚, 鴻雁來. 天子, 居青陽左个, 乘鸞路, 駕倉龍, 載青旗, 衣青衣, 服倉玉, 食麥與羊, 其器, 疏以達."

寅月의 만물동정은 五行으로는 木에 속하며 天干으로는 甲이다. 하늘의 별자리는 木에 해당하는 것이 남중(南中)한다. 땅에서는 陽氣에 의하여 파충류가 깨어나고, 물에서는 물고기가 활동을 시작한다. 바람은 동풍이 불기 시작한다. 만물이 활동을 시작하니 사람은 만물의 움직임에 맞춰 제 할 일을 계획하여야 한다. 아직 寒氣가 남아 있으니 들과 산에서는 생명활동이 활발하지 않지만, 바다와 하천에서는 동물들이 활동을 시작한다. 이에 따른 수중에서의 어업활동과 육지에서는 농사준비를 서둘러야 함을 설명하고 있다. 결국 寅月은 수생 동물은 활동을 시작하니 사람은 어업을 시작하고, 육상에서는 생명의 움직임이 아직 없으니 준비하고 기다린다는 뜻이다.

"是月也, 以立春, 先立春三日, 大史謁之天子曰, 某日立春, 盛德在木. 天子乃齊, 立春之日, 天子親帥三公九卿諸侯大夫, 以迎春於東郊, 還反, 賞公卿諸侯大夫於朝, 命相布德和令, 行慶施惠, 下及兆民, 慶賜遂行, 毋有不當. 乃命大史, 守典奉法, 司天日月星辰之行, 宿離不貸, 毋失經紀, 以初爲常. 是月也, 天子乃以元日, 祈穀于上帝. 乃擇元辰, 天子親載耒耜, 措之參保介之御間, 帥三公九卿諸侯大夫, 躬耕帝藉, 天子三推, 三公五推, 卿諸侯九推. 反, 執爵于大寢, 三公九卿諸侯大夫皆御, 命曰, 勞酒. 是月也, 天氣下降, 地氣上騰, 天地和同, 草木萌動, 王命布農事. 命田, 舍東郊, 皆修封疆, 審端經術, 善相丘陵阪險原隰, 土地所宜五穀所殖, 以教道民, 必躬親之. 田事既飭, 先定準直, 農乃不惑. 是月也, 命樂正, 入學習舞. 乃修祭典, 命祀山林川澤, 犧牲毋用牝. 禁止伐木. 毋覆巢, 毋殺孩蟲胎夭飛鳥, 毋麑, 毋卵, 毋聚大衆, 毋置城郭, 掩骼埋胔. 是月也, 不可以稱兵, 稱兵必天殃. 兵戎不起, 不可從我始. 毋變天之道, 毋絶地之理, 毋亂人之紀."

寅月에 사람이 해야 할 일에 대해서는 만물이 생동하기 시작하는 입춘이니 조직활동에 필요한 규칙을 제정하고 앞으로 쓰일 장비를 챙기고 생활에 필요한 계획을 짜야 한다. 특히 처음 시도하는 일과 자식이나 어린아이에 관한 일과 작물의 새싹이나 동물의 새끼를 기르는 일 들은 훗날 큰 이로움이 생기므로 기초를 단단히 한다. 또한 겨울 동안 얼었던 땅이 녹으니 축대를 보수하여 붕괴하는 것을 막는다. 오래 사신 노인들은 陽氣가 오르는 시기라 하여 갑작스러운 움직임을 삼가야 한다. 모두 웅크린 육체를 갑자기 펴면 손상이 가므로 주의하여야 한다고 설명하고 있다.

결국 寅月은 모든 일의 시작과 같으니 단체행동에 필요한 규칙을 정하고 개인마다 생활습관을 잘 들여야 한다는 준비성을 강조하였다. 그리고 지난 시절의 잘못을 알아차려서 다시 보완하고 새로 시작하는 일들은 실수가 없도록 처음부터 기초를 단단히 해야 한다. 이와 같이 점검을 철저히 하라는 뜻도 담겨있다. 어린 싹을 기르기 시작하는 시기임을 강조하고 있는 것은 다가올 농번기를 대비하기 위해서 필요한 일들이기 때문이다. 또한 노인은 아직 寒氣가 남아 생명활동이 본격적으로 시작되지 않은 것처럼 사람의 몸도 지나친 움직임에 주의하여 사고를 대비하라는 뜻이다.

"孟春, 行夏令, 則雨水不時, 草木蚤落, 國時有恐. 行秋令. 則其民大疫, 猋風暴雨總至, 藜莠蓬蒿幷興. 行冬令. 則水潦爲敗, 雪霜大摯, 首種不入."

寅月은 甲木이 땅에서 오르는 시기다. 지하에서 濕氣를 머금고, 陽氣의 인도에 의하여 탄생한다. 마치 어린 아이처럼 미래에 필요한 지식을 습득하고 살아갈 방도를 구상하는 기간이다. 이에 巳月의 기운이 섞이면 지나친 陽氣를 만나므로 춘분이후에 돋아날 지엽이 미리 나와 제 구실을 못하는 것처럼, 사람들도 섣부른 행동으로 부실한 결과를 만드니 미래를 믿지 못하는 일이 많이 생기게 된다. 또한 申月의 기운을 만나면, 木氣을 쇠약하게 하는 살성(殺星)을 지닌 것으로 권위를 상실시키고 두려움을 일으켜서 어린 싹을 잘 키워 완성시켜야 할 일들을 부실하게 한다. 그리고 亥月의 기운이 섞이면 태음(太陰)한 寒氣에 의하여 봄에 얼음이 어는 것처럼 陽氣를 해치니 장래 동량이 될 종자가 상(傷)하여 움트지 못하고 시작부터 정신적인 위축감으로 인한 두려움을 겪게 된다.

이러한 내용들은 四時의 기운이 섞인 것을 설명하는 것이다. 때에 맞지 않는 행동으로 일을 그르치지 말라는 뜻으로 볼 수 있다. 사생지(四生地)는 모든 일을 시작하는 시기인데, 너무 늦거나 빠르게 한다면 기운이 섞여서 일을 그르친다는 뜻이라 여긴다. 특히 寅月의 장생(長生)은 출산과 같은 탄생의 의미가 담겨있으므로 기운이 섞이면, 시작부터 문제가 발생하게 된다.

2. 卯月

"仲春之月, 日在奎, 昏弧中, 旦建星中. 其日甲乙, 其帝大皥, 其神句芒, 其蟲鱗, 其音角, 律中夾鐘, 其數八, 其味酸, 其臭膻, 其祀戶, 祭先脾. 始雨水, 桃始華, 倉庚鳴, 鷹化爲鳩. 天子, 居靑陽大廟, 乘鸞路, 駕倉龍, 載靑旗, 衣靑衣, 服倉玉, 食麥與羊, 其器, 疏以達. 是月也, 安萌芽, 養幼少, 存諸孤. 擇元日, 命民社. 命有司, 省囹圄, 去桎梏, 毋肆掠, 止獄訟."

卯月의 만물동정은 사계절이 나뉘는 춘분이 있고 五行으로는 춘분전은 甲木이고 이후는 乙木이다. 벌레가 땅을 뚫고 나와 기어 다니며, 처음으로 꽃을 피우는 것도 있다. 비가 오기 시작하며 얼음이 봄비에 의하여 구석구석 녹는다. 땅에서는 만물이 오르고 하늘에서는 만물을 기르기 위한 비가 내린다. 초목은 줄기에서 가지를 뻗는 형체가 변화하고 동물은 애벌레에서 날개가 돋거나 다리가 발달되는 형체가 변화한다. 이러한 만물의 형체변화에 맞춰 사람이 할 일을 찾는 것이다. 甲木의 줄기에서 乙木인 가지로 化하는 것은 마치 사람이 가정교육에서 학교교육 과정으로 변화해 가는 모습과 같다. 결국 만물이 마치 알에서 깨어나듯이 형체가 변화하여 성숙해가는 시기라는 뜻이다. 얼음은 녹고, 습기가 오르고, 천둥 번개가 생기고, 물고기는 산란을 시작한다. 육상생명인 식물은 돋아나고, 동물은 움직임을 시작한다.

"是月也, 玄鳥至, 至之日, 以大牢祠于高禖. 天子親往, 后妃帥九嬪御, 乃禮天子所御, 帶以弓韣, 授以弓矢, 于高禖之前. 是月也, 日夜分. 雷乃發聲, 始電, 蟄蟲咸動, 啟戶始出. 先雷三日. 奮木鐸, 以令兆民, 曰雷將發聲, 有不戒其容止者, 生子不備, 必有凶災. 日夜分, 則同度量, 鈞衡石, 角斗甬, 正權概. 是月也, 耕者少舍, 乃修闔扇, 寢廟畢備. 毋作大事, 以妨農之事. 是月也, 毋竭川澤, 毋漉陂池, 毋焚山林. 天子乃鮮羔開冰, 先薦寢廟. 上丁. 命樂正, 習舞釋菜, 天子乃帥三公九卿諸侯大夫, 親往視之. 仲丁, 又命樂正, 入學習舞. 是月也, 祀不用犧牲, 用圭璧, 更皮幣."

卯月에 만물의 활동에 맞춰 사람이 할 일을 찾으면, 날짐승과 들짐승이 활동을 하기 시작하며 사람들도 임신을 하는 따스한 시기가 시작된다. 춘분이 되면 얼어붙은 것들이 풀어지니 집안의 문과 창을 고치고 집을 보수하여 수렵과 어업이 본격적으로 시작된다. 먹을 것이 넉넉하지 못한 시기니 양식을 축내지 않도록 주의하여야 한다. 아무리 어려워도 어린이와 학생을 가르치는 것에는 소홀함이 없어야 한다.

결국 卯月은 낮과 밤의 길이가 변하여 낮이 길어지기 시작하므로 陽氣는 더욱 오르게 된다. 하늘에 구름이 모이고 천둥과 번개가 생겨난다. 땅이 따스하여 초목이 오르고 물은 수온이 올라 물고기가 뛰어놀고 산란기가 되는 때이다. 산에는 동물들이 새 생명을 탄생시키니 머지않아 풍요로운 시대가 오고 있음을 알린다. 사람들도 묵은 것은 다시 고치니 겨울 것은 헐고 봄을 준비하는 것과 같으며 모든 것을 새롭게 하는 것이라고 설명하고 있다. 卯月은 풍요의 시대가 오고 있음을 알린다. 하지만 풍요에는 경쟁이 치열하므로 만물이 서로 다퉈서 우열을 가리는 행위들이 벌어진다. 사람들은 묵은 것을 해결하기 위하여 지난 과거를 정리해야 할 것이고 새 것을 키워나가기 위해서는 경쟁을 통한 검증을 거치는 힘겨움을 겪어야 할 것이다. 이러한 현상은 전시, 출판, 시험, 경기, 발표, 등의 절차를 통하여 자신의 능력을 펼치는 행위가 벌어지기 시작한다. 자연활용 산업으로는 부화, 묘목, 양식 등의 어린 것을 키우는 시기다.

"仲春, 行秋令, 則其國大水, 寒氣總至, 寇戎來征. 行冬令, 則陽氣不勝, 麥乃不熟, 民多相掠. 行夏令, 則國乃大旱, 暖氣早來, 蟲螟爲害."

卯月은 봄의 절정인 춘분으로 丙火의 온화한 陽氣가 점차 더해져서 초목의 싹이 오르기 시작한다. 이에 酉月의 기운이 섞이면 金은 죽이는 기운이므로 마치 뜻하지 않은 서리와 같은 장애가 발생하여 어린 싹을 죽이게 된다. 사람 간에도 외부의 간섭에 의하여 시작부터 그르치게 되는 것과 같다. 또한 子月의 기운이 섞이면 한참 성한 陽氣를 눌러 초목이 오르지 못하게 하니 春夏에 추수할 곡식에 피해를 주는 것과 같다. 사람 간에도 결과가 이롭지 않게 나타나니 결국 재물로 인한 다툼이 벌어지는 것이다. 그리고 午月의 기운이 섞이면 지나친

陽氣에 의하여 땅과 곡식이 마르고 때 이른 병충해가 발생하는 것을 말한다. 이러한 경우는 성급함에 의하여 발생하는 일의 그르침을 말하는 것이라 여겨진다.

子午卯酉月은 사왕지(四旺地)로 만물은 자신의 형체를 변화시켜 목표에 이르려는 행위를 하는 때다. 특히 卯月은 식물의 가지와 잎이 나오니 많은 동물과 사람이 풍요를 누리게 된다. 기운이 섞여 초목의 가지가 이지러진다는 것은 사람이 가지와 잎을 이용한 산업으로 사용한다는 의미가 담겨 있다고 생각한다. 이러한 도시형 산업으로는 요식업, 종이 산업, 의류산업 등이 있다.

3. 辰月

"季春之月, 日在胃, 昏七星中, 旦牽牛中. 其日甲乙, 其帝大皡, 其神句芒, 其蟲鱗, 其音角, 律中姑洗, 其數八. 其味酸, 其臭膻, 其祀戶, 祭先脾. 桐始華, 田鼠化爲鴽, 虹始見, 萍始生. 天子, 居靑陽右个, 乘鸞路, 駕倉龍, 載靑旗, 衣靑衣, 服倉玉, 食麥與羊, 其器疏以達."

辰月의 만물동정은 물과 땅과 하늘이 모두 푸른 완연한 봄이다. 五行으로는 乙木이다. 陽氣에 의하여 나무에는 지엽이 생겨나고 陰地인 물 속의 생물도 모습을 드러내고 땅 속의 생물도 위로 올라와 활동한다. 이른 나무에는 꽃이 피고 천지가 전부 푸르게 장식되는 계절이다. 이와 같이 陰氣로서 살아가는 생명들은 陽氣에 의하여 모두 드러나기 시작하니 만물이 자신의 모습을 갖춘다. 이 모두는 육지뿐만 아니라 수중에서도 마찬가지로 만물이 제 모습을 나타낸다고 설명하고 있다. 수중과 논밭과 산과 공중의 모든 생명이 탄생하고 형체를 갖춰나가는 것을 말한다. 월동(越冬) 작물은 수확을 시작하고, 북쪽은 늦으니 익어가는 시기다.

"是月也, 天子, 乃薦鞠衣于先帝. 命舟牧, 覆舟, 五覆五反, 乃告舟備具於天子焉, 天子始乘舟, 薦鮪于寢廟, 乃爲麥祈實. 是月也, 生氣方盛, 陽氣發泄, 句者畢出, 萌者盡達, 不可以內. 天子布德行惠, 命有司, 發倉廩, 賜貧窮, 振乏絕, 開府庫, 出幣帛, 周天下. 勉諸侯, 聘名士, 禮賢者. 是月也, 命司空曰時雨將降, 下水上騰, 循行國邑, 周視原野, 修利堤防, 道達溝瀆, 開通道路, 毋有障塞. 田獵置罘羅網畢翳餧獸之藥, 毋出九門. 是月也, 命野虞, 毋伐桑柘. 鳴鳩拂其羽, 戴勝降於桑, 具曲植籧筐. 后妃齊戒, 親東鄉躬桑, 禁婦女毋觀, 省婦使, 以勸蠶事. 蠶事既登, 分繭, 稱絲效功, 以共郊廟之服, 無有敢惰. 是月也, 命工師, 令百工, 審五庫之量, 金鐵, 皮革筋, 角齒, 羽箭干, 脂膠丹漆, 毋或不良. 百工咸理, 監工日號, 毋悖於時, 毋或作爲淫巧, 以蕩上心. 是月之末, 擇吉日, 大合樂, 天子, 乃率三公九卿諸侯大夫, 親往視之. 是月也, 乃合累牛騰馬, 游牝於牧, 犧牲駒犢, 舉書其數. 命國, 難九門, 磔攘, 以畢春氣."

辰月에 사람이 할 일은 아직은 땅의 식물에서 곡식을 수확할 시기가 아니므로 어업을 주로 한다. 지난 식량은 떨어지고 앞으로의 수확은 멀었으므로 서로 작으나마 나눠 먹는다. 많이 가진 자는 곡창을 열어 가난을 구제하여 끼니를 해결하게 하니 재물창고를 열어 물목을 꺼내 부족한 자들에게 널리 하사한다. 어떤 사람들은 다음에 이자를 쳐줄 것을 약속하고 급하게 양식을 구하기도 한다. 얼마 후면 비가 많이 오게 되니 다 자란 작물에 피해가 없도록 홍수를 대비한다. 자세히 살피지 않으면 노력하여 일궈온 결실을 거두지 못하니 관리에 철저하여야 한다. 그리고 수확물을 운반해야 하므로 유통경로나 판매계획도 잘 세워 두어야 한다. 이때에 초목과 생물들 중에는 종이나 의복, 그리고 약을 만드는 특수한 초목이 있으니 특별하게 관리하여야 한다. 그 중에서 뽕나무가 그것이고, 누에가 그것이다. 이렇게 봄은 자연이 모든 것을 제공하지만 사람이 열심히 때에 맞는 노력을 하지 않으면 무심히 지나가 버리고 만다. 동물들도 이때에 번식을 하게 되니, 사람들도 종자와 종자가 아닌 것을 구분하여 기르고 가꾼다면 남보다 한발 앞선 사람이 된다고 설명하고 있다.

결국 만물의 움직임의 시작은 가장 먼저 수중생명에서다. 다음으로 논과 밭이 되는 들판이고, 산중에서가 다음이다. 그러므로 이 시기에는 수중에서의 어업이 가장 활발하고 논밭에서 월동작물을 수확하기 시작한다. 또한 지엽이 무성하니 초식동물류인 가축을 기르는 축산업에도 전력을 다하는 모습들이다. 다가올 장마철을 대비하여 축대나 건물을 보수하고, 농수로나 저수지 등을 수리한다. 이것은 토목, 건설, 건축 등의 산업이 중요함을 이르는 것이다. 또한 어업이 왕성하면 당연히 항만과 어류유통도 활발할 것이다.

"季春, 行冬令, 則寒氣時發, 草木皆肅, 國有大恐. 行夏令, 則民多疾疫, 時雨不降, 山林不收. 行秋令, 則天多沉陰, 淫雨蚤降, 兵革并起."

辰月은 살펴보면 丙火의 陽氣에 의해 구부러진 지엽이 펴지고 머지않아 개화가 시작되는 시절이다. 이에 丑月의 기운이 섞이면 초목의 지엽이 다시 수그러들어 펼치지 못하듯 자신의 가치를 더 이상 성장시키지 못하게 된다. 또한 未月의 기운이 섞이면 습한 땅에 열기를 더하니 독충이 많아지고 질병도 발생하듯 사람에게는 장래 결과를 보아야 할 것들이 망가지는 일이 발생한다. 그리고 戌月의 기운이 섞이면 차가운 서리가 내려 죽이는 기운을 가하듯 사람 간에는 다툼이 발생하는 것이다.
辰戌丑未月은 사묘지(四墓地)로 만물이 성체를 이룬 것을 말한다. 자신의 모습을 전부 갖췄다는 뜻이 된다. 특히 辰月의 만물은 초목의 형체를 모두 갖추고 번식을 위한 꽃과 열매를 맺는 시기가 오기를 기다리는 것과 같다. 하지만 기운이 섞여 갖춘 것이 이지러지면, 음식, 농약 등의 극독이나 약, 종이나 의류, 건축자재나 생활도구 등의 산업으로 전환하여 쓰인다.

4. 巳月

"孟夏之月, 日在畢, 昏翼中, 旦婺女中. 其日丙丁, 其帝炎帝. 其神祝融. 其蟲羽, 其音徵, 律中中呂, 其數七, 其味苦, 其臭焦, 其祀竈, 祭先肺. 螻蟈鳴, 蚯蚓出, 王瓜生, 苦菜秀. 天子, 居明堂左个. 乘朱路, 駕赤騮, 載赤旗, 衣朱衣, 服赤玉, 食菽與雞, 其器, 高以粗."

여름의 시작인 巳月의 입하시절에 만물의 동정은 五行으로는 丙火로 陽氣가 절정에 달하는 시기다. 만물이 길게 자란다하여 長夏라고도 한다. 생물들이 소리 내어 울고 지렁이가 나오고 오이처럼 길게 자라는 식물이 생겨나고, 陽火한 기운을 받은 쓴맛 나는 채소와 약초가 자란다. 긴 여름의 시작이니 만물은 약이 올라 독해지고 길게 자란다는 의미다. 천지에 생명이 모두 출현하여 저마다 큰소리를 내는 자연의 소리를 듣는 시기다. 특히 기다란 동식물의 출현을 강조하고 있다.

"是月也, 以立夏, 先立夏三日, 大史謁之天子曰某日立夏, 盛德在火. 天子乃齊, 立夏之日, 天子親帥三公九卿大夫, 以迎夏於南郊, 還反, 行賞封諸侯, 慶賜遂行, 無不欣說. 乃命樂師, 習合禮樂. 命太尉, 贊桀俊, 遂賢良, 擧長大, 行爵出祿, 必當其位. 是月也, 繼長增高, 毋有壞墮, 毋起土功, 毋發大衆, 毋伐大樹. 是月也, 天子始絺. 命野虞, 出行田原, 爲天子, 勞農勸民, 毋或失時. 命司徒, 巡行縣鄙, 命農勉作, 毋休于都. 是月也, 驅獸, 毋害五穀, 毋大田獵. 農乃登麥, 天子乃以彘嘗麥, 先薦寢廟. 是月也, 聚畜百藥. 靡草死, 麥秋至. 斷薄刑, 決小罪, 出輕繫. 蠶事畢, 后妃獻繭, 乃收繭稅, 以桑爲均, 貴賤長幼如一, 以給郊廟之服. 是月也, 天子飮酎, 用禮樂."

巳月은 입하부터 시작하고 陽氣가 충만하여 출행이 원활하고 밝고 기쁨이 많은 시기이니 많은 사람에게 덕을 베풀고 칭찬을 아끼지 않는다. 모든 일은 서로 힘을 합쳐 함께 한다. 陰氣가 물러나니 죄를 묻지 않고 재능을 가려 승진시키고 힘자랑을 시켜 등용하고 모두 재능에 따라 사람을 고르게 쓴다. 생물 중에서는 장성한 것은 골라 키우고 건물을 무너뜨리거나 큰 나무를 베거나 토공(土功)을 행하지 않는다. 즉 陽氣가 만물을 크게 기르니 자라나는 모든 것을 방해하지 않는 것이다. 의복은 여름옷을 입기 시작하고 농번기에 바쁜 사람들을 위로한다. 소홀하여 태만하거나 놀기를 즐겨함을 경계하고 자기직분에 충실하기를 권장한다. 작물을 침범하는 짐승과 새를 몰아내고 陽氣에 의해 성장한 약초를 캐고 여름 속에 가을과 같이 익은 곡식이 생겨난다. 죄인도 처리함에 무너트리는 일을 삼가니 용서와 배려로써 대하는 것은 陽氣에 의한 관대함에서

이다. 모든 것은 균등하게 일한 만큼 할당받는다. 만약 농사자금을 대출받아 쓴 것이 있다면 10분의 1을 세금으로 낸다. 보리와 생물을 수확하면 술과 차를 만드는 재료로 쓸 수 있고 풀벌레가 노래하는 시절이 바로 이 때다. 풍요로운 때에 풀벌레가 노래하듯 즐거운 시기다. 풍요하면 다투지 않고, 부족하면 화합하지 않는 것이 생명들이라고 하는데 이 시기는 모두 다툼이 없이 협조하여 살아가는 시기다.

"孟夏, 行秋令, 則苦雨數來, 五穀不滋, 四鄙入保. 行冬令, 則草木蚤枯, 後乃大水, 敗其城郭. 行春令, 則蝗蟲爲災, 暴風來格, 秀草不實."

巳月에 申月의 기운이 섞이면 金의 건조한 기운이 濕氣를 털어내니 비가 오랫동안 내려서 작물이 크게 자라지 못하듯 사람들은 일을 하지 못하고 피신을 하거나 사람 간에 서로 어울리지 못하고 이지러지게 된다. 亥月의 기운이 섞이면 寒氣를 부려 초목을 시들게 하듯 사람들은 거슬린 행동을 하며, 서로 역행(逆行)을 부려 고생하여 이룬 수확을 모두 빼앗아 간다. 또한 寅月의 기운이 섞이면 여름의 열매가 맺게 되는 시기에 봄의 기운을 만나니 열매는 맺지 않고, 지엽만 무성하게 되는 것처럼 사람들은 결과를 얻지 못하고 중도에 일을 번복하는 현상이 발생한다.

사생지(四生地)는 만물이 태어나는 시기다. 巳月은 지난 시기에 다 자란 보리와 매실 등의 한랭한 기운을 지닌 작물이 뜨거운 여름을 넘기지 못하므로 월동(越冬)작물을 수확한다. 그리고 벼 등의 염열(炎熱)한 기운을 지닌 작물을 이식하거나 파종하게 된다. 또한 초목에도 태어나는 것이 있는데 꽃과 열매다. 땅에서 태어나는 것은 寅月이고, 태어나 성체를 이룬 것에서 번식이 시작되는 것이 巳月인 것이다. 사람들은 이러한 巳月의 기운을 번식기, 가치 상승기, 물물교환기, 연구나 예술 발표기라고 하는 것을 보면 자연의 왕성한 활동에 맞춰 사람도 자신의 능력을 최대한 끌어올리고 내어놓는 것 같다. 결국 기운이 섞이면 지속적으로 자라지 않고, 사람이 만물을 취하여 시장에 내어놓은 것을 암시하고 있다. 이는 자연 그대로의 노랫소리가 아닌 난장의 장사꾼 소리와 같은 것이다.

5. 午月

"仲夏之月, 日在東井, 昏亢中, 旦危中. 其日丙丁, 其帝炎帝, 其神祝融. 其蟲羽, 其音徵, 律中蕤賓, 其數七, 其味苦, 其臭焦, 其祀竈, 祭先肺. 小暑至, 螳蜋生, 鵙始鳴, 反舌無聲. 天子, 居明堂太廟, 乘朱路, 駕赤駵, 載赤旗, 衣朱衣, 服赤玉, 食菽與雞, 其器, 高以粗. 養壯佼."

午月은 하지가 있어 陰陽이 출입하는 시기다. 五行으로는 하지전은 丙이고, 후는 丁이다. 소서가 되면 陽氣는 절정에 달하고, 陰氣는 모습을 감추기 시작한다. 무더운 여름이 시작되니 곤충이 떼를 지어 날아다니고 벌레들의 울음소리가 큰 것을 보니 하지가 멀지 않음을 알 수 있다. 만물이 뜨거워지고 하늘엔 구름이 몰려오기 시작하고 땅엔 습기가 차기 시작한다. 초목은 크게 자라 땅을 감싼다. 모두가 크지 않은 것이 없고 움직이지 않는 것이 없다. 이와 같은 내용을 살펴보면, 午月은 곤충 떼가 출현하고 땅은 뜨겁고 습기가 차며 긴 장맛비가 내리기 시작한다. 모두가 억새고 크지 않은 것이 없으며 자기 힘을 자랑하는 시기라는 뜻이다.

"是月也, 命樂師, 修鞀鞞鼓, 均琴瑟管簫, 執干戚戈羽, 調竽笙篪簧, 飭鐘磬柷敔. 命有司, 爲民祈祀山川百源, 大雩帝, 用盛樂. 乃命百縣, 雩祀百辟卿士有益於民者, 以祈穀實. 是月也, 農乃登黍, 天子, 乃以雛嘗黍, 羞以含桃, 先薦寢廟. 令民毋艾藍以染. 毋燒灰. 毋暴布. 門閭毋閉. 關市毋索. 挺重囚, 益其食. 游牝別群, 則縶騰駒, 班馬政. 是月也, 日長至, 陰陽爭, 死生分. 君子齊戒, 處必掩身, 毋躁, 止聲色, 毋或進, 薄滋味, 毋致和, 節嗜欲, 定心氣. 百官, 靜事毋刑, 以定晏陰之所成. 鹿角解, 蟬始鳴, 半夏生, 木菫榮. 是月也, 毋用火南方. 可以居高明, 可以遠眺望, 可以升山陵, 可以處臺榭."

午月에 사람이 할 일은 하지에 도달하므로 곧 올 장마철을 대비하는 것이다. 이러한 비는 뜨거운 기운을 식혀서 만물을 마르지 않게 하기 위함이다. 一陰이 하지에 생겨나는 것은 만물을 이뤄지게 함이다. 그러므로 一陰은 결실을 맺는 역할을 한다. 그간의 노력이 헛되지 않게 곡식이 여물도록 하늘은 비를 내리는 것이다. 아직은 가을이 오지 않았으므로 음식은 견고하지 않은 것이 수확되는데, 보리와 앵두, 복숭아, 살구, 매실 등이다. 그리고 고기로는 영계가 된다. 오래 저장되어 먹는 것이 아니므로 생활을 유지하는 양식이다. 사람으로 말하면 저축이 가능한 수확물이 아니라 운영에 필요한 자금과 같다. 그러므로 陽氣를 수그러지게 할 뿐, 누르지는 말아야 한다. 이것은 무엇인가. 그간의 노력에 대한 결실을 봐야 하므로 불필요한 것은 一陰의 시절에 털어내고 실용적인 것은 포기하지 말고 정진하라는 뜻이다. 그러므로 성숙되지 못한 것은 버려야 한다. 또한 머지않아 추수철이 되면 시장이 열리게 되므로 외부거래에도 만전을 기해야 한다. 그리고 이제는 살리는 기운보다는 죽이는 기운이 오므로 절정에 달한 陽氣를 주의하여 써야 한다. 만약 혈기를 이기지 못하면 훗날 많은 것을 책임지지 못하는 사람이 된다. 결국 하지는 생사(生死)가 달라지는 시기로 버릴 것과 유지할 것을 구분하여야 한다는 뜻이다.

"仲夏, 行冬令, 則雹凍傷穀, 道路不通, 暴兵來至. 行春令, 則五穀晚熟, 百螣時起, 其國乃饑. 行秋令, 則草木零落, 果實早成, 民殃於疫."

午月은 뜨거운 여름이고, 一陰이 시작하므로 열매는 익어가고 초목은 시들어가기 시작한다. 아직 다하지 못한 것은 결실을 맺어야 하고 다한 것은 마감하여야 하는 변화의 시기다. 이에 子月의 기운이 섞이면 비가 변해서 눈이 내리는 것과 같으니 결실을 해치는 일이 발생한다. 최종목적에 도달하지 못하고 바로 앞에서 분명 좌절하고 만다. 또한 卯月의 기운이 섞이면 열매가 익어가지 않고 새싹이 생겨나는 것과 같으니 일마다 번복할 일이 생겨난다. 그러므로 많은 사람이 기다리던 결실이 없으므로 기근에 시달린다. 그리고 酉月의 기운이 섞이면 金氣가 초목을 말라 죽이는 기운을 부려 열매가 익어가는 것을 방해하므로 쭉정이를 생산하게 된다. 결국 午月에 기운이 섞이면 노력에 대한 결과가 실속이 없는 모양과 같으니 사람 간에 잘잘못을 따지는 힘겨움이 발생한다. 정신적 허탈감이 질병을 초래할 우려가 있다고 기운의 섞임에 대해 설명하고 있다.

6. 未月

"季夏之月, 日在柳, 昏火中, 旦奎中. 其日丙丁, 其帝炎帝, 其神祝融, 其蟲羽, 其音徵, 律中林鐘, 其數七, 其味苦, 其臭焦, 其祀竈, 祭先肺. 溫風始至, 蟋蟀居壁, 鷹乃學習, 腐草爲螢. 天子, 居明堂右个, 乘朱路, 駕赤騮, 載赤旗, 衣朱衣, 服赤玉, 食菽與雞, 其器, 高以粗. 命漁師, 伐蛟取鼉, 登龜取黿. 命澤人, 納材葦."

未月은 화로 속 같은 무더운 시기다. 이러한 무더위 속에서의 만물은 참으로 힘겨운 시절을 살게 된다. 五行으로는 丁이다. 뜨겁기가 맹렬하고, 陰氣가 생겨나므로 멀리 날거나 멀리 뛰지 못하는 생물이 탄생하고, 또한 죽이는 기운을 지닌 생물이 멀리 날고 멀리 뛰면서 활개를 치기 시작한다. 그러므로 죽이지 못하는 것들은 귀뚜라미처럼 구멍 속으로 들어가고, 죽이는 것들은 독수리처럼 들판으로 나간다. 이른 봄에 나온 식물과 동물은 가죽을 남기므로 악어와 거북이와 뱀을 사냥하여 가죽을 얻으며, 건초와 갈대를 채취하여 도구를 만드니 하늘이 남긴 간 고마움이 있다. 이와 같은 설명으로 볼 때, 자연이 남기곤 만물을 이용한 피혁이나, 각종 목공예, 종이산업, 고무나 비닐산업 등의 발달을 말한다고 볼 수 있다. 또한 식물은 약이 올라 있으니 각종 화학성분을 이용한 산업도 이 시기의 영향으로 본다.

"是月也, 命四監, 大合百縣之秩芻, 以養犧牲. 令民無不咸出其力, 以共皇天上帝名山大川四方之神, 以祠宗廟社稷之靈, 以爲民祈福. 是月也, 命婦官染采, 黼黻文章, 必以法故, 無或差貸, 黑黃倉赤, 莫不質良, 毋敢詐僞, 以給郊廟祭祀之服, 以爲旗章, 以別貴賤等給之度. 是月也, 樹木方盛, 命虞人, 入山行木, 毋有斬伐. 不可以興土功, 不可以合諸侯, 不可以起兵動衆, 毋舉大事, 以搖養氣, 毋發令而待, 以妨神農之事也. 水潦盛昌, 神農將持功, 舉大事, 則有天殃. 是月也, 土潤溽暑, 大雨時行, 燒薙行水, 利以殺草, 如以熱湯, 可以糞田疇, 可以美土彊."

未月은 산과 물에서 건초로 변해가는 초목을 취하여 여러 가지 도구를 만들게 된다. 이러한 것은 의복과 생활도구, 동물을 사육하는 사료나 우리로 사용되고 집의 울타리나 지붕을 올리는 용도로 사용한다. 여인들은 이러한 품목으로 염색을 하며, 온갖 수를 놓기도 하고 그림을 그리기도 한다. 하지만 나무는 단단하게 여물지 않았으므로 베어내지 않는다. 여름이 장성하게 길러준 덕을 함부로 해치면 안되므로 좀 더 기다려 물이 빠지면 대목으로 쓸 수 있다. 나무는 단단해지고, 열매는 익어가기 위해서 밤은 추워지고, 낮은 뜨거운 것이 유지되어야 견고해지는 것이다. 또한 土를 파헤치지 말아야 한다. 들에는 아직 추수하지 않은 곡식이 즐비한데, 함부로 土神을 분노케 하지 말아야 끝마침이 있는 것이다. 여름의 기운이 아직 땅에 머물러 있으므로 습하고 무더우니 물과 불이 만난 것과 같아서 잡초는 썩어 퇴비가 되는 것처럼 만물이 저절로 화학작용을 하여 다음 생명을 이롭게 한다. 인간에게는 약이 되고 초목에게는 거름이 된다. 이러한 陰氣의 죽이는 기운은 사람에게 생명을 유지할 수 있는 많은 재료를 가져다준다. 어찌 陰氣는 생명을 죽인다고만 할 것인가. 죽어서 살리는 것이다. 약육강식의 시기가 오고 있음을 알리는 것이다.

"季夏, 行春令, 則穀實鮮落. 國多風咳. 民乃遷徙. 行秋令, 則丘隰水潦, 禾稼不熟, 乃多女災. 行冬令, 則風寒不時, 鷹隼蚤鷙, 四鄙入保."

未月은 뜨거움 속에 차가움이 생겨나니 삶 속에 죽음이 있다. 초목은 시들지만 그가 남긴 열매는 익어간다. 辰土의 기운이 섞이면 지엽에 陽氣가 생겨나고 열매는 익지 않으니 설익은 과일이 떨어지는 것과 같다. 사람도 단단하지 못하여 기운이 쇠해지므로 유행성 감기나 기타의 질병에 시달리게 된다. 사람 간에도 단단하게 결속력을 잃고 흐트러지게 된다. 戌月의 기운이 섞이면 견고한 땅을 만난 것과 같으니 물과 습기가 빠지지 않아 물이 차게 된다. 寒濕한 陰氣가 차오르므로 곡식은 익어가지 못하듯 사람도 자신의 가치를 만들지 못한다. 특히 임산부는 냉병으로 인하여 유산의 우려가 있고, 자식과의 갈등이 염려된다. 丑月의 기운이 섞이면 혹한 냉풍을 만난 듯하니 사방에서 죽이는 기운이 침입하게 된다. 사람의 몸에도 각 구멍마다 한기가 들어와 해롭게 하니 기침환자가 늘

어날 것이다. 또한 사람 간에도 서로 빼앗는 기운이 발동되어 전란과 같은 현상이 발생할 우려가 있다. 곡식이 익어가는 시기인 未月에 기운이 섞이면, 열매는 쓰지 못하고 줄기와 가지만을 채취하여 쓸 수 밖에 없음을 설명하고 있다.

7. 中央土

"中央土. 其日戊己. 其帝黃帝. 其神后土. 其蟲倮. 其音宮. 律中黃鐘之宮. 其數五. 其味甘. 其臭香. 其祀中霤, 祭先心. 天子, 居大廟大室. 乘大路, 駕黃駵, 載黃旂, 衣黃衣, 服黃玉, 食稷與牛, 其器, 圜以閎."

土는 사계절에 모두 있고, 어느 고정된 위치가 있는 것이 아니다. 그리고 土는 한 가지만으로 이뤄진 것이 아니고 다른 五行과 배합되어 나타나는 것이므로 오로지 기체(氣體)로서 존재한다. 土는 하나의 五行이 그쳐서 다른 五行으로 변화될 때, 그 五行의 기운을 연결해주는 중화지기(中和之氣)다. 五行으로는 戊己다.

8. 申月

"孟秋之月, 日在翼, 昏建星中, 旦畢中. 其日庚辛, 其帝少皡, 其神蓐收, 其蟲毛, 其音商, 律中夷則, 其數九, 其味辛, 其臭腥, 其祀門, 祭先肝. 涼風至, 白露降, 寒蟬鳴, 鷹乃祭鳥, 用始行戮. 天子, 居總章左个. 乘戎路. 駕白駱. 載白旂, 衣白衣, 服白玉, 食麻與犬, 其器廉以深."

申月은 입추로 가을문턱에 들어섰지만 뜨거운 여름의 날씨는 아직 물러서지 않고 있다. 五行으로는 庚이다. 陰氣가 출입하므로 점차 찬바람이 불어오고 차가운 이슬이 내린다. 사냥과 추수로 얻은 물목을 시장에 내어놓고 거래에 필요한 모든 규칙을 바로 세워서 다툼을 없게 한다. 물물교환을 하거나 남의 물건을 취하여야 하는 시기로 다툼이 자주 발생하고 침범이 빈번하니 경쟁에 대한 방비도 철저해야한다.

"是月也, 以立秋, 先立秋三日, 大史謁之天子曰某日立秋, 盛德在金. 天子乃齊, 立秋之日, 天子親帥三公九卿諸侯大夫, 以迎秋於西郊, 還反, 賞軍帥武人於朝. 天子乃命將帥, 選士厲兵, 簡練桀俊, 專任有功, 以征不義, 詰誅暴慢, 以明好惡, 順彼遠方. 是月也, 命有司, 修法制, 繕囹圄, 具桎梏, 禁止奸, 愼罪邪, 務搏執. 命理, 瞻傷察創視折, 審斷決, 獄訟必端平, 戮有罪, 嚴斷刑. 天地始肅, 不可以贏. 是月也, 農乃登穀, 天子嘗新, 先薦寢廟. 命百官, 始收斂, 完堤防, 謹壅塞, 以備水潦, 修宮室, 壞墻垣, 補城郭. 是月也, 毋以封諸侯立大官. 毋以割地行大使出大幣."

申月에 사람의 활동은 金氣가 내리는 중이니 내부를 분열시키는 자를 경계하고 외부의 침입자를 막아야 하는 시기다. 외부의 침입을 대비하여 군사를 조련하고 무기를 정비한다. 의롭지 못한 것은 버리고 경쟁자는 정벌하여 엄정한 관리체제를 세운다. 이러한 일을 수행함에는 공평하고 실용적이어야 하며 정직하여야 한다. 아직은 陰氣가 약하니 지나치게 극단적으로 대응하면 안되므로 인화(人和)의 방법을 겸해서 만사를 처리하여야 한다. 하지만 은혜를 베풀거나 구휼을 펼치지 않는 단호함이 있어야 한다. 하나도 남기지 않고 거둬들여서 창고에 보관할 준비를 하여야 한다. 또한 겨울을 맞이하기 위해서 저수지나 주택 등을 보수하여 단단하게 한다. 거두고 감추는 시기이니 정당한 물물교환이 이뤄지지만 부당한 거래나 침탈에 주의하여야 한다는 뜻이다. 이러한 풍요 속에는 다툼이 벌어지게 마련이니 항상 경계하고 거래에 대한 규칙을 세워야 한다.

"孟秋, 行冬令, 則陰氣大勝, 介蟲敗穀, 戎兵乃來. 行春令, 則其國乃旱, 陽氣復還, 五穀無實. 行夏令, 則國多火災, 寒熱不節, 民多瘧疾."

강성한 시기인 申月은 陰氣가 점차 더해지므로 엄정한 정책을 펴야 한다.

하지만 아직은 陽氣가 더 많이 남아 있으므로 지나치게 과한 처사는 삼가야 한다. 이에 亥月의 기운이 섞이면 陰氣가 지나쳐서 만사를 유(柔)하게 처리하지 않고 강(剛)하게 대응하여 다툼이 많이 생긴다. 벌레가 일찍 곡식의 껍질 속으로 숨어드는 것처럼 상대가 두려움에 떨어 자신의 목적을 숨기고 내부에 잠입하여 정사를 그르치게 만드는 역할을 한다. 또한 寅月의 기운이 섞이면 벌레와 초목은 땅 속에서 꿈틀거리는 기운이므로 곡식에 습기가 침입되어 여물지 못하게 한다. 사람에 비유하면 엄정하게 처리하여야 할 시기에 인정을 베풀어 공평성을 상실한 것과 같으니 공사가 분명하지 못한 사람으로 결실을 거두지 못한다. 그리고 巳月의 기운이 섞이면 지나친 陽氣에 의하여 金氣의 죽이는 기운을 쓰지 못하고, 지난 시절에 연연하게 되는 것이다. 만사를 방만하게 운영하여 거두는 시절임을 망각하게 된다. 자제와 규제를 시행하지 않으니 아래로부터 도전을 받아 자기 자리를 빼앗긴다.

9. 酉月

"仲秋之月, 日在角, 昏牽牛中, 旦觜觿中. 其日庚辛, 其帝少皥, 其神蓐收, 其蟲毛, 其音商, 律中南呂, 其數九, 其味辛, 其臭腥, 其祀門, 祭先肝. 盲風至, 鴻雁來, 玄鳥歸, 群鳥養羞. 天子, 居總章大廟, 乘戎路, 駕白駱, 載白旗, 衣白衣, 服白玉, 食麻與犬, 其器, 廉以深."

서리가 내리기 시작하는 酉月의 만물의 동정은 추분이 있으므로 陰氣가 반을 넘어서는 기운을 발휘하기 시작한다. 五行으로는 추분전은 庚, 이후는 辛이다. 바람은 점차 세차게 불기 시작하고 남쪽에 사는 철새는 돌아가고 북쪽에 사는 철새는 돌아온다. 초목은 뿌리로 돌아가고 동물은 둥지로 돌아가기 시작한다. 바야흐로 陰氣가 점차 더해지니 陽氣에 의지해 살던 것들은 남쪽으로 돌아가고, 陰氣에 의지해 살던 것들은 북쪽에서 돌아온다. 만물은 월동준비를 하고 철새들은 먹이활동을 하러 이동한다는 뜻이다.

"是月也, 養衰老, 授几杖, 行糜粥飲食. 乃命司服, 具飭衣裳, 文繡有恒, 制有小大, 度有長短, 衣服有量, 必循其故, 冠帶有常. 乃命有司, 申嚴百刑, 斬殺必當, 毋或枉橈, 枉橈不當, 反受其殃. 是月也, 乃命宰祝, 循行犧牲, 視全具, 案芻豢, 瞻肥瘠, 察物色, 必比類, 量小大, 視長短, 皆中度, 五者備當, 上帝其饗. 天子乃難, 以達秋氣. 以犬嘗麻, 先薦寢廟. 是月也, 可以筑城郭, 建都邑, 穿竇窖, 修囷倉. 乃命有司, 趣民收斂, 務畜菜, 多積聚. 乃勸種麥, 毋或失時, 其有失時, 行罪無疑. 是月也, 日夜分, 雷始收聲, 蟄蟲壞戶, 殺氣浸盛, 陽氣日衰, 水始涸. 日夜分, 則同度量, 平權衡, 正鈞石, 角斗甬. 是月也, 易關市, 來商旅, 納貨賄, 以便民事. 四方來集, 遠鄉皆至, 則財不匱, 上無乏用, 百事乃遂. 凡舉大事, 毋逆大數, 必順其時, 慎因其類."

酉月은 추분이니 陰氣가 왕성해지므로 陽氣는 쇠약해져간다. 초목은 늙어가니 보호하고 노인은 허약해져가니 보충해줘야 한다. 모든 일에 강유(剛柔)를 조절하여 행하고 저장할 창고를 정비하고 차가운 계절을 대비해 의복을 만들고 약자를 보호하기 위하여 법칙을 세우는 것이다. 강자와 약자가 뚜렷하게 나뉘지니 모든 일을 공정하게 처리하되 약자를 보호하도록 하여야 한다. 수확물은 종자와 저장하여 양식으로 할 것과 판매하여 생활자금으로 쓸 것을 구분하여 다스려야 한다. 사육하는 가축도 마찬가지다. 영역을 다스림에도 방비를 튼튼히 하여 陰氣가 성한 시절을 대비하여야 한다. 특히 봄 수확을 대비한 가을 파종작물을 시행하여야 한다. 멈춘다는 것은 시작한다는 것과 같으니 시기를 놓치지 말고 다음 작업을 실천해야 하는 것이다. 낮과 밤의 길이가 같아지자마자 밤이 길어지는 것이니 다가올 어려움에 대비하는 자세가 필요하다. 노후를 대비하듯 비축을 해둬야 훗날을 기약할 수 있다. 머지않아 시장이 활성화되고 백곡이 시장에 나오게 된다. 상법(商法)을 배워 이에 대응하여야 재물을 넉넉히 할 수 있다. 酉月에 사람이 할 일은 여름작물은 거두고 다음 해에 거둘 겨울작물을 파종하는 것이다. 긴 겨울동안에는 수확이 없으므로 양식을 비축한다는 것은 노후대책을 하는 것과 같은 이치라고 여긴다.

"仲秋, 行春令, 則秋雨不降, 草木生榮, 國乃有恐. 行夏令, 則其國乃旱, 蟄蟲不藏, 五穀復生. 行冬令, 則風災數起, 收雷先行, 草木蚤死."

酉月은 추분으로 陰氣가 중음(中陰)하여 여름농사를 거두고 겨울농사는 파종한다. 모든 일에서도 과거를 정리하고 미래를 대비하는 시기다. 정리한 것은 추운 겨울을 살기 위한 수단이 되고 미래를 대비하는 것은 하늘이 내어주지 않으니 사람이 비축해야 살 수 있기 때문이다. 이에 卯月의 기운이 섞이면 죽어가는 초목에 싹이 난다는 헛소문이 돌고 헛된 욕망에 사로잡혀 멈추지 않고 펼치니 불안한 마음이 든다. 또한 午月의 기운이 섞이면 식어가는 땅에 열기가 생긴 것과 같으니 땅 속으로 들어가던 해충이 다시 나와 창궐하게 된다. 지난 문제가 들춰지고, 과거의 실수가 미래의 일들에 침입하여 그르치게 된다. 그리고 子月의 기운이 섞이면 아직 남아있는 陽氣를 거둬들이니 인정이 메마른 경우와 같다. 남의 입장을 고려하지 않고 남의 마음도 염두에 두지 않으니 인덕이 없음을 한탄한다.

10. 戌月

"季秋之月, 日在房, 昏虛中, 旦柳中. 其日庚辛, 其帝少皥, 其神蓐收, 其蟲毛, 其音商, 律中無射, 其數九, 其味辛, 其臭腥, 其祀門, 祭先肝. 鴻雁來賓, 爵入大水爲蛤, 鞠有黃華, 豺乃祭獸戮禽. 天子, 居總章右个. 乘戎路, 駕白駱, 載白旂, 衣白衣, 服白玉, 食麻與犬, 其器廉以深."

戌月의 된서리가 내리는 시기에 五行은 辛이다. 겨울철새가 북쪽에서 날아오고 물고기는 깊은 곳으로 숨고 陰氣를 받은 국화가 피어나고 육식동물은 초식동물을 사냥하기 시작한다. 陰氣가 陽氣를 누르니 이에 맞는 자연현상이 벌어지게 되는 것이다. 사람들도 이 시기에 이사를 가는 이유는 안전함을 구하기 위해서라고 볼 수 있다. 또한 초목에서 양식을 구하지 못하므로 초봄에 물에서 생선을 구하듯 산에서 동물의 고기를 구하는 것과 같다. 기후에 따라 살아가는 방법을 달리하는 모습을 보인다.

"是月也, 申嚴號令, 命百官, 貴賤無不務內, 以會天地之藏, 無有宣出. 乃命冢宰, 農事備收, 舉五穀之要, 藏帝藉之收於神倉, 祗敬必飭. 是月也, 霜始降, 則百工休. 乃命有司, 曰寒氣總至, 民力不堪, 其皆入室. 上丁, 命樂正, 入學習吹. 是月也, 大饗帝嘗, 犧牲告備于天子. 合諸侯, 制百縣, 爲來歲, 受朔日, 與諸侯所稅於民輕重之法貢職之數, 以遠近土地所宜, 爲度, 以給郊廟之事, 無有所私. 是月也, 天子, 乃教於田獵, 以習五戎, 班馬政, 命仆及七騶, 咸駕, 載旌旐, 授車以級, 整設於屛外, 司徒搢撲, 北面誓之. 天子乃厲飾, 執弓挾矢以獵, 命主祠祭禽于四方. 是月也, 草木黃落, 乃伐薪爲炭. 蟄蟲咸俯在內, 皆墐其戶. 乃趣獄刑, 毋留有罪. 收祿秩之不當供養之不宜者. 是月也, 天子, 乃以犬嘗稻, 先薦寢廟."

戌月은 陰氣가 점차 지나쳐 응결하는 기운을 발휘하므로 모든 물건은 안으로 들여 촘촘히 쌓아놓고 행인들에게도 쉬어가도록 묵을 곳을 만들어 준다. 하늘의 기운이 모든 것을 거둬들이니 순종하여 따르지 않으면 홀로 객지를 떠돌게 되는 경우와 같으니 가족이 아닌 자들과도 뭉쳐야 살아갈 수 있다. 땅 속에는 열기에 해당하는 丁火의 기운이 있으니 예능을 익혀서 사람을 위로하고 기술을 숙달시켜야 한다. 陰氣가 성한 시절이므로 교육에 힘쓰고 농사철이 아니므로 교역에 힘써야 한다. 사냥을 통하여 동물로써 양식을 구하면서 체력도 단련시켜야 한다. 활과 화살을 사용하듯 각종 도구를 다루는 방법도 익혀야 한다. 가축은 멍에를 매거나 우리에 가둬야 하며, 사람도 잘못이 있다면 가둬야 한다. 陰氣가 성하여 남의 것을 취하려 하니 방비에 철저하여야 하며 법도를 바로 세워야 한다. 초목은 이미 말라버리고 견고해졌으니 베어 땔감으로 쓰거나 건축자재로 사용할 수 있다. 농사철이 끝났으므로 자신의 능력을 계발하는데 투자를 하라는 뜻이다. 기술개발, 숙달훈련, 체력단련, 도구제작 등과 같다. 또한 지루한 겨울을 나기 위하여 저축과 저장, 숙성, 절임, 냉동, 건조 등의 비축이나 저장방법의 발달도 이 시기의 특성인 것으로 여긴다.

"季秋, 行夏令, 則其國大水, 冬藏殃敗, 民多鼽嚏. 行冬令, 則國多盜賊, 邊境不寧, 土地分裂. 行春令, 則暖風來至, 民氣解惰, 師興不居."

戌月은 이미 陰氣가 왕성하여 陽氣가 자취를 감추기 시작한다. 모두 안으로 들어와서 행하는 일들이 활성화되고 밖으로는 추수한 상품을 교역하거나 벌목과 사냥을 하는 일들이다. 이에 未月의 기운이 섞이면 차가운 서리가 모든 것을 멈추게 하는 시기에 장맛비가 내리는 것과 같다. 그러면 겨울을 나거나 노후를 대비한 것들이 썩게 되어 버리니 미래를 보장받지 못한다. 또한 丑月의 기운이 섞이면 陰氣로 닫은 땅이 陽氣에 의하여 갈라지는 것과 같으니 도적에 의하여 창고가 열리는 것에 비유된다. 사람들은 미래의 일을 미리 걱정하여 내일에 할 일을 오늘에 시작하니 자신과 가족을 망치는 일을 스스로 만들어 간다. 그리고 辰月의 기운이 섞이면 완연한 봄기운이 사람의 기질을 유(柔)해지게 하므로 자신을 단속하지 못하여 나태해진다. 이러한 현상은 법질서, 경계질서, 근무질서 등의 문란을 만들어 낸다.

11. 亥月

"孟冬之月, 日在尾, 昏危中, 旦七星中. 其日壬癸. 其帝顓頊, 其神玄冥, 其蟲介, 其音羽. 律中應鐘, 其數六, 其味咸, 其臭朽, 其祀行, 祭先腎. 水始冰, 地始凍, 雉入大水爲蜃, 虹藏不見. 天子, 居玄堂左个. 乘玄路, 駕鐵驪. 載玄旗, 衣黑衣, 服玄玉, 食黍與彘, 其器, 閎以奄."

亥月은 입동으로 엄숙한 겨울의 시작이고, 머지않은 시기에 一陽의 시작을 알리는 끝과 시작의 의미가 부여된 시기다. 숙연한 겨울은 고요함을 원하여 번잡함을 싫어한다. 하늘엔 구름이 사라지고 땅에는 얼음이 얼고 동물들은 제 집에 들어간다. 출입을 삼가고 만물의 종자와 정신과 몸을 보존해야 할 것이다. 亥月의 만물동정은 기체와 액체가 고체로 변하기 시작한다. 부드러움은 견고하게 되고, 유연함은 굳게 된다는 뜻으로 여긴다. 이러한 겨울의 시작에 만물은 모습을 모두 감추고, 강한 동물은 사냥을 시작한다. 또한 몸에 자신을 보호하기 위한 가죽과 살이 두터워지고, 털옷을 입는다.

"是月也, 以立冬, 先立冬三日, 太史謁之天子曰某日立冬, 盛德在水. 天子乃齊, 立冬之日, 天子親帥三公九卿大夫, 以迎冬於北郊, 還反, 賞死事, 恤孤寡. 是月也, 命大史, 釁龜策, 占兆, 審卦吉凶, 是察阿黨, 則罪無有掩蔽. 是月也, 天子始裘. 命有司曰天氣上騰, 地氣下降, 天地不通, 閉塞而成冬. 命百官, 謹蓋藏, 命有司, 循行積聚, 無有不斂. 壞城郭, 戒門閭, 修鍵閉, 愼管籥, 固封疆, 備邊竟, 完要塞, 謹關梁, 塞徯徑. 飭喪紀, 辨衣裳, 審棺槨之厚薄, 塋丘壟之大小高卑厚薄之度, 貴賤之等級. 是月也, 命工師效功, 陳祭器, 按度程, 毋或作爲淫巧, 以蕩上心, 必功致爲上, 物勒工名, 以考其誠, 功有不當, 必行其罪, 以窮其情. 是月也, 大飮烝. 天子, 乃祈來年於天宗, 大割祠于公社及門閭, 臘先祖五祀, 勞農以休息之. 天子, 乃命將帥講武, 習射御, 角力. 是月也, 乃命水虞漁師, 收水泉池澤之賦, 毋或敢侵削衆庶兆民, 以爲天子取怨于下, 其有若此者, 行罪無赦."

亥月은 입동이니 寒氣가 가득하여 머지않아 陽氣가 새로 시작될 것이다. 지난 가을의 金氣로 인하여 다치거나 죽은 자들의 노고를 치하하고 상처를 치유하여 준다. 그리고 거둬들인 물목을 정리하여 쓸 것과 팔 것으로 분류한다. 陰氣가 절정인 시절이니 하늘의 기운이 무엇인지를 알기 위하여 점사(占辭)를 살핀다. 사람들은 겨울의 기운에 의해 응결되어 있으므로 소통이 안 되고 몸은 혈액순환이 안되므로 자신을 스스로 잘 보호하여야 한다. 한기가 출입하지 못하도록 몸을 감싸고, 재물의 손실이 없도록 문단속을 잘해야 한다. 적정을 감시함에도 소홀함이 없어야 한다. 亥月에 사람들은 만물을 기르는 시기가 끝났으므로 거래를 시작한다. 지역마다 특산물을 거래하고 외교를 통한 교역에도 힘쓴다. 또한 비축식량을 보호하기 위한 방비에도 힘쓴다.

"孟冬, 行春令, 則凍閉不密, 地氣上泄, 民多流亡. 行夏令, 則國多暴風, 方冬不寒, 蟄蟲復出. 行秋令, 則雪霜不時, 小兵時起, 土地侵削."

亥月은 陰氣가 극성으로 모든 문을 닫는다. 이에 寅月의 기운이 섞이면 봄기운에 의하여 땅이 트이게 되므로 겨울에 벌레가 나타는 것과 같다. 이는 마치 한 겨울에 유랑하는 사람이 생긴 것과 비유된다. 또한 巳月의 기운이 섞이면 겨울이 되어도 춥지 않으니 자제하는 힘이 약해지고 따스함을 지양하니 게으르고 나태한 사람에 비유된다. 그리고 申月의 기운이 섞이면 머지않아 동풍이 불어 一陽의 기운이 도착해야 하는데, 이를 방해하는 金氣를 만난다는 것은 침략의 기운이다. 亥月은 모든 것을 거둬드린 것이 끝난 것이고, 거둬드린 것을 거래하니 또 다른 시작과 같다. 이러한 시기에 기운이 섞인다는 것은 거둬드린 것에 피해를 보고 거래 간에 사고를 유발한다는 뜻으로 여긴다.

12. 子月

"仲冬之月, 日在斗, 昏東壁中, 旦軫中. 其日壬癸, 其帝顓頊, 其神玄冥, 其蟲介, 其音羽, 律中黃鍾, 其數六, 其味鹹, 其臭朽, 其祀行, 祭先腎. 冰益壯, 地始坼, 鶡旦不鳴, 虎始交. 天子, 居玄堂大廟, 乘玄路, 駕鐵驪, 載玄旂, 衣黑衣, 服玄玉, 食黍與彘, 其器閎以奄. 飭死事. 命有司曰, 土事毋作, 慎毋發蓋, 毋發室屋, 及起大衆, 以固而閉. 地氣且泄, 是謂發天地之房, 諸蟄則死, 民必疾疫, 又隨以喪, 命之曰暢月."

子月은 동지가 있으니 陰陽이 출입하는 시기다. 냉엄한 陰氣 속에서 一陽이 생동하여 생장을 만들어 간다. 五行으로는 동지전은 壬이고 후는 癸다. 얼음은 더욱 단단해지고 얼음 밑의 땅은 동지의 一陽에 의하여 갈라지기 시작하고 새벽이 빨리 오기 시작한다. 모든 문은 아직 열지 않고 굳건히 닫는다. 만약 이 때에 토목공사를 감행하는 것은 억지로 땅을 여는 것이 되니 응결된 陰氣가 무너져서 재앙을 받게 된다. 겨울잠을 자는 생명을 깨우는 것과 같으니 민심이 흉흉하고 전염병이 퍼지게 된다. 子月의 만물은 고요에 빠져있으니 함부로 땅을 건들지 마라. 陰氣를 함부로 건드리면 질병이 퍼지고, 정신에 혼란을 야기시키는 현상이 발생한다는 뜻이다.

"是月也, 命奄尹, 申宮令, 審門閭, 謹房室, 必重閉. 省婦事, 毋得淫, 雖有貴戚近習, 毋有不禁. 乃命大酋, 秫稻必齊, 麴蘗必時, 湛熾必潔, 水泉必香, 陶器必良, 火齊必得,兼用六物, 大酋監之, 毋有差貸. 天子, 命有司, 祈祀四海大川名源淵澤井泉. 是月也, 農有不收藏積聚者, 馬牛畜獸有放佚者, 取之不詰. 山林藪澤, 有能取蔬食, 田獵禽獸者, 野虞敎道之, 其有相侵奪者, 罪之不赦. 是月也, 日短至, 陰陽爭, 諸生蕩. 君子齊戒, 處必掩身, 身欲寧, 去聲色, 禁耆欲, 安形性, 事欲靜, 以待陰陽之所定. 芸始生, 荔挺出, 蚯蚓結, 麋角解, 水泉動. 日短至, 則伐木, 取竹箭. 是月也, 可以罷官之無事, 去器之無用者. 涂闕廷門閭, 筑囹圄, 此所以助天地之閉藏也."

子月은 출입을 삼가고 일을 만들지 말며 정신을 고요히 하고 정(靜)함을 유지하여야 한다. 기교를 부리거나 사치를 삼가야 한다. 술과 장을 담그는 것은 一陽의 陽氣가 굳은 것을 펴고 얼은 것을 녹이는 성질을 지녔으므로 가능하다. 그리고 子水는 청결한 순수(純水)로서 깨끗함의 상징이기 때문이다. 자신을 자제시키지 않고 함부로 몸을 놀리거나 재물을 낭비하거나 자신과 인연이 있는 사람을 방치하는 것은 내 것이 아니라는 뜻으로 여기니 다른 인연을 찾는다. 동물들도 미리 자기 집을 나서게 되면 사냥꾼에게 포획된다. 오로지 고요하게 자신을 지켜야 한다. 子月에 사람이 할 일은 아침이 오기 전과 같으니 만사를 준비하고 계획을 세우는 것과 같다. 자신의 자질을 발견하고, 정신의 온전함을 살피고, 미래에 할 일을 점검하는 것과 같다는 뜻으로 여긴다.

"仲冬, 行夏令, 則其國乃旱, 氛霧冥冥, 雷乃發聲. 行秋令, 則天時雨汁, 瓜瓠不成, 國有大兵. 行春令, 則蝗蟲爲敗, 水泉咸竭, 民多疥癘."

子月은 출입을 삼가고 마음 또한 고요히 간직하여야 한다. 몸이 움직이면 陰氣에 의하여 손상되고 마음을 움직이면 텅 빈 자아가 된다. 이에 午月의 기운이 섞이면 火氣에 의하여 고요함을 유지 못하고 천둥과 번개처럼 날카로운 심상으로 변하여 미래에 나아갈 길을 알지 못하는 사람이 된다. 또한 酉月의 기운이 섞이면 一陽의 생동을 막아 죽이는 기운을 발휘하므로 훗날 초목이 장생하는 것을 방해한다. 사람에 비유하면 지혜롭지 못하고 노동으로 살아야 함을 말한다. 卯月의 기운이 섞이면 일찍 땅에서 물이 흘러나가므로 봄에 이르러서는 가뭄이 들게 된다. 이런 땅에는 생물이 자라거나 존재하지 못하므로 많은 사람이 떠난다. 子月은 정신을 가다듬고 행동은 삼가는 것인데 기운이 섞이면 정신은 산만해지고 행동은 난잡해진다는 뜻으로 여긴다. 이러한 현상은 다가올 봄에 쓸 기운을 낭비하여 정작 때가 되면 탕진하게 된다는 뜻으로 여긴다.

13. 丑月

"季冬之月, 日在婺女, 昏婁中, 旦氐中. 其日壬癸, 其帝顓頊, 其神玄冥, 其蟲介, 其音羽, 律中大呂, 其數六, 其味鹹, 其臭朽, 其祀行, 祭先腎. 雁北鄉, 鵲始巢, 雉雊, 雞乳. 天子, 居玄堂右个. 乘玄路, 駕鐵驪, 載玄旗, 衣黑衣, 服玄玉, 食黍與彘, 其器閎以奄. 命有司, 大儺, 旁磔, 出土牛, 以送寒氣. 征鳥厲疾. 乃畢山川之祀, 及帝之大臣, 天子神祇."

丑月은 五行으로 癸다. 천지가 고요한 가운데 움직임이 있다. 철새가 북쪽으로 날아가고, 까치는 둥지를 마련하기 시작하고, 새들이 교미를 시작하고 닭은 알을 낳기 시작한다. 陽氣가 땅 속에서 꿈틀거리니 사람들은 경작준비를 한다. 하지만 추위는 더욱 극성을 부려 살성을 지닌 것들이 왕성한 활동을 한다. 만물 중에서 고요를 깨고 처음 움직이는 것이 공중을 나는 새들과 수중의 물고기라는 뜻이다. 육상에서는 움직임이 아직 이르다.

"是月也, 命漁師, 始漁, 天子親往, 乃嘗魚, 先薦寢廟. 冰方盛, 水澤腹堅, 命取冰, 冰以入. 令告民, 出五種, 命農, 計耦耕事, 修耒耜, 具田器. 命樂師, 大合吹而罷. 乃命四監, 收秩薪柴, 以共郊廟及百祀之薪燎. 是月也, 日窮於次, 月窮於紀, 星回於天, 數將幾終, 歲且更始. 專而農民, 毋有所使. 天子, 乃與公卿大夫, 共飭國典, 論時令, 以待來歲之宜. 乃命太史, 次諸侯之列, 賦之犧牲, 以共皇天上帝社稷之饗. 乃命同姓之邦, 共寢廟之芻豢. 命宰, 歷卿大夫, 至于庶民土田之數, 而賦犧牲, 以共山林名川之祀. 凡在天下九州之民者, 無不咸獻其力, 以共皇天上帝社稷寢廟山林名川之祀."

丑月은 얼음 밑에는 陽氣가 오르기 시작하니 물고기를 처음 잡기 시작한다. 단단한 얼음도 채취하여 저장한다. 봄을 대비하여 경작에 필요한 종자를 고르고 농기구를 정비한다. 웅크렸던 겨울이 가면 생기가 찾아오는 것을 대비하여 초목을 가지치기 해주고 여분은 땔감으로 사용한다. 지도자들은 일 년 동안에 벌어질 사업계획을 짜면서 앞일에 대비한다. 丑月에 사람이 할 일은 장비를 점검하고 어업을 시작하고 계획을 짜는 것이라는 뜻이다.

"季冬, 行秋令, 則白露早降, 介蟲爲妖, 四鄙入保. 行春令, 則胎夭多傷, 國多固疾, 命之曰逆. 行夏令, 則水潦敗國, 時雪不降, 冰凍消釋."

丑月은 엄동설한(嚴冬雪寒)으로 맹추위가 기승을 부리고, 얼음은 두꺼워진다. 하지만 陽氣가 땅 속에서 꿈틀거리고, 얼음 밑에는 물고기가 놀기 시작하니 처음으로 어업을 시작한다. 사람들은 내년의 농사일을 대비하여 장비를 점검하고, 죽은 나무로 땔감을 대신하며 살아간다. 이에 戌月의 기운이 섞이면 추상(秋霜)같은 기운이 침입하는 것과 같으니 갑옷을 착용한 침입자가 나타나므로 봄을 맞이하는 준비를 못하고 숨을 곳을 찾는다. 또한 辰月의 기운이 섞이면 너무 이른 陽氣를 만나므로 어린 새싹이 추운 겨울에 돋는 것과 같다. 어린 싹은 응축된 생명력을 갖추지 못하고 태어났으므로 견디지 못하고 죽게 된다. 그리고 未月의 기운이 섞이면 얼음이 갑자기 녹아버리고, 겨울비가 내린다. 만물이 응축된 힘이 없어지므로 장래에 나약한 모습을 나타낸다. 丑月에 기운이 섞인다는 것은 다가올 농사철을 준비하여야 하는데 종자와 양식을 탈취당하여 비축분이 사라지는 현상을 설명하고 있다.

3 장 地支의 배합문제

환경의 변화가 생겨남

명리학을 연구하는 관점에서 「月令」에서 말하는 '기운의 섞임'에 관한 문제를 다시 한 번 짚고 넘어가야 된다고 생각한다. 「月令」은 자연의 기운 속에서 동식물의 변화를 설명하고 있고 기운의 변화에 맞춰 동식물의 생멸(生滅)이 일어남에서 사람의 할 일을 찾고자 한다. 하지만 난기(亂氣)에 의하여 기운이 섞이면 동식물의 형체변화에 의하여 사람의 정신과 행위도 변화되어 나타난다는 뜻이라고 생각한다. 이러한 관점은 선인의 말씀을 곡해하였거나 선배학인들의 의중을 헤아리지 못함일 수도 있다. 명리학의 관점에서만 바라보고자 함을 양해하여 주기 바란다.

하늘에 수많은 별들이 있듯이 지구에도 수많은 기운이 있을 것이다. 서로 다른 별들이 만나 기운이 섞이듯 지구 안의 기운도 각기 만나 섞일 것이다. 이 모두는 하늘이 지어낸 기운의 변화에 의한 것이라 생각한다. 이러한 기운의 변화에 의하여 하늘의 별들이 형체를 달리하듯 지구 안의 만물도 형체를 달리하리라 생각한다. 사람도 이와 같을 것이다. 그 누가 예외가 있을 수 있겠는가 한다. 걱정으로 인한 불안감, 자만심에 의한 용맹무모한 행위들은 모두 난기(亂氣)에 의해서 발생되는 것이다. 하지만 사람은 극복할 줄 알고 극복을 통하여 발전을 이룰 줄도 안다. 자신의 처한 환경이 항상 원하는 모습으로 존재하지 않는다. 이겨나가는 것이 우리들의 삶이 아닌가 생각한다.

四時는 분명 한난조습(寒暖燥濕)의 기운을 내어 만물을 낳고 거둬 간다. 이것은 이전에도 그러하고 지금도 그러하며 앞으로도 그러할 것이다. 지구환경에 寒暖燥濕에 의한 기후의 변화라는 큰 틀이 주어졌지만 온도의 높고 낮음과 습도의 많고 적음이 시절과 지역에 따라 항상 고르게 나타나지는 않는다. 사람도 운명(運命)에 따라 고르게 변화하는 자와 고르지 않게 변화하는 자가 있을 것이다. 이러한 현상을 명리학에서는 합(合)과 충(沖)으로 구분하게 된다. 12개월의 임무를 수행하는 정령(定令)이 있고, 정령은 合에 의하여 임무를 고르게 수행해 나간다. 하지만 沖에 의하여 정령은 그 임무를 고르게 수행치 못하게 되는 것이다. 하지만 이 沖도 우리가 극복해야 할 문제일 뿐이지 두려운 것은 아니라고 생각한다. 이와 같은 내용을 알기위해서는 먼저 12개월의 정령들의 임무를 파악해야 한다.

명리학에서 사왕지(四旺地)라는 명칭으로 불리는 子午卯酉는 이미 왕(旺)하여 변화한다는 뜻으로 낳음의 연속작용을 말한다. 子는 시절이 동지로서 陰氣가 旺하여 陽氣로 변화한다는 뜻이다. 午는 시절이 하지로서 陽氣가 旺하여 陰氣로 변화한다는 뜻이다. 이러한 陰陽의 변화가 만물에 미치는 영향은 子는 종자에서 초목이 탄생하는 것을 말하고, 午는 초목에서 열매가 탄생하는 것을 말한다. 이와 같은 현상을 사람에 비유하면 子는 정신을 인식(認識)하는 사고(思考)를 말하고 午는 행위를 인식(認識)하는 사고(思考)를 말한다.

또한 卯는 시절이 춘분으로 초목이 땅 위로 올라 왔으니 가지를 펼치는 형체(形體)의 변화시기다. 이는 줄기에서 가지가 낳음을 말한다. 酉는 시절이 추분으로 열매가 익어 종자가 됨이니 형질(形質)의 변화를 말한다. 이것은 열매가 종자를 낳음을 말한다. 이러한 만물의 형태(形態)변화는 성장(成長)을 의미하는 것으로 卯는 자라남의 변화를 말하고, 酉는 익어감의 변화를 말하는 것이다. 이와 같은 현상을 사람에게 비유하면 卯는 선천적 조건에서 배우고 익힌 것을 사회에 활용하는 것을 말하고, 酉는 후천적 조건에서 경험한 것을 사회에 쓰는 것을 말한다.

사생지(四生地)라 불리는 寅申巳亥는 이미 낳은 것을 기르고 가꾸는 진행 중인 상태를 말한다. 寅은 시절이 입춘으로 동식물이 땅 위로 오름을 말하니 활동에 필요한 형체를 만들어가는 것을 의미한다. 사람에 비유하면 타고난 자질을 계발해 나아감을 말한다. 巳는 시절이 입하로 동식물이 성체를 이미 이뤘으니 경쟁적으로 먹이활동을 시작하는 것을 말한다. 사람에 비유하면 선천과 후천적 배움을 통하여 계발된 자질을 경쟁을 통하여 활용해 나아가는 초기적 활동을 말한다. 申은 시절이 입추로 식물은 익어가고 동물은 성숙해가는 것을 말한다. 사람에 비유하면 배움과 활용을 통한 경험을 살려 자질을 더 크게 만들기 위하여 자신을 개발해 나아감을 말한다. 亥는 시절이 입동으로 모든 것을 마치고 다음 세대를 위해서 물러감을 말한다. 사람에 비유하면 더 큰 가치를 만든 상태에서 최종목표를 향해 능력을 활용해 나아감을 말한다.

사묘지(四墓地)라 불리는 辰戌丑未는 모두 갖췄다하여 잡기(雜氣)라고도 한다. 이미 낳고 길러져서 이뤄진 것을 말한다. 丑은 시절이 소한으로 지상은 얼고 지하는 온화한 기운이 돌아 종자가 배양(培養)되는 것을 말한다. 사람에 비유하면 자신의 자질이 무엇인지를 발견하여 계발계획을 수립하는 것과 같다. 辰은 시절이 청명으로 초목의 줄기와 가지가 형체를 이룬 것을 말한다. 사람에 비유하면 선천적 자질과 학습과정을 통하여 습득한 실력을 시험이나 각종 대회 등의 검증을 통하여 자신의 지식수준을 확인하는 것을 말한다. 未는 시절이 소서로 초목은 시들고 열매는 익어가니 만물이 자기변화를 맞이하는 것과 같다. 사람에 비유하면 학교생활에서 습득한 실력을 직업활동을 통하여 더 나은 미래를 위해 준비할 것이 무엇인가를 인지하는 것과 같다. 戌은 시절이 한로로 열매를 거둬들인 종자와 같은 것으로 다음 세대를 위해 저장하거나 타인에게 유통시키는 것을 말한다. 사람에 비유하면 사회적응을 통하여 인지한 능력을 더욱 보강시켜 활용한 연후에 최종목표에 도달한 자신의 부가가치를 사회에 적합하게 활용하거나 다음 세대를 위하여 전달하는 것을 말한다.

1. 相合

상합(相合)은 서로 잘 맞는 기운이 만났다는 뜻이다. 한난조습의 순차적 변화에 맞게 순응하는 동식물의 모양과 사람의 행위를 말한다. 寅午戌相合은 火氣로서 만물의 탄생(誕生)을 말하는 것으로 줄기와 열매와 종자가 순차적으로 출현하는 모습을 의미한다고 볼 수 있다. 사람에 비유하면 寅의 선천 자질계발과 午의 후천 사회성 계발과 戌의 활용을 위한 시장성 개발과 같다고 볼 수 있다. 申子辰相合은 水氣로서 만물의 성장(成長)의 변화를 말하는 것으로 열매가 익어감과 종자가 배양되어감과 초목이 장성해 나아감을 의미한다고 볼 수 있다. 사람에 비유하면 申의 사회생활에 익숙하여짐과 子의 가정생활에 익숙하여짐과 辰의 학교생활에 익숙하여짐을 말한다. 亥卯未相合은 木氣로서 만물의 형체(形體)가 분화되는 모습을 말하는 것으로 쓰일 것과 종자로 남길 것이 분화됨과 줄기와 가지가 분화됨과 낙과될 열매와 익어갈 열매로 분화됨을 의미한다고 볼 수 있다. 사람에 비유하면 亥는 자신이 터득한 가치를 스스로 활용할 것과 다음 세대에 유산으로 남길 것을 분류하는 것과 같고, 卯는 자신의 절대적 가치를 높이는 것과 상대적 가치를 높이기 위한 것을 분류하는 것과 같고, 未는 지난 시절에 쌓은 능력과 다가올 시절에 맞는 실력을 구분하는 것과 같다. 巳酉丑은 金氣로서 형질(形質)이 변화되는 모습을 말하는 것으로 번식을 의미한다. 초목의 개화(開花)번식과 열매번식과 뿌리번식의 이치와 같다고 볼 수 있다. 사람에 비유하면 巳는 학교생활을 통하여 습득한 능력을 사회에 활용하는 것과 같고, 酉는 사회생활을 통하여 경험한 능력을 활용하는 것과 같고, 丑은 선천적으로 타고난 능력을 활용하는 것과 같다.

이와 같이 相合은 서로 다른 기운이 섞여 어우러진 현상을 의미한다. 이러한 어울림은 만물이 마땅한 변화를 이루는 것이 된다. 또한 변화에는 강유(剛柔)[100]가 있으니 사람은 이에 맞게 속도를 조절하여 살아가야 지나치거나 부족함이 없는 삶을 영위하게 될 것이다. 만약 강유(剛柔)를 어긴다면 군자(君子)라 이름 할 수 없을 것이니 지나친 현상인 월권과 남용, 그리고 소극적 태도인 소홀과 태만을 일삼게 될 것이다.

표 13) 12정령의 剛柔표

정령	子	丑	寅	卯	辰	巳	午	未	申	酉	戌	亥
강유	胞	胎	養	生	浴	帶	建	旺	衰	病	死	墓

2. 相沖

相合이 어울림에 반하여 상충(相沖)은 서로 어울리지 않는다는 뜻이다. 어울리지 않는다는 것은 장소와 시간과 사람을 말한다. 年支는 하늘의 운행이니 장소의 변화를 주관한다. 月支는 지구의 운행이니 시간의 변화를 주관한다. 日支는 때와 장소에 거(居)하는 자신의 변화를 주관한다. 時支는 나 이외의 타인들의 변화를 주관한다. 때와 장소의 변화는 天地가 지어낸 것으로 만물의 생멸(生滅)이 공간과 시간 속에 존재하게 된다. 이러한 만물을 취하는 행위는 사람이 하게 된다. 그러므로 만물의 존재는 年月에서 찾고, 취하는 행위는 日時의 사람의 변화에서 찾는 것이다. 이에 年月의 合沖변화는 때에 맞는 장소의 어울림을 판단하는 기준이 된다. 月日의 合沖변화는 때에 맞는 사람의 어울림이다. 年日의 合沖변화는 장소에 맞는 사람의 어울림이다. 時支는 타인과의 어울림을 보는 것으로 年時의 合沖변화는 공간변화에 따른 인간관계고, 月時의 合沖변화는 시간의 변화에 따른 인간관계고, 日時의 合沖변화는 늘 함께하는 인간관계를 의미한다고 볼 수 있다.

사왕지(四旺地)는 종시(終始)가 분명한 것인데, 相沖되면 시작과 끝의 이어짐

---
100)『周易』「說卦傳 2章」. "昔者聖人之作易也 將以順性命之理 是以立天之道 曰陰與陽 立地之道 曰柔與剛 立人之道 曰仁與義 兼三才而兩之 故易六畫而成卦"

이 없는 진퇴가 불분명한 경우를 말한다. 사람의 마음에 비유하면 감정과 이성이 불분명한 것과 같은 것이다. 子午는 동지와 하지의 극성(極性)한 기운의 만남을 말한다. 천지의 기운이 종시(終始)되는 시기로 양극(陽極)에 陰이 생겨나고, 음극(陰極)에 陽이 생겨나야 마땅한 변화인데, 陰陽이 양보없이 극성(極性)하니 바르지 못한 자는 옳다고 할 것이고, 옳은 자는 양보하지 않으니 어찌 相沖이라 이름 하지 않을 수 있겠는가. 당파(黨派)가 생겨나 정신적 양극화 현상이 발생할 수 있다. 내가 이긴 것은 상대의 양보 덕이고, 내가 패한 것은 상대가 잘한 덕이라 여긴다면 사람의 삶과 같을 것이고, 뿔을 맞댄다면 본능적인 행위만을 하는 동물의 삶과 다르지 않을 것이다. 卯酉는 춘분과 추분의 양성(兩性)한 형질(形質)의 만남을 말한다. 만물이 분화(分化)하는 시기로 줄기에서 가지가 생겨나고, 가지에서 종자가 생겨나야 마땅한 변화인데, 줄기에서 뿌리기 생겨나고 가지에서 지엽이 생겨나는 것과 같이 시기에 맞지 않는 행동을 하니 어찌 相沖이라고 말하지 않을 수 있겠는가. 이권(利權)이 생겨나 물질적 양극화 현상이 발생할 수 있다. 내가 가진 것은 상대의 희생에 의한 것이고, 내가 가지지 못한 것은 상대가 노력을 많이 했기 때문이라고 여긴다면 만족할 줄 아는 행복이 있을 것이고, 힘겨움을 모두 상대 탓으로 여긴다면 항상 배고픈 사람일 수밖에 없지 않은가 한다.

사생지(四生地)는 생장(生長)이 분명한데, 相沖되면 중도에 풍랑을 만난 것과 같으니 성패(成敗)가 불분명하게 된다. 사람의 마음에 비유하면 희망과 실망이 불분명한 것과 같다. 巳亥는 입하와 입동의 시기로 무성(茂筬)한 기운의 만남을 말한다. 만물이 번식하는 시기로 자기자랑에 지엽에 꽃을 피우고, 지엽을 잘라 베를 짜는 것이 마땅한 변화인데, 젖은 가지로 옷을 짓고 마른가지에 꽃이 핀다하니 어찌 相沖이 아니겠는가. 이렇듯이 본분을 잊고 허황(虛荒)된 것을 찾으니 내 것은 버리고 내 것이 아닌 것은 가지려 한다. 이룬다는 것은 기르고 가꾼 연후에 오는 것임을 명심하여 현실에 충실하면 반듯이 미래는 경이로울 것이다. 미래불안으로 나와 남을 의심하면 내가 만든 불안의 웅덩이에 내가 빠지게 된다. 寅申은 입춘과 입추의 시기로 출입(出入)하는 형질(形質)의 만남과 같다. 종자에서 줄기가 생겨나고, 열매에서 씨눈이 생겨나는 것이 마땅한 변화인데, 종자에서 씨눈이 생겨나고 열매에서 줄기가 피어난다 하니 어찌 相沖이 아니겠는가. 마치 바다에서 활을 쏘고 산에서 낚시하는 모양 같으니 거꾸로 행위하는 것과 같다. 때와 장소와 상대에 맞게 행동한다면 백 가지가 안 되는 일이 없을 것이다. 오기와 고집은 미련한 사람의 소유방식이고 대화와 소통은 현명한 사람의 소유방식이 된다. 현실을 직시하여 환경에 어울리게 행동하여야 할 것이다.

사묘지(四墓地)는 잡기(雜氣)가 분명한데, 相沖되면 내재된 자질을 살려내지 못하는 모순(矛盾)에 빠지게 된다. 辰戌은 청명과 한로의 시기로 우상(雨霜)의 만남과 같다. 비가 내려 작물의 성장을 돕고 작물의 성장을 멈추게 하는 것이 마땅한 변화인데, 천둥소리에 서리가 내리고 맑은 하늘에 비가 내린다니 어찌 相沖이 아니겠는가. 하늘이 죽이는 기운을 내어 돕지 않듯이 자신의 정신이 죽이는 기운을 내려 능력을 활용하지 못하게 하는 것과 같다. 내가 가진 것은 비참하고 남이 가진 것은 화려한 것이라면 어찌 행복할 수 있겠는가. 자신이 가진 만큼만이라도 능력으로 활용한다면 그것이 최선이고 그것이 행복 아니겠는가 한다. 丑未는 소서와 소한의 시기로 한서(寒暑)의 만남과 같다. 종자의 핵을 배양시키고, 열매의 핵을 만드는 근본을 이루는 변화는 마땅한 것인데, 어린이가 백발이 되고 노인이 검은 머리가 났다하니 어찌 相沖이 아니겠는가. 기계에 핵심부품이 빠져 멈추듯이 사람도 핵심이 빠져 사리가 분명하지 못한 사람이 된다. 가난한 마음이 생기고 혼자된 마음에 외로워하는 것이 마치 사막에 내팽겨진 듯하다.

이와 같이 相沖은 때와 장소 그리고 상대와 나에 맞게 마음을 쓰지 못하고 행위가 어긋남을 말한다. 하지만 사람은 교육적 동물이고 사회적 동물이다. 배웠으니 알 것이고, 살아보았으니 알아차렸을 것이다. 의무에 시달리고 권리는 주어지지 못했다는 생각만을 한다면 자신을 올곧게 세우지 못하게 된다. 운명이 있어 그렇게 되는 것이 아니다. 내가 사람을 대함에 나 자신이 그렇게 만든 것인지 생각해보아야 한다. 삶이 시험답안 맞추듯 정답으로 구성되어 있지만은 않다. 우리들의 마음이 성현군자처럼 자연을 그대로 닮은 것처럼 처신하기는 힘들 것이다. 하지만 조금씩 정답을 따라서 행동하고 성현의 마음을 헤아리다 보면 누군가에게 감동을 주고 우리는 행복하여질 것이다. 이것조차 힘들다고 자신의 못남을 덮기 위해 남의 허물을 만들어내지만 않는다면 외면은 면할 것이다.

총설

더 나아감

有用之神

명리학에서 陰陽五行의 相生相剋을 운명판단의 근거로 삼는 것은 사람이 자연 속에서 만물을 기르고 가꾸는 행위를 파악하기 위함에 있다. 그 기준을 人元用事로 삼는 것은 자신이 타고난 임무인 用神을 중시하기 때문이다. 이러한 임무에 따르는 사람의 행위로는 喜神과 忌神이 있다. 위의 세 가지(용신, 희신, 기신)에 난기(亂氣)가 일어 生化剋制가 필요하게 되었을 경우에 有用之神이 정하여 진다. 有用之神은 고난과 역경을 극복하려는 사람의 개발정신과 부합되어 과학문명의 발전을 이루게 된다. 이것은 사람의 삶에 빈부의 격차를 만들기도 한다. 또한 자신이 종사하는 일의 종목이기도 하니 각 개개인의 적성을 파악하는데 중요이론으로 연구할 가치가 있다고 여겨진다.

司令用神은 사람이 기후와 땅, 물과 공기, 동물과 식물 등의 자연 속에서 해야 할 임무와 같다. 이는 하늘이 부여한 임무이므로 사람이 스스로 선택한 것이 아니라 지정된 의무와 같은 것이다. 이러한 司令用神은 사람의 운명에서 빈부(貧富)를 판단하는 기준이 된다.

喜神은 司令用神의 임무를 수행하게 되는 사람의 행위다. 자연이 키우고 기른 것을 거두는 행위로 자연현상에 의탁되어 있다. 오랜 과거로부터 선인들이 행하던 방식을 그대로 답습하는 모습이다. 이러한 喜神은 사람의 직업에 대한 적성으로 나타나게 되는데 인공적인 면이 많이 배제되어 있다.

忌神은 司令用神의 임무를 수행하기 위한 사람의 행위다. 자연이 키우고 기른 것을 거두는 방식으로 살아가되 사람의 필요성에 맞게 응용하여 생산하고 키워가는 방법을 택하게 된다. 이러한 忌神의 적성은 자연과 인공의 조화를 이뤄내어 생존력을 더욱 높여주는 역할을 한다.

有用之神은 기후의 부조화에 의한 난기(亂氣)가 발생하여 재앙을 일으키는 경우와 旺衰强弱의 부조화에 의하여 태과(太過)나 불급(不及)되어 문제를 발생시킬 경우에 生化剋制를 통하여 바로잡는 행위를 하는 오행을 말한다. 이러한 有用之神은 문제를 해결하고자 하는 지혜와 같으니 문명을 발전시키는 원동력이 되었다고 볼 수 있다. 결국 사람에게 부여된 司令用神을 구하는 有用之神은 타고난 환경을 벗어나 더욱 유리한 환경에서 생존하려는 모습을 보여준다. 또한 喜神을 구하는 有用之神은 자신의 의도대로 만물을 사용하려 하지 않고 사회질서에 적응하면서 보호하고 유지하는 방법을 선택하는 삶을 살고자 한다. 忌神을 구하는 有用之神은 만물을 자신의 필요에 따라 응용하여 쓰고자 함이니 불필요한 것은 버리고 필요한 것은 구하는 삶을 선택한다. 자신을 위하는 선택이 각기 다른 것이다. 그러므로 有用之神은 선고후락(先苦後樂)의 양면성을 가지고 있다. 하지만 有用之神이 없는 인명은 평범한 것이다. 그러나 누구나 有用之神을 가질 수는 있으나 누구나 사용할 수는 없는 문제가 생긴다. 有用之神이 제시하는 방법을 선택하려면 불안을 떨쳐내고 자신을 믿는 힘이 필요하다.

格局

명리학에서 격국(格局)을 판단근거로 삼는 것은 자연과 사람 속에서 자신의 모습을 어떻게 만들어 가는가를 파악하기 위함에 있다. 그 기준을 月令의 택향(宅向)으로 삼는 것은 택(宅)은 만물을 다룸을 목적으로 하였으며, 향(向)은 사람을 다룸을 목적으로 하였기 때문이다. 格局중에서 格은 삶의 의미를 담고 있으니 목표를 향한 의지와 같다. 그러므로 格은 사람이 어떠한 모습으로 살아가야 하는 것에 대한 의식(意識)인 것이다. 이러한 格의 삶에 대한 의식을 뒷받침해주는 것이 상신(相神)이다.

相神은 格의 의식에 무의식(無意識)과 같은 든든한 정신적 버팀목이 되어준다. 그러므로 格과 相神은 둘이 혼신(魂神)을 이뤄 굴하지 않는 삶을 살아가게 한다. 하지만 忌神은 格과 相神을 해(害)하여 혼신을 어지럽게 한다. 이러한 경우에 억부(抑扶)를 통하여 회복시켜주는 六神을 우리는 구신(救神)이라고 한다. 救神은 정신적 힘겨움을 벗어나 희망을 찾는 사람의 모습을 담고 있다. 이것은 나와 남을 구하는 방법이다. 세상을 바라보는 사람의 세계관(世界觀)이 각자마다 달라서 마찰을 일으키는 것은 救神을 얻지 못하였기에 발생하는 것이다. 올곧은 세계관을 가지고 짧지만 큰 삶을 살아가기 위해서는 格局의 온전함을 얻어야 한다. 格局은 우리 사람이 인간관계를 이뤄 살아가는데 필요한 세계관을 연구함에 적합한 주제를 제공한다고 볼 수 있다. 하지만 긍정의 힘을 지니지 않고 나와 남을 나누는 피차(彼此)의 세계관을 지녔다면 귀함이 없을 것이다.

결국 救神은 忌神에 의하여 자신의 처지를 불쌍히 여기는 것을 극복하고 새로운 각오로 살아감을 말한다. 格을 救하는 것은 삶의 목적을 되찾는 것이 되고, 相神을 救하는 것은 의지를 되찾는 것과 같다. 걱정과 근심으로 일관하던 자신을 곧추세워 나아감을 말한다. 하지만 자신의 본래의 모습을 되찾는 과정에는 한(恨)은 승화되어야 하며, 억울한 감정은 해소하여야 한다. 또한 '머리 검은 짐승은 믿을 것이 못 된다.'라는 되지도 않은 불신에서 벗어나려는 노력이 필요하다. 자기의 상처를 스스로 치유하지 못하는 救神은 승벽기질에 불과한 인물을 만든다. 그러므로 救神은 긍정 마인드를 필요로 하고 있다.

六神

명리학에서 六神을 판단근거로 삼는 것은 사람이 인간관계를 이뤄 살아가는 사회적 동물이기 때문이다. 사회에는 나 자신이 있고 자신이 개척한 터전이 있으며 내가 따라야 하는 경계가 있다. 먼저 나 자신을 주체(主體)로 삼으니 日干이 된다. 다음으로 재주를 부려 개척한 터전을 財星이라 하고, 모든 사람이 공유해야 하고 적응해야 하는 대상을 官星이라고 한다. 이러한 財官의 사회적 환경에 日干인 나는 적응해야 한다. 하지만 日干과 財星과 官星이 서로 부응치 못하게 되면 이지러진 인간관계를 보이게 된다. 이지러진 인간관계를 회복하여 어우러지게 만드는 작용을 억부(抑扶)라고 하며, 그 六神을 有用之神이라고 한다. 六神에서의 有用之神은 억부용신(抑扶用神)이라는 이름하에 오랫동안 연구되어 왔다고 볼 수 있다. 필자는 抑扶用神이라는 명칭을 사용하겠다.

運命

만물생성에는 神(god)이란 의미와 氣(天地)란 의미가 있다. 氣는 본문에서 밝힌 바와 같이 동양철학사 전반에 걸쳐 설명되어 있다. 神은 성경 창세기 7일간의 작업과정에 설명되어 있다. 이와 같은 내용으로 볼 때, 도가와 유가적 동양에서 氣는 저절로 생성되었고 기독교적 서양에서는 神을 인위적으로 창조시켰다. 이러한 동양의 기화생성 사상은 형이상학으로 발전되어 수행의 기초가 되었고, 서양의 창조사상은 제작개념으로 확대되어 과학문명 발전의 기초가 되었다고 볼 수 있다.

만물 기화생성은 氣가 氣化하여 만물을 생성했다는 간단한 논리다. 氣는 만물생성 이전이 주체(主體)가 되고, 생성 이후가 有用이 된다. 주체는 삶의 이유가 되고, 有用은 삶에 필요한 방법이 된다고 볼 수 있다. 이러한 삶에 필요한 방법론을 제시하기를 도가는 수행의 수단으로 기공양생이 필요하다고 주장하였다. 유가에서는 수양함을 삶의 방법으로 제시하고, 형이하학적 五行가는 만물을 사용함을 제시하였다. 이러한 주장을 확신하기 위하여 필요한 단어로 제시된 것이 도가는 형신통일(形神統一)이고 유가는 심성(心性)이다. 이것을 명리학에서는 喜忌로 논한다. 도가의 형신통일은 몸을 단련함에 마음이 동반되어야 한다는 것이고, 유가의 심성은 마음을 바르게 함에 몸가짐이 동반되어야 한다는 것이다. 명리학의 喜忌는 바라는 것과 꺼리는 것으로 구분하여 바라는 것은 취하고 꺼리는 것은 극복하여야 한다는 주장을 내세우고 있다.

명리학의 喜忌는 人元에서 구하는 것이다. 먼저 천지의 기운이 합일되어 임무를 부여받고 타고난 자리가 인원 중에서도 司令의 자리다. 이러한 司令을 用神이라고 한다. 결국 인원 중에서도 자신이 임무를 부여받고 타고난 자리를 用神이라고 하며, 그 임무를 사람이 天人合一로 수행한다고 하여 司令用神이라고 하는 것이다. 司令用神의 임무를 수행하기 위해서는 喜神과 忌神의 행위가 필요한 것이다.

用神에는 본연지성(本然之性)이 담겨있으니 타고난 성품이 있음을 의미한다. 하지만 用神이 순일(純一)하지 못하면 환경이나 자신의 문제로 본래의 성품을 유지하지 못하여 바뀌게 되는 것을 기질지성(氣質之性)이라고 한다. 이와 같이 사람의 본연에 따라 만물을 사용하는 행위를 喜神이라고 한다. 忌神은 본연을 유지하지 못하고 자신의 기질에 따라 삶을 달리하게 된다. 이러한 喜忌를 조율시켜서 유용하게 쓰임을 유도하는 것을 有用之神이라고 한다. 이러한 有用之神에는 환경에 따라 자신의 능력을 만들고 기르는 생존능력이 담겨 있다. 그러므로 명리학에서 가장 중요한 인간의 역할은 用神에 있으며, 用神을 司令用神이라고 한다. 用神이 순일하지 못한 경우에는 喜忌를 中和함에서 나타나는 有用之神에서 삶의 방법을 찾는 것이다. 有用之神은 각자의 기질에 따라 다르게 나타나게 된다. 이후 명리학은 사물을 다루는 五行의 명(命)적 개념에 정신을 다루는 성(性)적 개념을 지닌 六神을 첨가하여 연구하게 된다. 六神은 五行이라는 만물을 기르고 가꿈에서 생겨난 능력을 인간관계를 통하여 어떻게 활용하는가를 찾는 것과 같다.

필자는 명리학의 사유체계를 돌아보고 연원(淵源)을 찾아 나서는 과정을 통해

오류를 찾아 수정하고 보완하려는 목적을 지니고 출발하였다. 그리고 명리학을 통해 인간이 자신의 임무를 알고 과장된 인생을 살게 하지 않고자 함이 두 번째 목적이다. 차후에는 더욱 대표성을 지닌 심층연구를 통하여 명리학 발전에 기여할 수 있도록 노력을 거듭하겠다.

丙申年 早春에
계룡산 향선각에서 창광 김성태 두 손 모음

參考文獻

Ⅰ. 원전류

戴德, 『大戴禮記』, 山東友誼書社, 1991
萬民英, 『三命通會』, 武陵出版有限公司, 1998
徐樂吾, 『子平眞詮評柱』, 武陵出版有限公司, 2005
任鐵樵, 『適天髓闡微』, 武陵出版有限公司, 1997
徐樂吾, 『窮通寶鑑評柱』, 心一堂有限公司, 2015

Ⅱ. 단행본류

갈홍, 『포박자』, 이준역 역, 자유문고, 2014
강신주, 『철학vs철학』, 그린비출판사, 2010
김낙필, 『조선시대의 내단사상』, 한길사, 2000
김필수 외3인, 『관자』, 소나무, 2006
대덕, 『대대례』, 박양숙 역, 자유문고, 1996
동중서, 『춘추번로』, 남기현 역, 자유문고, 2005
류성태, 『동양의 수양론』, 학길방, 1996
만민영, 『삼명통회』, 무릉출판사, 1998
반고, 『백호통의』, 신정근 역, 소명출판, 2005
소강절, 『황극경세서』, 노영균 역, 대원출판, 2002
소길, 『오행대의』, 김수길 역, 대유학당, 1998
소류사기태, 『노장사상과 도교』, 김낙필 역, 시인사, 1988
안종수, 『동양의 자연관』, 한국학술정보, 2006
여불위, 『여씨춘추 12기』, 정영호 역, 자유문고, 2006
염정상, 『설문해자주』, 서울대학교출판문화원, 2007
예광혜, 『궁통보감』, 지남, 2004
예광혜, 『적천수천미』, 지남, 1999

오청식, 『연해자평』, 대유학당, 2008
오청식, 『자평진전』, 효정출판사, 2013
원수산, 『명리탐원』, 동서문화, 1997
위백양, 『주역참동계』, 최정주 역, 자유문고, 1993
유안, 『회남자』, 이준영 역, 자유문고, 2015
유정수, 『음부경』, 여강출판사, 2001
이강수, 『노자와 장자』, 길, 2005
이도순, 『중화집』, 김정제 역, 한국학술정보, 2009
이원국, 『내단』, 김낙필외 3인 역, 성균관대학교출판부, 2006
이충구 외3인, 『이아주소』, 소명출판, 2004
장개빈, 『잡경』, 이남구 역, 법인문화사, 2006
장립문, 『기의철학』, 김교빈 역, 예문서원, 2004
정병섭, 『예기집설대전월령』, 학길방, 2010
정승모, 『한국의 농업세시』, 일조각, 2012
정용선, 『장자의 해체적사유』, 사회평론, 2009
주희, 『역학계몽』, 김진근 역, 청계, 2008
주희.여조겸, 『근사록』, 최대림 역, 홍신문화사, 1997
최한기, 『운화측험』, 이종란 역, 한길사, 2014
최한기, 『기측체의』, 이종란 역, 풀빛, 2012
풍우란, 『중국철학사』, 박성규 역, 까치글방, 1999
하지산, 『중국 도교사』, 오영식외 1인 역, 차이나하우스, 2012
한동석, 『우주변화의 원리』, 대원출판사, 2013
J. 하위징아, 『호모루덴스』, 김윤수 역, 까치, 1981

Ⅲ. 論文類

강신주, 「장자철학에서의 소통의 원리」, 연세대학교 대학원, 박사학위논문, 2002

김동진, 「『관자』 4편의 수양론 연구」, 고려대학교 대학원, 석사학위논문, 2008

박동인, 「『관자』 4편과 『할관자』의 기화우주론(氣化宇宙論)」, 철학연구회 86권, 2009

전정훈, 「『자평진전』의 상신에 관한 연구」, 공주대학교 대학원, 석사학위논문, 2014

창광생각 키워드

편집자 해설분

I. 五行의 相生相剋 키 워드

II. 用神과 喜忌神 키 워드

III. 격국(格局)과 육신(六神) 키 워드

IV. 猖狂의 간명(看命) 키 워드

Ⅰ. 五行의 相生相剋 키 워드

기(氣)의 기화(氣化)

창광은 우주의 氣가 氣化되어 지구에 만물이 생성되었다고 한다. 이에 우주의 氣가 氣化되어 지구(地球)라는 戊土에 생겨난 기운을 陰陽이라고 하며, 이러한 陰陽이 壬水와 丙火의 寒暖한 기운이 되었다고 한다. 그러므로 四時를 순환하는 지구의 기운은 戊土가 되며, 순환과정에서 생겨난 寒暖한 기운을 壬水와 丙火라고 한다.

사시(四時)와 팔품(八稟)

창광은 四時의 기준이 나뉨에 동지부터 하지를 춘하절, 하지부터 동지를 추동절로 정함을 인정한다. 또한 동지부터 춘분을 춘절, 춘분부터 하지를 하절, 하지부터 추분을 추절, 추분부터 동지를 동절로 구분하여 각각 90일씩 춘하추동으로 나눈다. 또한 만물생성을 연구하기 위하여 팔품(八稟)의 기준이 나뉨에 45일씩으로 한다.

중화(中和)의 함(含)과 토(吐)

지구의 순환과정에서 戊壬으로 寒氣를 머금어(含) 지질(地質)이 되는 己土가 癸水라는 濕氣를 토해내고(吐), 戊丙으로 暖氣를 머금어 地質이 되는 己土가 丁火라는 燥氣를 토해내어 四時에 寒暖燥濕이 생겨난 것이다. 결국 순환하는 지구의 기운인 戊土와 땅의 地質이 되는 己土가 함(含)과 토(吐)라는 中和作用으로 戊壬(寒燥) → 己癸(寒濕) → 戊丙(暖濕) → 己丁(暖燥)으로 春夏秋冬에 寒暖燥濕이 생겨난 것이다.

생장성멸(生長成滅)의 氣

四時의 기운은 순환을 거듭하면서 기질(氣質)을 이루어 만물을 생성하는 기운이 마련된다. 이러한 기운의 순환을 相生이라고 하며, 相生을 통하여 이뤄진 기운을 氣質이라고 하며, 氣質에 의하여 탄생(誕生)한 물질을 만물이라고 한다. 이와 같은 相生의 기운은 동절에서 춘절로 향하면서 水生木으로 生氣의 氣質이 생겨나고, 춘절에서 하절로 향하면서 木生火로 長氣의 氣質이 생겨나고, 하절에서 추절로 향하면서 火生土生金으로 成氣의 氣質이 생겨나고, 추절에서 동절로 향하면서 金生水로 滅氣의 氣質이 생겨난다. 이와 같은 생장성멸(生長成滅)의 기운은 四時를 순환하면서 만물의 生長과 生死에 관여하게 되는 것이다.

만물(萬物)의 출생(出生)

四時의 相生작용에 의하여 생성된 만물을 팔품(八稟)이라고 한다. 八稟은 춘절 水生木의 生氣에 의하여 己癸=甲으로 배양(培養)된 子丑月의 根과 戊癸=甲으로 탄생(誕生)된 寅卯月의 苗가 되는 出生과정이 있다. 이러한 배양과 탄생과정을 거쳐 根과 苗로 만물이 출생하는 것이다. 하절 木生火의 長氣에 의하여 戊丙=乙으로 산포(散布)된 卯辰月의 枝葉과 己丙=乙으로 번식(繁殖)된 巳午에 開花가 되는 生長과정이 있다. 이러한 산포와 번식과정을 거쳐 枝葉과 開花로 만물은 생장해 나아가는 것이다. 추절의 火生土生金의 成氣에 의하여 己丁=庚으로 염상(炎上)에 의한 午未月의 結實과 戊丁=庚으로 수렴(收斂)되는 申酉月의 숙성(熟成)과정이 있다. 이러한 염상과 수렴과정을 거쳐 결실이 익어가는 것이다. 동절은 金生水의 滅氣에 의하여 戊壬=辛으로 完成된 酉戌月에 成果 己壬=辛으로 종자(種子)를 전달(傳達)하는 亥子月의 과정을 거쳐 만사를 완성시키고 후세에 전하게 된다.

출산(出産)을 위한 수원(水源)과 인화(引火)

四時의 순환에 의하여 出生된 만물은 근묘지화실숙성종(根苗枝花實熟成種)이다. 이러한 만물은 氣의 氣化에 의하여 생성된 것이다. 이렇게 생성된 만물은 각자 같은 종류(種類)의 만물을 出産하게 된다. 그러려면 남보다 강한 생명력과 지속적으로 살아남는 지구력이 있어야 한다. 이러한 出産의 힘은 天干에 드러난 金生水인 수원(水源)과 木生火인 인화(引火)에서 이루어진다.

水源은 춘절의 水生木인 癸甲을 辛+癸甲으로 보좌함에서 이뤄지고, 하절의 木生火인 乙丙을 庚癸+乙丙으로 보좌함에서 시절에 맞게 지속적인 성장을 하면서 이뤄지는 것이다. 引火는 추절의 火生土生金인 丁己庚을 乙+丁己庚으로 보좌함에서 이뤄지고, 동절의 金生水인 辛壬을 甲丁+辛壬으로 보좌함에서 시의적절하게 지속적으로 성장한다.

상승(上昇)을 위한 제련(製鍊)과 단련(鍛鍊)

水源과 引火에 의하여 지속적으로 발전해 나아가는 자신을 운영하는 것이라면, 제련(製鍊)과 단련(鍛鍊)은 신분을 상승하기 위한 鍛鍊과 가치를 상승시키기 위한 製鍊이다. 이러한 상승작용은 天干에 드러난 火剋金의 훈련을 통하여 이뤄진다.

鍛鍊은 춘절의 水生木인 辛癸甲을 丙+辛癸甲으로 制剋함에서 이뤄지고, 하절의 木生火인 庚癸乙丙을 丙+庚癸乙丙으로 制剋함에서 시절에 맞게 火剋金으로 성장을 위한 훈련과정을 통하여 신분상승이 이뤄지는 것이다. 또한 추절의 火生土生金인 乙丁己庚을 丁+乙丁己庚으로 制剋함에서 이뤄지고, 동절의 金生水인 甲丁辛壬을 丁+甲丁辛壬으로 制剋함에서 火剋金으로 연습과정을 통하여 가치를 상승시키는 것이다.

상보(相補)를 위한 벽갑(劈甲)과 절지(折枝)

출산과 상승을 통하여 자신을 운영해 나아가는 과정에서, 잘못됨을 바로잡아 효율적인 삶의 설계를 위한 상보(相補)작용이 필요하게 된다. 이러한 상보는 天干에 드러난 金剋木에 의하여 실용성을 높여 나가게 된다.

춘절에는 庚甲으로 자신의 성장을 위하여 불필요함을 간벌(間伐)로써 제거하고 필요함을 구하는 이식(移植)과 같다. 하절에는 辛乙로 경쟁을 위하여 불필요함을 절지(折枝)하여 필요함을 키워 나가는 것과 같다. 추절에는 庚甲으로 벽갑(劈甲)하여 과거의 학력과 경력 중에서 불필요함을 제거하고 현재 상황에 필요한 부분을 구하는 묘미가 있다. 이것은 시대적 상황을 고려한 특별함이 있다. 동절의 辛甲은 벽조(劈彫)와 같은 것으로 낡고 헐은 물건이나 고루한 정신을 바로잡아 현실에 맞게 바로 세우는 것과 같다.

계발(啓發)을 위한 윤택(潤澤)과 소토(疏土)

地質이 되는 己土가 癸水를 토(吐)하면서 甲木을 出生시키는 작용을 윤택(潤澤)과 소토(疏土)라고 한다. 己+癸가 택(澤)과 답(畓)처럼 비옥한 땅을 이룬 것이다. 그리고 이러한 땅에서 甲木을 토해내는 것을 말한다. 潤澤은 부모로부터 물려받은 타고난 자질이 되고, 疏土는 현실에 필요한 능력을 계발(啓發)하는 것과 같다. 이러한 자기계발을 통하여 습득한 능력은 삶에 필요한 특기가 된다.

또한 地質이 되는 己土가 壬水를 토설(吐泄)하면서 甲木을 出生시키는 작용은 탁수(濁水)에서 疏土되어 계발된 능력이 된다. 이러한 현상은 자질을 계발한 것이 아니라 어지러운 현실에서 살아남기 위하여 환경을 적절히 활용할 수 있는 아이디어를 계발한 것과 같다.

경쟁(競爭)을 위한 간새(間塞)와 발생(發生)

疏土를 통하여 지상으로 올라온 甲木에서 丙火는 양명(陽明)한 기운을 내어 乙木을 발생(發生)시키게 된다. 乙木을 乙丙으로 성장시키는 과정에서 炎上한 기운에 의하여 시드는 것을 방지하기 위해서는 戊土의 간새(間塞)작용이 필요하다. 發生은 성장을 위한 검증과정과 같은 것이고, 間塞는 경쟁을 위한 환경을 인식하여 유리함을 얻는 것과 같다. 이러한 두 가지 경쟁 작용은 天干에서 이뤄져야하며, 계발과정은 地支를 통하여 얻어짐도 가능하다.

개발(開發)을 위한 홍로(紅爐)와 제련(製鍊)

地質이 되는 己土가 丁火를 토(吐)하면서 庚金을 제련(製鍊)해내는 작용을 홍로(紅爐)와 기술(技術)이라고 한다. 己+丁은 紅爐가 되고, 丁己庚은 제품을 제작하는 기술력이 된다. 이러한 작용들은 사람의 삶에 편리함을 제공하기 위한 상품을 개발(開發)하는 것과 같다. 결국 홍로는 환경이 되고, 제련은 기술이 된다.

유통(流通)을 위한 제방(堤防)과 도세(淘洗)

製鍊을 통하여 제품이 된 庚金에서 壬水는 응결(凝結)시켜 辛金으로 상품화시킨 연후 辛壬으로 전달하는 과정을 만들어 낸다. 전달을 하기 위하여 辛金을 辛壬으로 가치화 시키는 과정에서 응결되어 멈춤을 방지하기 위해서는 戊土로 堤防을 삼아 보온시켜야 한다. 辛壬의 도세(淘洗)작용은 시장에 상품을 유통시키는 것과 같고, 戊壬의 제방은 시장상황을 인식하여 이로움을 얻는 것과 같다. 이러한 두 가지 경쟁 작용은 天干에서 이뤄져야하며, 개발과정은 地支를 통하여 얻어짐도 가능하다.

Ⅱ. 用神과 喜忌神 키 워드

삼원(三元)

동양철학은 天地人의 三位一體를 三才라고 하였다. 干支를 기반으로 相生相 剋을 통하여 人名을 판단하는 명리학에서는 三才를 三元이라고 부른다. 三元 은 天干을 天元, 地支를 地元, 地藏干은 人元이라고 한다. 天元은 천지간에 파동(波動)되어 흐르는 기운이다. 사람에게는 자신의 삶을 운영하기 위한 정신 적 이미지 구축에 필요한 정보가 담겨있다. 地元은 자연이 정해준 시간의 질서 에 따라 만물의 동정(動靜)이 존재한다. 사람에게는 생존에 필요한 만물을 기 르고 가꿔서 취하는 실질적 의미가 있는 것이다. 人元은 天元과 地元이 만들 어준 시간과 만물의 실체를 자신의 용도에 맞게 취해서 살아가라는 임무가 있 다. 이러한 임무는 사람에게 직업이 되어 삶을 유지하게 된다. 결국 天元에는 천지의 기운이 있고, 地元에는 시간의 질서에 맞는 만물이 있고, 人元에는 임 무가 있는 것이다

당령(當令)

명리학에서 령(令)이라는 의미를 지닌 용어 중에서 월령(月令), 당령(當令), 사 령(司令)이 있다. 月令은 팔자 중에서 月支로서 천지의 기운이 명령(命令)하 여 만물을 생성하였다는 의미로 쓰인다. 그러므로 月支는 年月日時를 구분하 기 위한 명칭이고, 月令은 천지의 기운이 모여 있다는 의미로 쓰이는 것이다. 그리고 當令이라는 것은 地支의 八稟의 地藏干에 있는 癸甲乙丙丁庚辛壬이 天干에 드러난 것을 말한다. 즉 子丑月출생에 癸水, 寅卯月에 甲木, 卯辰月에 乙木, 巳午月에 丙火, 午未月에 丁火, 申酉月에 庚金, 酉戌月에 辛金, 亥子月 에 壬水가 透干됨을 말한다. 이러한 八稟에서 當令된 人命은 천덕(天德)을 입 어 총령(總領)이 되는 인생을 살게 된다. 하지만 當令에 따르는 책임감이 동반 되어야 하므로 차후 用神의 배합과 格의 배합을 복식 판단하여야 한다.

용신(用神)과 사령용신(司令用神)

人元 중에서 시간이 경과하면서 타고난 日辰이 머무는 시각(時刻)을 用神이라고 한다. 쉽게 말해서 地藏干 중에서 타고난 日辰이 머문 시간적 위치를 用神이라고 하는 것이다. 用神의 용어적 의미는 천지가 사람에게 부여한 임무라는 뜻이 담겨있다. 이러한 천지의 뜻을 품부(稟賦) 받아 임무를 수행한다 하여 司令이라고 한다. 창광은 이 두 가지 의미를 합하여 司令用神이라고 부르고 있는 것이다.

24令과 사계(四季)의 土

司令用神은 24절기를 대표하는 24令과 四季의 土(丑(寒), 未(暑), 辰(雨), 戌(霜))인 4令과 만물의 형질(形質)변화에 맞춰 소통(疏通)하고자 하는 四生地의 土(寅(出生), 巳(繁殖), 申(結實), 亥(種子))인 4令과 陽極陰生의 시기에 火土同根으로 水火未濟의 土(午중 己土)인 1令을 모두 합하면 33令이 된다. 이 모든 司令用神에는 천지가 부여한 임무가 있으니 사람은 令을 품 받아 임무를 수행하는 것이다.

희신(喜神)과 기신(忌神)

司令用神은 천지가 부여한 임무를 사람이 받들어 정신으로 새기는 것을 말한다. 이러한 司令用神의 임무를 수행하는 것은 喜忌神이 하게 된다. 즉, 司令用神에는 천지가 부여한 할 일이 있으며 그 뜻을 받드는 사람의 정신이 담겨있다. 그리고 喜忌神은 司令用神의 임무를 수행하는 행위가 되는 것이다. 행위는 喜神의 행위와 忌神의 행위로 나뉜다. 이에 喜神은 기꺼이 받아들이는 방법을 택하고, 忌神은 꺼려하여 현실상황을 고려하여 자신의 기질대로 삶의 방법을 선택하게 된다. 이와 같이 喜神과 忌神의 행위는 사람이 선택하는 것이 된다. 이러한 선택은 人命의 살아가는 방법이 되었으니 진로와 적성으로 드러나게 된다.

조후(調候)

癸水라는 寒濕한 기운은 생명을 탄생시키는 生氣이며, 丙火라는 暖濕한 기운은 생명을 기르는 長氣이다. 이 두 가지 기운이 水火旣濟하여 낳고 기르는 것이다. 또한 丁火의 暖燥한 기운은 생명을 성숙시키는 成器이며, 壬水의 寒燥한 기운은 생명을 거두고 다음 생명으로 그 기운을 전하는 滅氣이다. 이 두 가지 기운이 水火旣濟하여 생명을 이루게 하는 것이 된다. 이와 같은 寒暖燥濕이 균형을 이루지 못하면 생명은 그 기운을 상실하여 에너지를 지니지 못하게 된다. 水에 의한 寒과 濕이 균형을 잃으면 정신 에너지가 상실되고, 火에 의한 暖과 燥가 균형을 잃으면 행동 에너지가 상실되게 된다. 이를 바로잡아 바른생활로 이끌어 주는 것을 調候라고 한다. 자신의 안부(安否)를 걱정하듯 상대의 안부(安否)를 물어주는 붙임성 있는 마음이 調候다.

왕쇠강약(旺衰强弱)과 유용지신(有用之神)

五行은 시간의 순환을 통하여 化하는 것이다. 이러한 化를 판단하는 근거를 相生과 相剋에서 찾는다. 相生은 자연이 생겨나 자라나는 모습을 표현한 것이다. 이에 사람은 자연이 지어준 만물을 기르고 가꾸는 것이다. 또한 자신도 기르고 가꿔서 성장시키는 것이다. 相剋은 자연이 거둬들이고 다음 생으로 전하는 모습을 표현한 것이다. 이에 사람은 배우고 익힌 능력을 발휘하여 생활을 영위해 나아가는 것이다. 만약 相生의 旺衰가 치우치면 환경의 이로움을 적절히 활용하지 못하여 능력을 준비하는 것에 문제가 발생한다. 또한 相剋의 强弱이 치우치면 경력을 갖추지 못하여 이로움을 취하는 행위에 문제가 발생하여 생활에 곤란을 겪게 된다. 이러한 相生을 통한 旺衰와 相剋을 통한 强弱의 문제는 사람에게 능력을 만들고 활용하는데 지대한 영향을 미치니 조화로움을 얻어야 한다. 만약 불균형하면 生化剋制를 통하여 바로잡아야 전화위복의 공을 이루게 된다. 이와 같은 조화를 부려 불균형을 바로잡는 五行을 창광은 有用之神이라고 부른다. 有用之神은 문제를 해결하는 방법과 같은 것으로 보정(補正)의 기능을 갖추고 있는 것이다.

Ⅲ. 격국(格局)과 육신(六神) 키 워드

격국(格局)의 희기신(喜忌神)

局은 모든 일을 관장하는 기능을 갖춘 곳이라는 의미다. 格局은 인간관계를 맺고 살아가는 사회적 동물로서 자기운영에 필요한 중요한 결정을 내리는 집합체라는 뜻이 담겨있다. 格局에 포함된 기능들로는 천지가 부여한 格이 있다. 이러한 格은 인간관계에서 책임지고 실천해야 하는 천지가 부여한 임무와 같다. 格을 보좌하여 실천을 돕는 相神은 책임감에 시달리지 않고 자신의 본분을 다해가도록 돕는 정신적 의지와 타인의 응원과 같다. 忌神은 格이나 相神을 위험에 빠뜨려서 본분을 망각하게 하거나 의지를 꺾는 역할을 한다. 救神은 忌神의 행위를 제지하여 정체성을 회복하고 자신에게 주어진 책무를 다할 수 있도록 돕는 역할을 한다. 구신(仇神)은 格, 相神, 忌神, 救神과 짝을 이뤄 유성(有情)한 마음으로 서로 돕는 역할을 한다. 하지만 종내(終乃)에는 합거(合去)하여 배신과 배반에 의한 불협화음으로 탈진되어 만사를 그르치게 만들 수 있다.

육신(六神)의 관계(關係)

五行의 生剋관계가 만물과 만물의 관계를 판단하여 생존에 필요한 有用을 취하기 위한 이론이라고 한다면, 육신의 生剋관계는 사람과 사람 간의 관계를 통하여 생활상을 파악하기 위한 이론이라고 말할 수 있다. 이러한 인간관계에는 사회적 대인관계와 육친의 가족관계가 있다.

가족관계는 印星을 母性으로 기준하여 相生관계를 혈족(血族)으로 판단하고, 相剋관계를 배성(配性)으로 판단하는 것이다. 이에 母性 중에서 日干을 相生하는 혈족은 나를 낳은 육신이 되고, 日干이 相生하는 것은 내가 낳은 육신이 된다. 또한 配性 중에서 相剋하는 육신은 남자가 되고, 相剋당하는 육신은 여자가 된다. 이러한 관계마다의 특징은 正과 偏으로 구분하여 설명하고 있다. 사람 간에는 관계가 있으며, 관계마다에는 간격이 있게 마련이다. 이러한 관계마다의 간격에 어떤 특징을 지니고 살아가는가를 살피는 근거가 正과 偏인 것이다.

대인관계는 자신을 日干으로 하고, 기존에 존재하였던 사회질서를 官星으로 하고, 자신이 개척하여 이뤄야 할 존재를 財星이라고 한다. 이러한 三位의 육신관계를 연결하는 육신으로는 日干을 대신하는 比肩과 상대를 대신하여 日干에게 이른 劫財가 있다. 또한 상대의 능력에 적합하게 맞추기 위해서 준비한 나의 능력이 되는 正印과 자신의 개성에 맞춰 준비하여 적합한 환경을 찾는 偏印이 있다. 그리고 상대의 능력발휘에 맞춰 견주기 위해 발휘하는 傷官과 자신의 개성을 알아주는 환경을 찾아 능력을 발휘하는 食神으로 구성되어 있다.

역부(抑扶)

五行과 육신의 相剋을 운용할 때, 相生관계를 生化라고 하며 相剋관계를 制化라고 한다. 이것은 生化는 相生으로 능력을 만들어 준비를 갖춘 상태를 말하고, 制化는 준비된 능력을 相剋으로 경쟁에 활용하여 결과를 얻는 것을 말한다. 결국 능력을 만드는 과정을 生化라고 하며 능력을 활용하는 과정을 制化라고 하는 것이다. 이러한 과정을 육신에서는 특별히 抑扶라고 부른다. 扶는 生化와 같은 것이고, 抑은 制化와 같은 작용을 한다.

Ⅳ. 猖狂의 간명(看命) 키 워드

목적과 목표 그리고 환경인식에 의한 자기운영

人命을 간명(看命)하는 것은 四時의 기운에 의하여 형질(形質)을 지니고 나타난 木金의 甲乙과 庚辛을 다루는 방법을 연구하면서 시작된다.
藏干의 癸水로 甲木의 형질을 잘 다루면 정신과 지식이 되어주고, 天干의 丙火로 乙木의 형질을 잘 다루면 사회적 위치가 되어준다. 이러한 형질을 이뤄나가기 위해서 乙木은 노출(露出)의 힘겨움이 있으니 대인관계에서 유의할 것이 더 많아지고, 甲木은 은둔(隱遁)의 힘겨움이 있으니 자신을 이겨내기 위해 다짐할 것이 더 많아지게 된다. 藏干의 丁火로 庚金의 형질을 잘 다루는 것은 만물을 취하는 지혜가 되어주고, 天干의 壬水로 辛金의 형질을 잘 다루는 것은 세상에 전파하는 것이다. 이러한 형질을 이루기 위해서 辛金은 노출되이 검증을 받아야 하므로 시절의 변화를 반영해야 하는 힘겨움이 많다. 庚金은 취하여 제작하여야 하므로 좌절을 딛고 일어서기 위한 다짐할 것들이 많다.
이와 같이 木金을 有用으로 만드는 것은 水火의 기제(旣濟)인 癸丙과 丁壬의 배합이다. 이러한 水火의 배합에 의하여 현실적 용도로 끌어들여 상황에 맞게 쓰이도록 유도하는 것은 土다. 戊土는 주변 사람에 맞게 쓰이도록 유도하고, 己土는 자신에 맞게 쓰이도록 유도하는 중화(中和)의 능력을 지녔다.

결국 水火는 천지의 체(體)로서 형질을 띠고 나타난 木金의 有用之神이다. 천지의 기운은 하늘에서 먼저 일어나고 다음으로 땅에서 일어났다. 사람도 천지를 닮아 정신이 먼저 일어나고 행동이 정신을 따르는 것이다. 이에 壬水와 丙火는 하늘의 큰 體로 사람에게 정신적인 영향을 미쳐 이루고자 하는 목적(目的)과 삶의 명분을 만들어 준다. 癸水와 丁火는 땅의 큰 體로 목적을 향하여 계획을 실천해 나아가는 목표(目標)와 역경을 이겨나가게 해주는 지구력을 만들어 준다. 이러한 신주형종(神主形從) 현상은 천지의 기제(旣濟)인 癸丙과 丁壬에 의하여 형신통일(形神統一)을 이루게 되는 것이다. 하지만 천지가 미제

(未濟)하면 통일을 이루지 못하고 정신과 행동이 나누어진 삶을 살게 된다.

이와 같은 내용으로 볼 때, 춘절의 水生木은 辛癸己甲丙으로 丙火가 자기계발의 목적이 되고, 癸水는 자기계발의 계획적 목표가 되고, 己土는 계발에 필요한 자신의 자질을 알아차리는 인식이 되고, 甲木은 자기계발 과정을 거쳐서 드러난 결과와 같고, 辛金은 계발된 능력을 지속적으로 유지하기 위한 자격조건과 같다.

하절의 木生火는 庚癸乙戊丙으로 丙火가 자기성장의 사회적 위치에 대한 목적이 되고, 癸水는 경쟁에 필요한 계획적인 교육목표가 되고, 戊土는 자신이 활동해야 할 환경을 알아차리는 인식이 되고, 乙木은 사회활동 과정을 통해 드러난 결과와 같고, 庚金은 사회적 위치를 오래도록 유지하기 위한 자격조건과 같다.

추절의 火生土生金은 乙丁己庚壬으로 壬水가 개발의 필요성에 대한 목적이 되고, 丁火는 계획적 연구개발에 필요한 목표가 되고, 己土는 자연환경에서 채취한 원료의 중요성을 알아차리는 인식이 되고, 庚金은 연구개발 과정에서 드러난 결과와 같고, 乙木은 지나간 시절에 습득한 학습과 경험을 완성시키는 역할을 한다.

동절의 金生水는 甲丁辛戊壬으로 壬水가 개발완성에 대한 개발자의 목적이 되며 품목을 전해 받고자 하는 상대의 목적이기도 하다. 丁火는 고객과 후세에 전하기 위한 순차적 개발목표가 되고, 戊土는 고객의 민심과 시장성 조사를 통해 유통상황을 알아차리는 인식이 되고, 辛金은 개발을 통해 완성된 결과와 같고, 甲木은 가치를 오래도록 유지하여 후세에까지 전할 수 있는 자격조건과 같다.

(창광 명리학회 2014년 가을 연수회 강의 중에)

용어를 통한 사주와 운세통변

춘절의 출생(出生)과정에서 辛癸의 수원(水源)은 물이 나오는 근원(根源)과 같은 것으로 흔히 시내와 하천을 이루는 발원지(發源地)를 말한다. 상으로는 고체인 얼음이 녹아 농경지로 흘러 들어오는 것과 같다. 사람에게는 부모의 정기(精氣)가 자신에게 스며드는 유전현상으로 설명할 수 있다. 이러한 수원(水源) 작용은 사람의 능력을 오래도록 유지시켜주는 원동력과 같은 역할을 한다. 이와 같은 내용으로 볼 때, 수원(水源)은 오래도록 자신을 유지해줄 깊은 실력을 준비하는 것과 같다.

己癸의 윤택(潤澤)은 땅이 경작하기에 충분한 기름진 상태를 말한다. 己는 배경이 되고 癸는 만물을 낳는(生) 기운이 된다. 상으로는 논과 밭 같은 경작지가 된다. 사람에게는 성장배경이 되는 환경과 같다. 마치 학생에게는 학습환경이 조성된 학교와 같다. 그러므로 자신이 성장할 수 있는 적합한 환경을 만난 것과 같은 것이다. 사람의 사회적 배경은 시대의 발전과 퇴보에 따라 달라져 가므로 환경에 적합한 인물이 되기 위해서는 적응에 필요한 자신의 능력을 점검할 필요성이 있는 것이다. 이와 같은 내용으로 볼 때, 윤택(潤澤)은 자신의 능력을 계발할 환경을 구하는 것과 같다.

己甲의 소토(疏土)는 수원(水源)과 윤택(潤澤)에 의하여 자신과 환경이 마련되었으면, 소토(疏土)를 통하여 자질을 계발해 나가게 된다. 상으로는 동물이나 초목이 땅을 뚫고 오르는 모양과 같다. 사람도 초목처럼 세상에 필요한 인물이 되기 위해서는 환경에서 요구하는 것과 자신의 능력을 알아야 적합한 인물이 되는 것이다. 하지만 土를 기반으로 하지 않은 水生木은 작위(作爲)와 같으므로 환경 적합성이 떨어지게 된다. 또한 水를 포함하지 못한 土에서 자란다면, 지식을 쌓지 못하여 노동으로 살아가는 인물이 될 우려가 있다.

甲丙의 생화(生化)는 癸의 낳는 작용에 의하여 己에서 태어난 甲은 丙의 기르는(長) 작용을 받아 성장해 나간다. 이러한 성장에는 辛의 보좌가 있어야 오래도록 자신의 능력을 계발해 나가게 되는 것이다. 동물을 상으로 비유하면 부화(孵化)기간을 거쳐서 알 속에서 나와 성체로 성장해 나가는 것과 같다. 이와 같은 내용으로 볼 때, 生化는 학습과 학력을 쌓아가는 성장과정이라고 볼 수 있다. 하지만 丙을 얻지 못한다면, 甲은 낳으나 자라지 못하니 실력은 있으나 활용이 안되는 결과를 초래할 우려가 있다.

하절의 생장(生長)과정에서 甲乙의 등라개갑(藤蘿繫甲)은 甲에서 丙의 陽火작용에 의하여 乙이라는 지엽이 생겨나게 된다. 상은 甲乙의 동화작용으로 설명된다. 甲乙이 동화되면 낳고 기르는 것을 스스로 행하는 사람이 된다. 이를 癸의 水氣에 의한 생작용이 甲이고, 丙의 火氣에 의한 기르는 작용이 乙이라고 한다. 만약 水火의 기제(既濟)가 이뤄지지 않는다면, 甲은 산소를 생산하는 침엽수와 같고, 乙은 결실을 생산하는 활엽수와 같이 따로 존재하게 된다. 이러한 경우는 甲乙이 지휘자와 생산자가 되어 각자 일을 분담하게 된다.
庚癸의 수원(水源)은 결실을 맺는 乙을 키우기 위해서는 이에 합당하는 보다 높은 자기준비를 필요로 한다. 초목에게는 지엽을 돋게 하고, 동물에게는 날개와 털을 돋게 하는 시기의 수원(水源)은 치열한 경쟁을 겪어내기 위한 만반의 준비를 하는 것과 같다. 학생으로 말하면, 학교에서 배운 실력을 시험을 통하여 검증을 받아야 하므로 이를 준비하는 과정인 시험준비와 같다. 이러한 수원(水源)은 자기계발이라기보다는 경쟁력을 높이기 위한 행위라고 할 수 있다.
乙丙의 발생(發生)은 자신의 능력을 외부로 활용시키는 것을 말한다. 동물로 말하면 날개가 돋거나 물갈퀴가 생겨 먹이활동을 하는 것을 말한다. 초목으로는 가지에 꽃이 핀 것이 상이다. 사람으로는 자신이 쌓은 실력을 丙이 정한 목표에 따라서 시험 등의 각종 경쟁을 통하여 우열을 가리는 것과 같다. 이와 같은 내용으로 볼 때, 발생(發生)은 절대적 실력이 높다 하여도 상대가 누구냐에 따라 다시 우열이 가려지게 된다. 그러므로 경쟁에 의한 결과가 따른다.
戊丙의 간새(間塞)는 뜨거운 태양으로부터 자라나는 초목을 마르지 않도록 차양(遮陽)작용을 하는 것을 말한다. 상은 산이 그늘이 되어주어 열을 식혀주는 모습이다. 사람으로는 무조건 성장위주로 세상 밖으로 나가기보다는 환경에서 필요함을 먼저 인식하고 사회로 나아가라는 뜻으로 설명할 수 있다. 만약 간새(間塞)작용이 없다면 험난한 세상의 경쟁에서 상처를 당하게 될 것이다. 이와 같이 土의 중화작용은 내외를 연결하는 통로작용으로 변화하는 사회에 대처하는 방법을 제시한다.

추절의 성숙(成熟)과정에서 乙丁의 인화(引火)는 자질을 계발한 甲과 계발된 능력을 활용한 乙의 결합과 같다. 이러한 후천적 경험을 가지고 가치를 더욱 증대시키기 위하여 하는 행위가 인화(引火)다. 상으로는 결실이 丁의 열기에 의하여 익어가는 모습이다. 癸가 만물을 낳는 기운이라면, 丙은 기르고, 丁은 익히는 역할을 한다. 이러한 익게 하는 작용은 부가가치를 높이는 것과 같다. 이와 같은 내용으로 볼 때, 인화(引火)는 乙의 후천적 경험을 이용하여 가치를 높이려는 丁이 결합하여 증대된 능력을 개발해가는 것을 말한다.
춘하절에 수원(水源)과 윤택(潤澤)이 있다면, 추동절에는 인화(引火)와 홍로(紅爐)가 있다. 己丁의 홍로(紅爐)는 윤택(潤澤)처럼 자신의 기술을 개발할 환경을 조성하는 것과 같다. 즉, 지식계발 환경이 윤택(潤澤)이라면, 기술개발 환경은 홍로(紅爐)가 되는 것이다. 마치 문화와 문명의 차이처럼 다르지만 자신의 자질을 알아차려 서서히 능력을 만들어 간다는 측면에서는 같은 맥락이다. 이와 같은 내용으로 볼 때, 홍로(紅爐)는 과학문명 발전을 이루기 위한 개발계획과도 같은 의미가 담겨있다. 引火로 기존의 기술력을 이어받아 홍로(紅爐)로 더 큰 발전의 기반을 마련하는 것과 같다.
인화(引火)의 부가가치를 높이려는 정신과 홍로(紅爐)의 현재 상태의 발전상을 점검하여 자신이 할 수 있는 정도를 알아차렸다면, 丁庚의 제련(製鍊)은 자신에게 걸맞은 기술력을 쌓아가는 행위를 한다. 이러한 제련(製鍊)행위는 제작공정과도 같다. 마치 대장간에서 쇠를 달구는 모양과도 같다. 모든 도구를 다루는 재주도 이에 해당한다고 할 수 있다. 이와 같은 내용으로 볼 때, 제련(製鍊)은 도구를 다루는 직종이나 기술분야의 생산과정과 같다고 볼 수 있다.
제련(製鍊)을 통하여 제품을 생산하거나 도구를 사용하여 충분히 능력이 쌓이면, 시장에 내어 팔거나 능력을 활용하는 것을 도세(淘洗)라고 한다. 마치 대장간의 담금질과 같은 모양이다. 일종의 경쟁을 통한 검증과도 같은 것이다. 이러한 검증은 장래 큰 가치를 만들어가는 적절한 과정일 것이다. 이와 같은 내용으로 볼 때, 庚壬의 도세(淘洗)는 자신의 기술력이 얼마나 발전했는가를 남과 경쟁을 통해서 점검하는 것과 같다. 점검과정은 시험이나 현장능력일 것이다.

동절의 전달(傳達)하는 과정에서의 戊壬의 제방(堤防)은 자신의 능력을 만들기 위해서는 먼저 세상에서 필요로 하는 것이 무엇인지를 알고 그에 맞는 준비를 하는 것이다. 현재 시점에서 자기능력을 만들 형편이 되지 못하므로 살아갈 방도를 주변 환경에서 찾도록 해야 하기 때문이다. 마치 마케팅 전략을 세우기 위한 시장조사와 같다. 이와 같은 내용으로 볼 때, 제방(堤防)은 환경에서 요구하는 것이 무엇인지 파악하는 여론조사나 시장조사와 같다. 상대의 요구나 동태를 파악하고, 그에 대한 대응방법을 제시하기 위한 것이라고 볼 수 있다.

甲丁의 인화(引火)는 제방(堤防)을 통하여 시장조사를 마쳤다면 새로운 개발을 시도해야 한다. 초보적 작업이 아닌 임상이나 현장적응을 거친 후에 실행하는 더욱 실용적인 재개발과 같다. 또한 부작용이 한층 개선된 것과 같다. 이러한 인화(引火)는 부가가치가 한층 높은 상품개발을 가져다 줄 것이다. 결국 甲丁의 인화(引火)는 시행착오, 고객의 의견, 외교의 문제점, 여론수렴, 각종 재해 등의 1차적 시행에서 드러난 문제를 개선해 나가는 개혁적 계획이라고 볼 수 있다.

인화(引火)로 신개발에 대한 계획을 수립했다면 제품이나 자신의 능력을 다시 만들어야 한다. 이러한 만드는 행위를 제련(製鍊)이라고 한다. 丁辛의 제련(製鍊)은 매우 정밀한 과정이고 특수한 능력에 해당하므로 장인(匠人)과 같다고 할 수 있다. 이러한 삶에 이르기까지는 매우 힘든 과정을 겪어야 가능하므로 지혜로움과 역경을 이겨내는 의지가 있어야 가능할 것이다.

辛壬의 도세(淘洗)는 庚壬의 도세(淘洗)에서처럼 세상에 나의 능력을 내어놓는 것과 같다. 하지만 辛壬의 도세(淘洗)는 시험이나 검증을 거치는 과정이 아닌 상품출시와 같다. 출시된 상품은 제방(堤防)과 인화(引火)와 제련(製鍊)을 거쳤다면 최고의 찬사를 받을 것이다. 하지만 하나라도 빠진다면 그 가치를 인정받지 못하고 평생의 노고에 대한 대가도 사라지게 된다. 결국 辛壬의 도세(淘洗)는 뛰어난 능력을 소지한 사람이나 상품이 거래되는 시장과 같다. 辛은 상품과 같고, 壬은 시장과 같다.

(더큼학당 2008년 궁통보감 강의 중에)

> 더큼학당의 동양철학 연구가 사회적 인성의 중요성에 접근하고자
> 숨어있는 명리학의 콘텐츠와 가치를 현재와 미래에 소통하게 하기 위하여
> 본 서를 기획 . 출판하였습니다.

명리학담 권1

명리학 개론

초판 1쇄 발행 2016년 02월 18일
초판 2쇄 발행 2020년 03월 18일
초판 3쇄 발행 2023년 10월 18일

저자 김성태
편집 조은희
펴냄 더 큼

주소 서울 강남구 봉은사로 326
전화 02.515.3771

©김성태 2016
ISBN 979-11-957369-0-4
ISBN 979-11-957369-1-1 (세트)

이 책 내용의 일부 또는 전부를 재사용하려면 반드시
저작권자와 더큼출판의 서면동의를 얻어야 합니다.